师 教育部 财政部职业院校教师素质提高计划职教师资培养资源开发项目

Qiche Dipan Gouzao yu Chaizhuang

汽车底盘构造与拆装

廖抒华　陈　坤　主　编

韦志林　黄贵东　黄昶春　韦东亮　副主编

人民交通出版社股份有限公司
China Communications Press Co.,Ltd.

内 容 提 要

本书为教育部、财政部职业院校教师素质提高计划成果系列丛书。本书编写采用理论-技能训练（实践）的模式，教学内容设置底盘概述、离合器、变速器与分动器、万向传动装置、驱动桥的认知、车架、车桥与车轮、汽车悬架、转向系统、制动系统、汽车车身、仪表、照明及附属装置十一个项目。本教材侧重于实操方法的介绍，注重科学性与师范性，知识性与操作性兼顾的原则，采用图文并茂，以图代文等形式直观地呈现教材中课程内涵，突出职教师资培养特色，满足职教师资的教学要求。

本书可用于职教师资车辆工程专业及相关专业的教材，也可作为成人高等教育相关课程的教材，还可供汽车修理工、汽车行业工程技术人员阅读参考。

图书在版编目（CIP）数据

汽车底盘构造与拆装 / 廖抒华，陈坤主编. —北京：人民交通出版社股份有限公司，2017.1

ISBN 978-7-114-13312-1

Ⅰ.①汽… Ⅱ.①廖… ②陈… Ⅲ.①汽车—底盘—结构—师资培训—教材②汽车—底盘—装配（机械）—师资培训—教材 Ⅳ.①U463.1②U472.41

中国版本图书馆 CIP 数据核字（2016）第 218185 号

书　　名： 汽车底盘构造与拆装
著 作 者： 廖抒华　陈　坤
责任编辑： 夏　韡
出版发行： 人民交通出版社股份有限公司
地　　址：（100011）北京市朝阳区安定门外外馆斜街 3 号
网　　址： http://www.ccpress.com.cn
销售电话：（010）59757973
总 经 销： 人民交通出版社股份有限公司发行部
经　　销： 各地新华书店
印　　刷： 北京市密东印刷有限公司
开　　本： 787×1092　1/16
印　　张： 13.25
字　　数： 308 千
版　　次： 2017 年 1 月　第 1 版
印　　次： 2017 年 1 月　第 1 次印刷
书　　号： ISBN 978-7-114-13312-1
定　　价： 32.00 元

项目专家指导委员会

教育部　财政部职业院校教师素质提高计划成果系列丛书

《车辆工程》专业职教师资培养资源开发(VTNE012)项目组

项目牵头单位:广西科技大学

项目负责人:廖抒华

出版说明

《国家中长期教育改革和发展规划纲要(2010—2020年)》颁布实施以来,我国职业教育进入到加快构建现代职业教育体系、全面提高技能型人才培养质量的新阶段。加快发展现代职业教育,实现职业教育改革发展新跨越,对职业学校"双师型"教师队伍建设提出了更高的要求。为此,教育部明确提出,要以推动教师专业化为引领,以加强"双师型"教师队伍建设为重点,以创新制度和机制为动力,以完善培养培训体系为保障,以实施素质提高计划为抓手,统筹规划,突出重点,改革创新,狠抓落实,切实提升职业院校教师队伍整体素质和建设水平,加快建成一支师德高尚、素质优良、技艺精湛、结构合理、专兼结合的高素质专业化的"双师型"教师队伍,为建设具有中国特色、世界水平的现代职业教育体系提供强有力的师资保障。

目前,我国共有60余所高校正在开展职教师资培养,但由于教师培养标准的缺失和培养课程资源的匮乏,制约了"双师型"教师培养质量的提高。为完善教师培养标准和课程体系,教育部、财政部在"职业院校教师素质提高计划"框架内专门设置了职教师资培养资源开发项目,中央财政划拨1.5亿元,系统开发用于本科专业职教师资培养标准、培养方案、核心课程和特色教材等系列资源。其中,包括88个专业项目,12个资格考试制度开发等公共项目。该项目由42家开设职业技术师范专业的高等学校牵头,组织近千家科研院所、职业学校、行业企业共同研发,一大批专家学者、优秀校长、一线教师、企业工程技术人员参与其中。

经过三年的努力,培养资源开发项目取得了丰硕成果。一是开发了中等职业学校88个专业(类)职教师资本科培养资源项目,内容包括专业教师标准、专业教师培养标准、评价方案,以及一系列专业课程大纲、主干课程教材及数字化资源;二是取得了6项公共基础研究成果,内容包括职教师资培养模式、国际职教师资培养、教育理论课程、质量保障体系、教学资源中心建设和学习平台开发等;三是完成了18个专业大类职教师资资格标准及认证考试标准开发。上述成果,共计800多本正式出版物。总体来说,培养资源开发项目实现了高效益:形成了一大批资源,填补了相关标准和资源的空白;凝聚了一支研发队伍,强化了教师培养的"校—企—校"协同;引领了一批高校的教学改革,带动了"双师型"教师的专业化培养。职教师资培养资源开发项目是支撑专业化培养的一项系统化、基础性工程，是加强职教教师培养培训一体化建设的关键环节，也是对职教师资培养培训基地教师专业化培养实践、教师教育研究能力的系统检阅。

自2013年项目立项开题以来，各项目承担单位、项目负责人及全体开发人员做了大量深入细致的工作，结合职教教师培养实践，研发出很多填补空白、体现科学性和前瞻性的成果，有力推进了"双师型"教师专门化培养向更深层次发展。同时，专家指导委员会的各位专家以及项目管理办公室的各位同志，克服了许多困难，按照两部对项目开发工作的总体要求，为实施项目管理、研发、检查等投入了大量时间和心血，也为各个项目提供了专业的咨询和指导，有力地保障了项目实施和成果质量。在此，我们一并表示衷心的感谢。

编写委员会
2016年3月

前言

百年大计，教育为本。强国富民，教育为先。职业教育是与基础教育、高等教育和成人教育地位平行的四大教育板块之一，职业教育受益于社会，社会也可受益于职业教育，促进社会发展是职业教育的应有之义和神圣职责。《国家中长期教育改革和发展规划纲要（2010－2020年）》发布之后，职业教育向科学化发展，对中等职业学校教师队伍建设提出了更高的要求。

2012年11月教育部、财政部在“职业院校教师素质提高计划”框架内专门设置了100个培养资源开发项目，系统开发应用于本科专业职教师资培养的专业教师标准、专业教师培养标准、评价方案，以及一系列专业课程大纲、主干课程教材及数字化资源。特色教材《汽车底盘构造与拆装》属于车辆工程专业职教师资培养资源开发项目课题中的子课题。

作为车辆工程专业职教师资培养的重要教学资料，针对学生是未来中职教师这一特点，根据职业教师培养目标和行业人才能力要求，以设计的课程大纲为基础，以岗位需求为依据，按照项目、任务、教学设计能力拓展训练的编写模式，以工作项目为载体，各任务由简单到复杂，循序渐进，按结构类型、组成、工作原理、拆装、常见故障维修、教学设计能力训练等要求进行编写，理论教学与技能训练相结合，紧扣理实一体化教学模式，培养具有技术性、师范性、职业性三性融合一体的专业人才，构建适应车辆工程专业职教师资培养需求的专业教材。

本教材的特色，充分考虑职业技术师范生的职业培养目标与应具备的教学能力要求，增设了《教学设计能力拓展训练》模块内容，在对应相关项目单元中穿插了课程项目的教学目标设计、教学方法设计、教学内容设计、教学过程设计、教学评价设计等教学设计能力训练内容。从而使职业技术师范生通过本课程的学习训练后，能初步掌握本课程的教学设计思路和方法，为其今后从事专业性职业技术教学打下坚实的基础，从而彰显了教材的师范性。

本书条理清晰，层次分明，语言简练，图文并茂，内容宽泛，重点突出，简明扼要的反映了现代汽车底盘新知识、新技术，是一本具有鲜明特色的实用教材。

本教材主要分总论和十个项目对汽车底盘结构及其工作原理、拆装和常见故障维修进行介绍。总论为底盘概述，项目一为离合器，项目二为变速器与分动器，项目三为万向传动装置，项目四为驱动桥的结构与拆装、传动系教学目标与教学内容设计训练，项目五为车架，项目六为车轮与车桥，项目七为汽车悬架、行驶系教法与学法设计训练，项目八为转向系统、转向系统教学过程设计训练，项目九为制动系统、制动系教学评价设计训练，项目十为汽车车身、仪表、照明及附属装置。本教材在内容安排上风格一致，易于理解和掌握，因此便于教学和自学。本教材可作为高等院校职师本科汽车类专业（方向）的教材；同时对从事汽车底盘技术维修、应用与研究的工程技术人员也具有一定参考价值。

本书由广西科技大学廖抒华编写总论、项目五、项目八、项目十；陈坤（广西科技大学）编写项目六和项目七；韦志林（广西科技大学）编写项目一和项目二；黄昶春（广西科技大学）编写项目三和项目四；黄贵东（广西科技大学）编写项目九；韦东亮（柳州市第一职业技术学校）编写“教学设计能力拓展训练”各单元。广西科技大学研究生曹开斌（参与项目八和项目九）、曹珏（参与项目三～四和项目十）、刘锦武（参与总论和项目五）、张旭（参与项目六～八）、张伟（参与项目一～二和项目十）等也为本书做了大量的文字工作和插图编辑；全书由廖抒华统稿。在本教材的编写过程中，编者参考了大量国内外的论文及论著的研究内容，在此对这些论文及论著的作者表示衷心的感谢！

本书在编写过程中还得到了许平（柳州市第一职业技术学校）、王龙（广西科技大学）、卢红（广西科技大学）、朱映红（广西科技大学）等同志的帮助和指导。在此，对他们表示衷心的感谢。

由于编者水平有限，书中难免出现缺点和错误，敬请广大读者对书中误漏之处予以批评指正。

编　者

2016 年 3 月

目录

项目一 底盘概述

知识目标

1. 掌握汽车底盘的基本组成及功用。
2. 熟悉汽车底盘的各种布置形式。
3. 掌握汽车行驶的基本原理。
4. 了解汽车底盘维修所需设备及工具。

能力目标

1. 理解底盘总体结构及工作原理。
2. 掌握常用类型汽车举升机的基本操作。
3. 规范使用汽车底盘拆装工具。
4. 理解汽车四轮定位作用。

任务一 汽车底盘结构认知

汽车底盘由传动系统、行驶系统、转向系统和制动系统四大系统组成，其功用为接受发动机的动力，使汽车运动并保证汽车能够按照驾驶员的操纵而正常行驶。图 1-1 所示为一轿车底盘结构，图 1-2 所示为一双门跑车的底盘透视图。

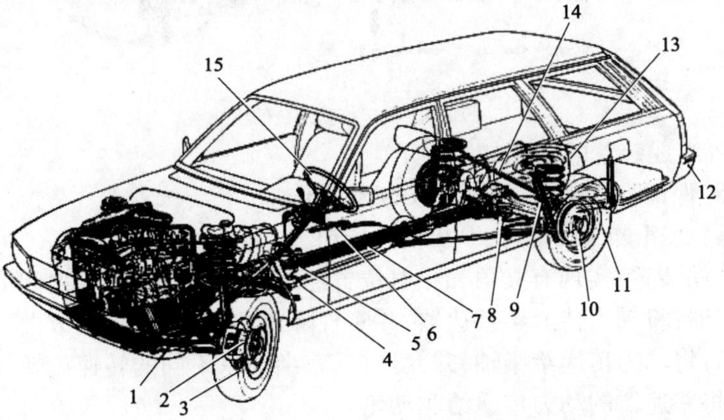

图 1-1 轿车底盘结构

1-前悬架；2-前轮制动器；3-前轮；4-离合器踏板；5-变速器操纵机构；6-驻车制动手柄；7-传动轴；8-后桥；9-后悬架；10-后轮制动器；11-后轮；12-后保险杠；13-备胎；14-横向稳定器；15-转向盘

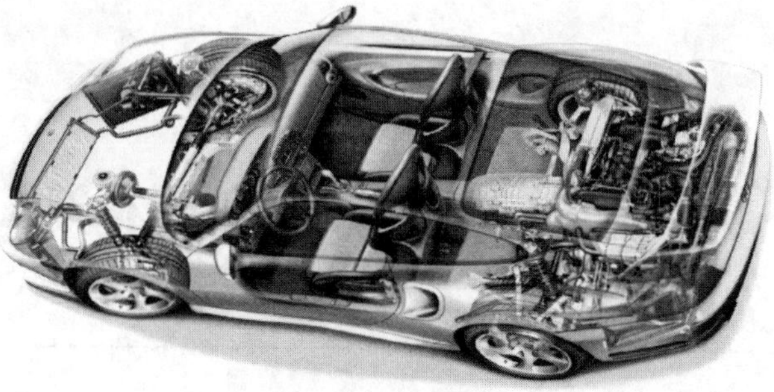

图 1-2　底盘透视图

一、传动系统

传动系统是指从发动机到驱动车轮之间所有动力传递装置的总称。其功用是将发动机的动力传给驱动车轮。不同的汽车，其底盘的组成各有所不同，如载货汽车及部分轿车，其底盘一般是由离合器、手动变速器、万向传动装置（万向节和传动轴）、驱动桥（主减速器、差速器、半轴、桥壳）等组成，如图 1-3 所示；而现在轿车中采用自动变速器的越来越多，其底盘包括自动变速器、万向传动装置、驱动桥等，即用自动变速器取代了离合器和手动变速器；如果是越野汽车（包括 SUV，即运动型多功能汽车），还应包括分动器。

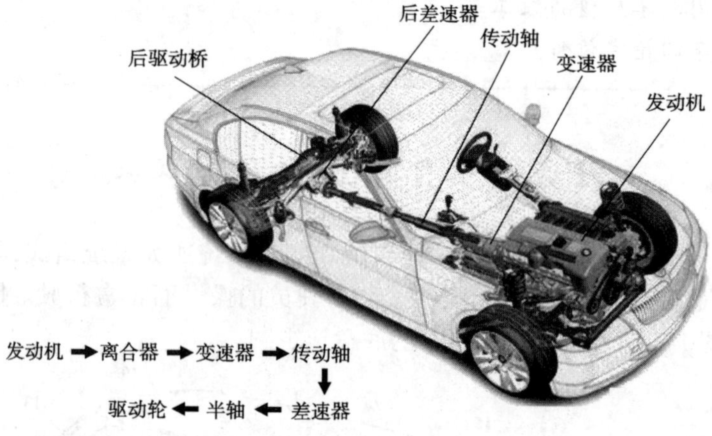

图 1-3　汽车传动系统的组成

传动系统各组成装置的功用如下：

（1）离合器：保证换挡平顺，必要时中断动力传动。

（2）变速器：变速、变矩、变向、中断动力传动。

（3）万向传动装置：实现有夹角和相对位置经常发生变化的两轴之间的动力传动。

（4）主减速器：将动力传递给差速器，并实现降速增矩、改变传动方向。

（5）差速器：将动力传递给半轴，并允许左、右半轴以不同的转速旋转。

（6）半轴：将差速器的动力传递给驱动轮。

二、行驶系统

汽车行驶系统一般由车架、悬架、车桥和车轮等组成，如图 1-4 所示，车轮通过轴承安装在车桥两边,车桥通过悬架与车架(或车身)连接,车架(或车身)是整车的装配基体。

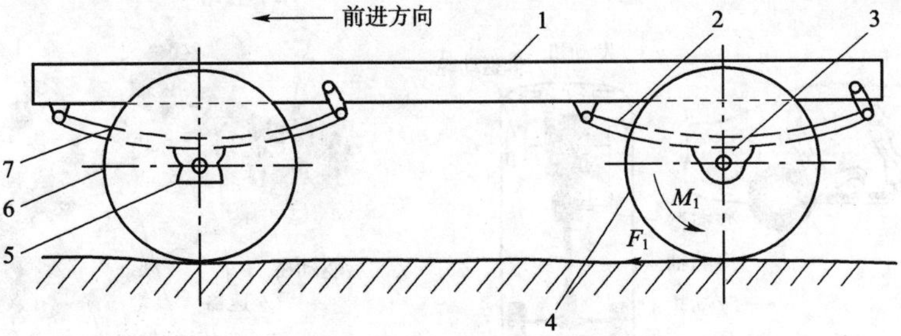

图 1-4 汽车行驶系统的组成

1-车架;2-后悬架;3-驱动桥;4-后轮;5-转向桥;6-前轮;7-前悬架

汽车行驶系统的功用为:

(1)支承汽车的质量并承受、传递路面作用在车轮上的各种力的作用。

(2)接受传动系统传来的转矩并转化为汽车行驶的牵引力。

(3)缓和冲击,减少振动,保证汽车平顺行驶。

三、转向系统

转向系统的功用是保证汽车能够按照驾驶员选定的方向行驶。主要由转向操纵机构、转向器、转向传动机构组成。现在的汽车普遍采用动力转向装置。

四、制动系统

制动系统的功用是使汽车减速、停车并能保证可靠地驻停。汽车制动系统一般包括行车制动系统和驻车制动系统两套相互独立的制动系统,每套制动系统都包括制动器和制动传动机构。现在汽车的行车制动系统一般都装配有防抱死制动系统(ABS)。转向系统和制动系统都是由驾驶员来操控的,一般可以合称为控制系统。

现代汽车中电子控制技术的应用越来越广泛,如在底盘中普遍采用了电子控制自动变速器(EAT 或 ECT)、电子控制防滑差速器(EDL)、电子控制防抱死制动系统(ABS)、电子制动力分配系统(EBD)、电子控制悬架系统(EMS)、电子控制转向系统(EPS)等。

任务二 底盘布置形式及传动系统认知

汽车底盘的总体布置与发动机的位置及汽车的驱动方式有关,一般分为发动机前置后轮驱动、发动机前置前轮驱动、发动机后置后轮驱动、发动机前置全轮驱动等几种类型。

一、发动机前置后轮驱动

发动机前置后轮驱动,英文缩略语为 FR。如图 1-5 所示,发动机布置在汽车前部,动力经过离合器、变速器、万向传动装置、后驱动桥,最后传递到后驱动车轮,使汽车行驶。

这是一种传统的布置形式,应用广泛,适用于除越野汽车的各类型汽车,如大多数的货车、部分轿车和部分客车都是采用这种形式。

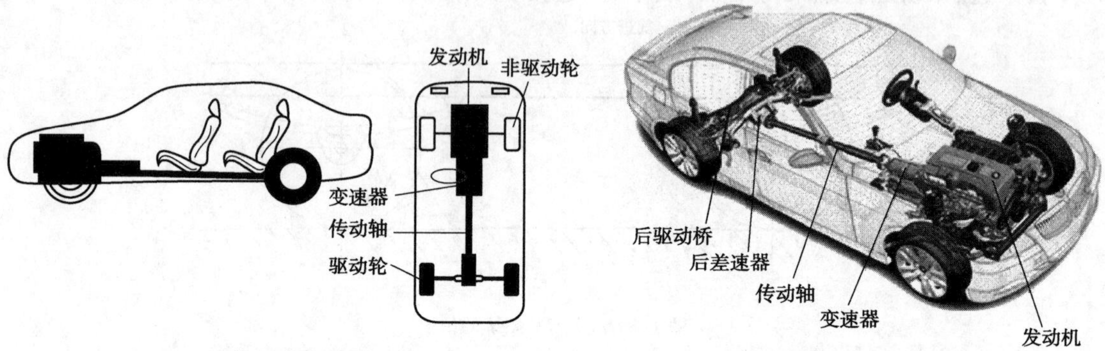

a)前置后驱示意图　　b)前置后驱汽车透视图

图 1-5　发动机前置后轮驱动

二、发动机前置前轮驱动

发动机前置前轮驱动简称前置前驱动,英文简称 FF。如图 1-6 所示,发动机布置在汽车前部,动力经过离合器、变速器、前驱动桥,最后传递到前驱动车轮,这种布置形式在变速器与驱动桥之间省去了万向传动装置,使结构简单紧凑,整车质量小,高速时操纵稳定性好。大多数轿车采用这种布置形式,但这种布置形式的爬坡性能差,豪华轿车一般不采用,而是采用传统的发动机前置后轮驱动。

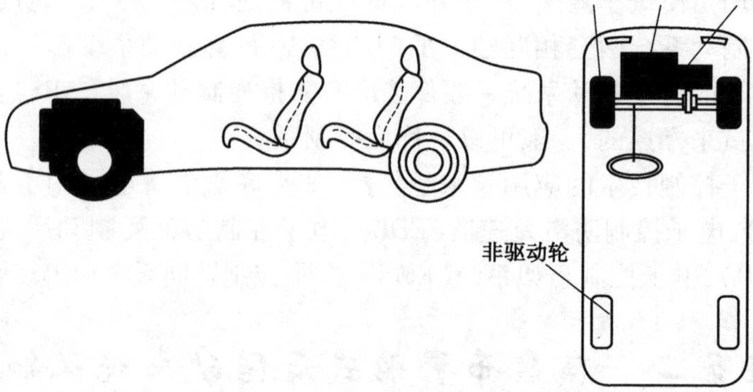

图 1-6　发动机前置前轮驱动

根据发动机布置的方向可以分为发动机前横置前轮驱动和发动机前纵置前轮驱动。

三、发动机后置后轮驱动

发动机后置后轮驱动简称后置后驱动,英文缩略语为 RR。如图 1-7 所示,发动机布置在汽车后部,动力经过离合器、变速器、角传动装置、万向传动装置、后驱动桥,最后传递到后驱动车轮,使汽车行驶。这种布置形式便于车身内部的布置,减小室内发动机的噪声,一般用于大型客车。

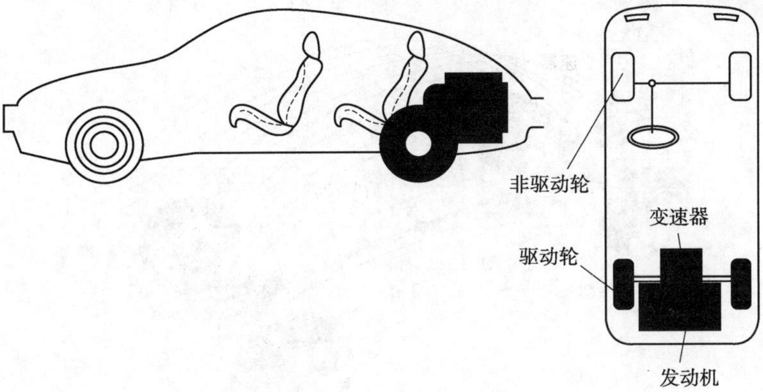

图 1-7 发动机后置后轮驱动

四、发动机中置后轮驱动

发动机中置后轮驱动简称中置驱动,英文缩略语为 MR。如图 1-8 所示,这种布置形式将发动机布置于驾驶室后面的汽车中部,后轮驱动,有利于实现前后轴较为理想的轴荷分配,是赛车和部分大中型客车采用的方案。客车采用这种方案布置时,能使车厢的有效面积得到最大利用,目前应用不多,主要应用于跑车。

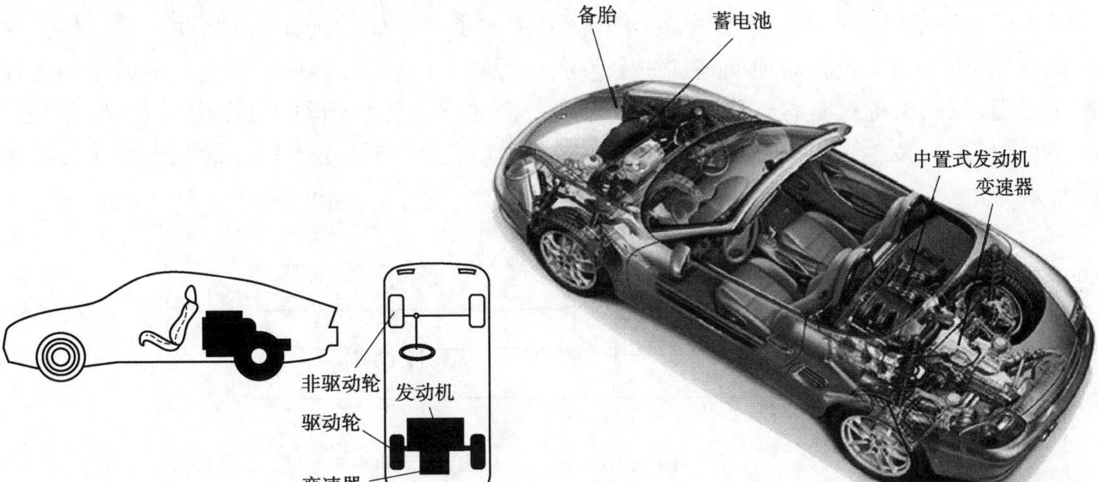

a)中置后驱示意图　　b)中置后驱汽车构造图

图 1-8 发动机中置后轮驱动

五、发动机前置全轮驱动

发动机前置全轮驱动简称全轮驱动,英文缩略语为 XWD。如图 1-9 所示,发动机布置在汽车前部,动力经过离合器、变速器、分动器、万向传动装置分别到达前后驱动桥,最后传递到前后驱动车轮,使汽车行驶。由于所有的车轮都是驱动车轮,提高了汽车的越野通过性能,这是越野汽车采取的布置形式。

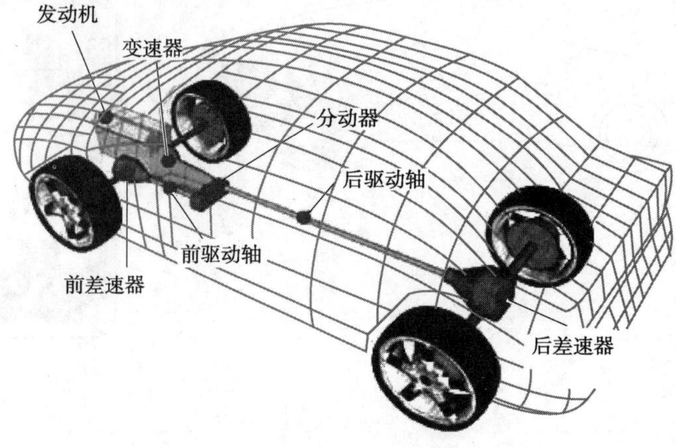

图 1-9　发动机前置全轮驱动

任务三　汽车行驶的基本原理

想一想：汽车底盘接受发动机的动力并使汽车行驶，那么其行驶原理是什么呢？

欲使汽车行驶，必须对汽车施加一个驱动力以克服各种阻力，驱动力产生的原理如图1-10所示。发动机经由传动系统在驱动车轮上施加了一个驱动力矩，使驱动车轮旋转。在 T_t 的作用下，驱动车轮将对地面施加一个与汽车行驶方向相反的圆周力 F_0。根据作用与反作用原理，地面也将对驱动车轮施加一个与 F_0 大小相等、方向相反的反作用力 F_t，F_t 就是使汽车行驶的驱动力，或称牵引力。驱动力作用在驱动轮上，再通过车桥、悬架、车架等行驶系统传递到车身上，使汽车行驶。

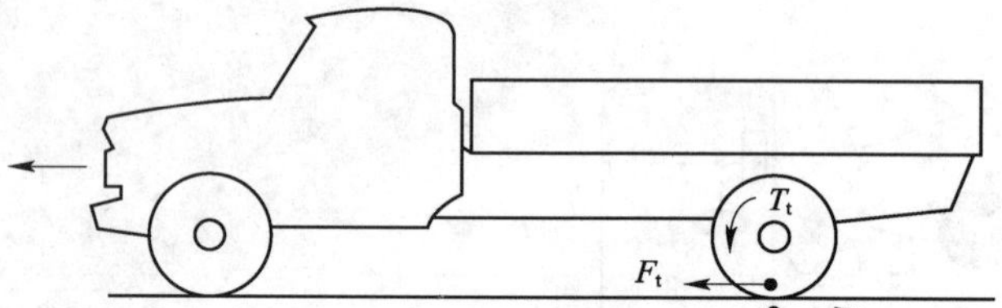

图 1-10　汽车行驶的基本原理示意图

1. 车轮阻力

日常所说的车轮阻力，其实是由轮胎的滚动阻力、路面阻力还有轮胎侧偏引起的阻力所构成。当汽车在行驶时会使得轮胎变形，而不是一直保持静止时的圆形，而由于轮胎本身的橡胶和内部的空气都具有弹性，因此在轮胎滚动时会使得轮胎反复经历压缩和伸展的过程，由此产生了阻尼功，即变形阻力。经过试验表明，当汽车超过 45m/s(162km/h)时，轮胎变形阻力就会急剧增加，这不仅要求有更高的动力，对轮胎本身也是极大的考验。而轮胎在路面行驶时，胎面与地面之间存在着纵向和横向的相对局部滑动，还有车轮轴承内部也会有相对运动，因此又会有摩擦阻力产生。由于我们是被空气所包围的，只要是运动的物体就会受到空气阻力的影响。变形阻力、摩擦阻力和轮胎空气阻力三种阻力的总和便是轮胎的滚动阻力。在 40m/s(144km/h)以下的速度范围内，变形阻力占了轮胎滚动阻力的90% ~95%，摩擦阻力占2%~10%，而轮胎空气阻力所占的比率极小。而路面阻力就是轮胎在各种路面上的滚动阻力，由于各种路面不同，所产生的阻力也不同，在这里就不详细研究了。还有便是轮胎侧偏引起的阻力，这是由于车轮的定位使其运动方向与受到的侧向力产生了夹角而产生的。

2. 空气阻力

汽车在行驶时，需要挤开周围的空气，汽车表面受气流压力作用并且形成真空，产生压力差，此外还存在着各层空气之间以及空气与汽车表面的摩擦，再加上冷却发动机、室内通风以及汽车表面外凸零件引起的气流干扰等，就形成了空气阻力。空气阻力包括压差阻力（又称形状阻力）、诱导阻力、表面阻力（又称摩擦阻力）、内部阻力（又称内循环阻力）以及干扰阻力。空气阻力与汽车的形状、汽车的正面投影面积有关，特别是与汽车—空气的相对运动速度的平方成正比。当汽车高速行驶时，空气阻力的数值将显著增加。我们在汽车指标中经常见到的风阻是计算空气阻力时的空气阻力系数，这个系数越小越好。

3. 坡度阻力

坡度阻力即汽车上坡时，其总质量沿路面方向的分力所形成的阻力。在动态行驶阻力方面，主要就是惯性力，它包括平移质量引起的惯性力，也包括旋转质量引起的惯性力矩。现在我们知道，汽车要能够运动行驶就必须克服以上所介绍的总阻力，当阻力增加时，汽车的驱动力也必须跟着增加，与阻力达到一定范围内的平衡，我们知道，驱动力的最大值取决于发动机最大的转矩和传动系的传动比，但实际发出的驱动力还受到轮胎与路面之间的附着性能（即包括各种条件的路面情况）的限制。汽车只有在这些综合条件的限制中与各个因素达到平衡，才能够顺利地运行，成为运输出行所需要的工具。

思考题：有人说汽车不是开起来的，而是由地面推着跑起来的，这句话对吗？

任务四 底盘维修常用设备及工具

一、汽车举升机

汽车举升机是用于汽车维修过程中举升汽车的设备，汽车行驶到举升机工位，通过人工操作可将汽车举升一定的高度，便于汽车检查维修。举升机在汽车维修养护中发挥着非常重要的作用，现在的维修厂都配备了举升机，举升机是汽车维修厂的必备设备。

按立柱构造分类，主要有单柱式举升机、双柱式举升机、四柱式举升机、剪式举升机和地沟式举升机等。

1. 单柱式举升机

单柱式举升机是将停放在地面上的轿车等交通工具举升到一定的高度进行维修的专用设备，是一种典型的用于汽车及工程车辆的局部举升，以便更换车轮轮胎或对车辆底盘进行各种维修作业的机具（图1-11）。单柱式举升机操作容易、美观、不占用空间便能将重物方便省力地举起。具有省时省力的效果，不用时完全放置于地面，方便汽车倒车和放置物品，是汽车检修不可缺少的机具。单柱式举升机分可移动式和固定式两种型号。单柱移动式举升机适用于室内外场地，单柱固定式举升机适用于室内面积较为紧凑的场所。

2. 双柱式举升机

双柱式举升机是一种汽车修理和维护单位常用的专用机械举升设备，广泛应用于轿车等小型车的检修和维护（图 1-12）。双柱式举升机将汽车举升在空中的同时可以节省大量的地面空间，方便地面作业。但是双柱式举升机为了最大的节省材料，一般都去掉了底板。由于没有底板，使得立柱的扭力需要靠地面来抵消，所以对地基要求很高，若是有横梁（龙门举升机）就靠横梁抵消。

图 1-11　单柱式举升机

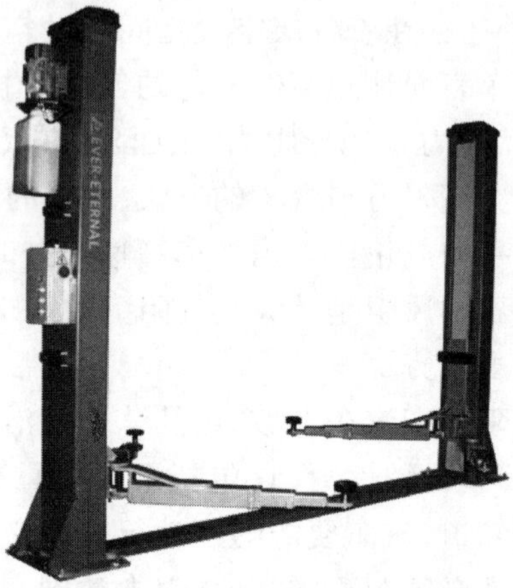

图 1-12　双柱式举升机

双柱式举升机有对称式和非对称式两种。对称式双柱式举升机四根臂的臂长大致相等，这样使得汽车中心（或质心）处于立柱的中间位置，对于皮卡和厢式货车等类型的汽车的日常维修来说，这种对称式双柱式举升机可能是最佳的选择。但是对于一些柱间宽度不够大的对称式双柱式举升机来说，汽车举升后不能有效地打开车门是一个很大的缺陷。非对称式双柱式举升机的立柱向后旋转了一个角度（大约 30°），并且前臂比后臂稍微短一些。当把汽车停放到这种非对称式双柱式举升机适当位置时，汽车的位置就向后移动了一些，因此，我们就很容易地从车门进出。而且，这种非对称式双柱式举升机转动的立柱，可以确保车辆的重心安全地定位于立柱之间。

3. 四柱式举升机

四柱式举升机是一种大吨位汽车或货车修理和维护单位常用的专用机械举升设备（图 1-13），四柱式举升机也很适合于汽车四轮定位使用，因为一般四柱式举升机都有一四轮定位挡位，可以调整、确保水平。四柱式举升机按其结构又分为上油缸式和下油缸式两种。上油缸式四柱举升机其油缸置于立柱顶部（带横梁），下油缸式四柱举升机的油缸置于平板下面。上油缸式四柱举升机主要依靠 4 根链条拉起 4 个角，拉力油缸置于顶部，这种结构简单，但自重增加。多数上油缸式四柱举升机二次举升为手动或气动，修理工需要跑到底下操作，这对于经常使用二次举升的用户不方便和不安全。保险装

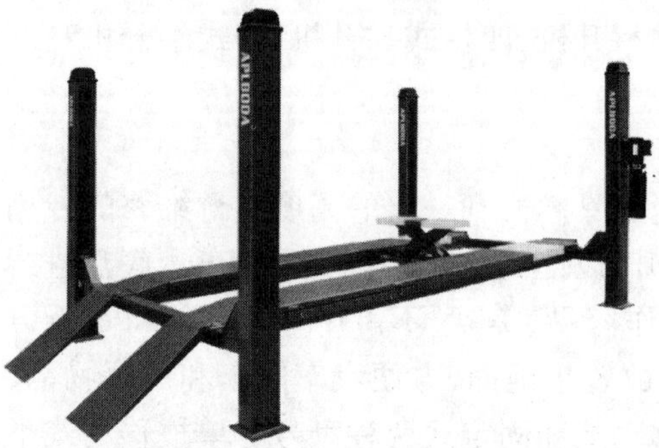

图 1-13　四柱式举升机

置为气动装置，若没有气源则比较麻烦。下油缸式四柱举升机主要依靠4根粗钢索拉起4角，拉力油缸置于平板下面，通过6个圆盘将力传递到四面。这种结构比较紧凑，自重降低。二次举升一般为电动液压，和主泵连接在一起，只要转动转换阀即可，升降速度快，保险装置为楔块式，4个楔块利用拉杆联动，扳动拉杆就可打开保险装置，方便耐用。

4. 剪式举升机

剪式举升机执行部分采用剪式叠杆形式，电力驱动机械传动结构，目前广泛用于大型车辆维修(图1-14)。剪式举升机的举升速度适中且不占用车坑位置，对于一些车型相对固定，工作强度大(如公共汽车)的修理领域无疑是最好的选择。而且由于结构简单，同步性好，一般常用作四轮定位仪的平台。

剪式举升机分为大剪(子母式)举升机、小剪(单剪)举升机、超薄系列剪式举升机等几种类型。小剪举升机主要用于汽车维修，安全性高，操作方便。挖槽后与地面相平。大剪举升机用处比较多，是配合四轮定位仪的最佳设备，并可以作为汽车维修及轮胎、底盘检修用。可以挖槽，也可以直接安装在地面上。超薄系列剪式举升机无需挖槽，适用于任何修理厂，有一些楼板上不适合安装二柱举升机以及普通四柱举升机，而本机器与楼板接触面广，这样可以安装在任何可以汽车行驶的楼板上面，解决客户场地问题。这类机器是今后的主流产品，国外大规模使用该类产品。

5. 地沟式举升机

地沟式举升机是大型客车维修的理想设备，对空间较低的厂房更为实用，且物美价廉(图1-15)。地沟式举升机，安装于地沟上面两沿边轨道上，一般采用电动驱动方式，蜗杆、蜗轮减速，从而带动丝杆、举升大梁升降。这种设计方式使得地沟式举升机移动更灵活，举升力更大，升降平稳，操作安装极为方便，是各种针对大客车、货车进行维修的维修企业最为理想的举升设备。地沟跑道式四轮定位举升机前轮转角盘(选购件)位置可调，加长后轮滑板，适合各种车型定位测量。

图1-14 剪式举升机

图1-15 地沟式举升机

从举升机的驱动类型来分类，目前主要分为气压驱动、液压驱动、机械驱动三大类。其中尤以液压驱动居多，机械驱动次之，气压驱动最少。

举升机的操作规程：

(1)使用前应清除举升机附近妨碍作业的器具及杂物，并检查操作手柄是否正常。

(2)操作机构灵敏有效，液压系统不允许有爬行现象。

(3)支车时,4 个支角应在同一平面上,调整支角胶垫高度使其接触车辆底盘支撑部位。

(4)支车时,车辆不可支得过高,支起后 4 个托架要锁紧。

(5)待举升车辆驶入后,应将举升机支撑块调整移动对正该车型规定的举升点。

(6)举升时人员应离开车辆,举升到需要高度时,必须插入保险锁销,并确保安全可靠才可开始车底作业。

(7)除低保及小修项目外,其他烦琐笨重作业,不得在举升器上操作修理。

(8)举升器不得频繁起落。

(9)支车时举升要稳,降落要慢。

(10)有人作业时严禁升降举升机。

(11)发现操作机构不灵,电动机不同步,托架不平或液压部分漏油,应及时报修,不得带病操作。

(12)作业完毕应清除杂物,打扫举升机周围以保持场地整洁。

(13)定期(半年)排除举升机油缸积水,并检查油量,油量不足应及时加注相同牌号的压力油。同时应检查润滑、举升机传动齿轮及缝条。

二、底盘拆装常用工具

1. 普通扳手

1)开口扳手(图 1-16)

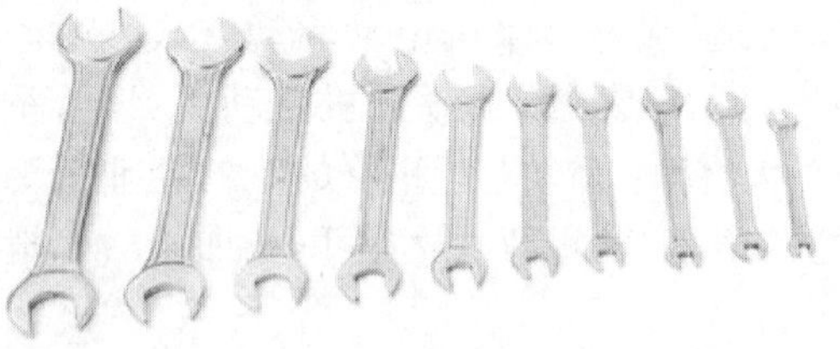

图 1-16 开口扳手

开口扳手是最常见的一种扳手,又称呆板手。其规格是以两端开口的宽度 S(mm)来表示的,如 8 ~ 10、12 ~ 14 等;通常是成套装备,有 8 件一套、10 件一套等。

2)梅花扳子(图 1-17)

梅花扳手其两端是环状的,与开口扳手相比,梅花扳手强度高,使用时不易滑脱。其规格是以闭口尺寸 S(mm)来表示的,如 8 ~ 10、12 ~ 14 等;通常是成套装备,有 8 件一套、10 件一套等。

3)套筒扳手(图 1-18)

套筒扳手的材料、环孔形状与梅花扳手相同,适用于拆装位置狭窄或需要一定力矩的螺栓或螺母。常用套筒扳子的规格是 10 ~ 32mm。

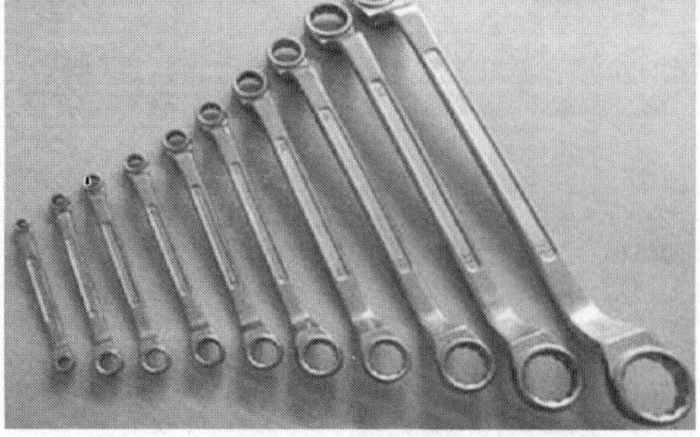

图 1-17 梅花扳手

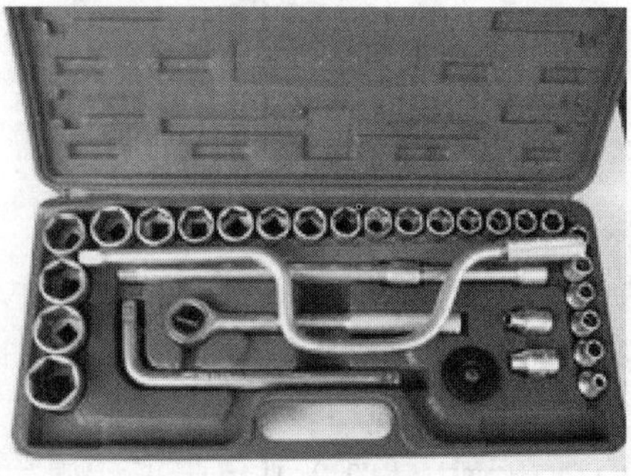

图 1-18 套筒扳手

4)活动扳手(图1-19)

活动扳手其开口尺寸能在一定的范围内任意调整,使用场合与开口扳手相同,但活动扳手操作起来不太灵活。其规格是以"长度×最大开口宽度(mm)"来表示,一般规格有100×13~600×65。

5)扭力扳手(图1-20)

扭力扳手是一种可读出所施力矩大小的专用工具。常用的有294N·m、490N·m。

两种扭力扳手可以在紧固螺栓及螺母的同时测量正在施加的力矩(旋转力)。使用扭力扳手时需要装上套筒。

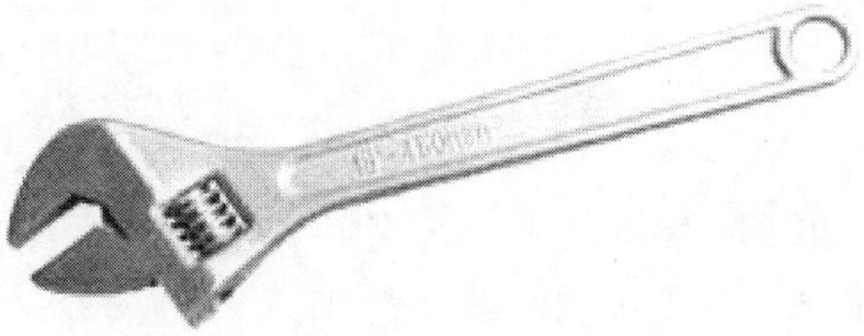

图1-19 活动扳手

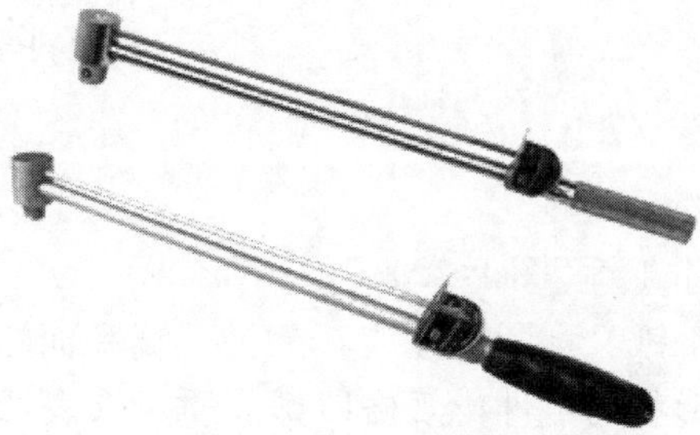

图1-20 扭力扳手

2. 专用扳手

专用扳手是一种用途较为单一的特殊扳手的通称,通常以其用途或结构特点来命名。每一种专用扳手,又可以按照不同的规格和尺寸进行分类。在使用专用扳手时,必须选用与零件相适应的扳手,以免扳手滑脱伤手或损坏零件。通常的专用扳手和用途见表1-1。

专用扳手和用途 表1-1

扳手名称	主要用途
内六角扳手	拧动内六角头部的螺栓
圆螺母扳手	拧动槽型圆螺母
叉型凸缘及转向螺母套	拧动轮毂轴承调整锁紧螺母
方扳手	拧动四棱柱头的螺栓,如油底壳,变速器等放油螺塞
叉形扳手	拧紧圆柱孔定位的螺母,如减振器顶盖等
火花塞套筒扳手	拆装火花塞
气门芯扳手	拆装轮胎气门芯
钩形扳手	拧动槽型圆螺母等
专用套筒扳手	拧动特殊螺栓或螺母,如轮毂轴承螺栓、轮胎螺母
机油滤清器扳手	拆装机油滤清器总成

3. 螺丝刀

(1)一字螺丝刀[图1-21a)]又称一字螺钉旋具,用于旋紧或松开头部开一字槽的螺钉。其规格以刀体部分的长度表示,常用的规格有100mm、150mm、200mm、300mm等几种。

(2)十字螺丝刀[图1-21b)]又称十字螺钉旋具,用于旋紧或松开头部带十字槽的螺钉,材料和规格与一字螺丝刀相同。

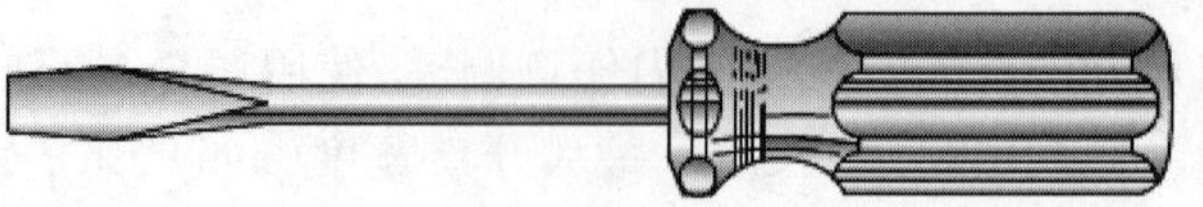

a)一字螺丝刀

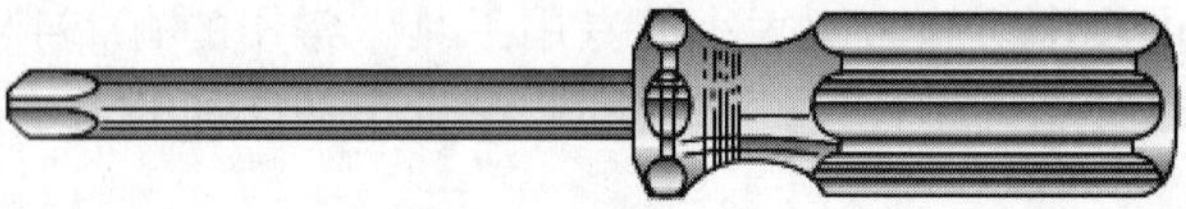

b)十字螺丝刀

图 1-21　螺丝刀

4. 锤类工具

1）钳工锤（图 1-22）

钳工锤又称圆头锤。其锤头一端平面略有弧形，是基本工作面，另一端是球面，用来敲击凹凸形状的工件。规格以锤头质量来表示，以 0.5 ~ 0.75kg 的最为常用。

2）橡胶锤（图 1-23）

橡胶锤用于敲打容易损伤或不允许损伤的物件。

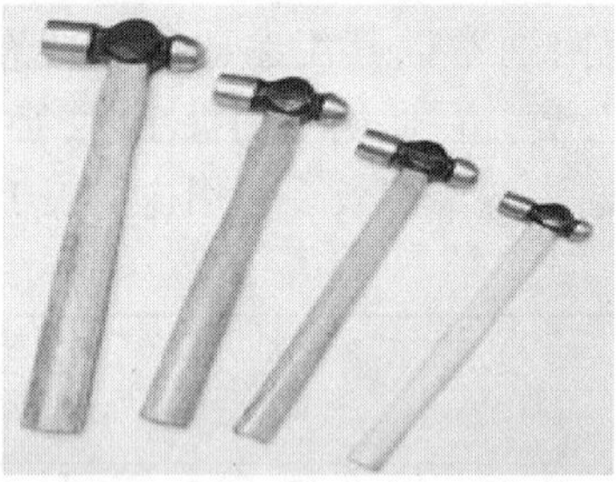

图 1-22　钳工锤

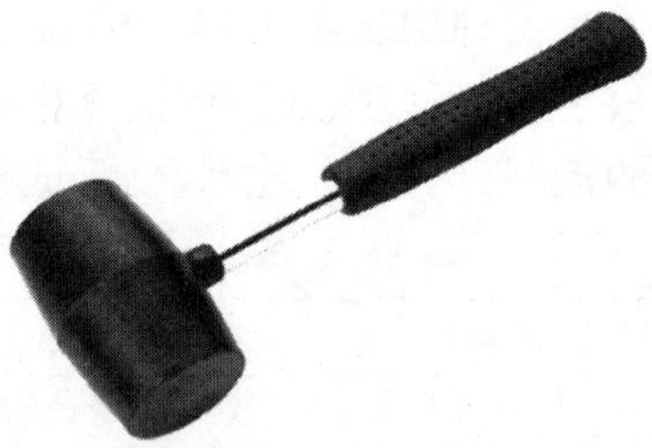

图 1-23　橡胶锤

5. 钳类工具

1）尖嘴钳（图 1-24）

尖嘴钳因其头部细长，所以能在较小的空间工作，带刃口的部位能剪切细小零件，使用时不能用力太大，否则钳口头部会变形或断裂，规格以钳的长度来表示，常用 160mm 一种。

2）鲤鱼钳（图 1-25）

鲤鱼钳钳头的前部是个平口细齿，适用于夹捏一些小零件，中部凹口粗长，用于夹持圆柱形零件，钳口后部的刃口可剪切金属丝，规格以钳长来表示，一般有 165mm、200mm 两种。

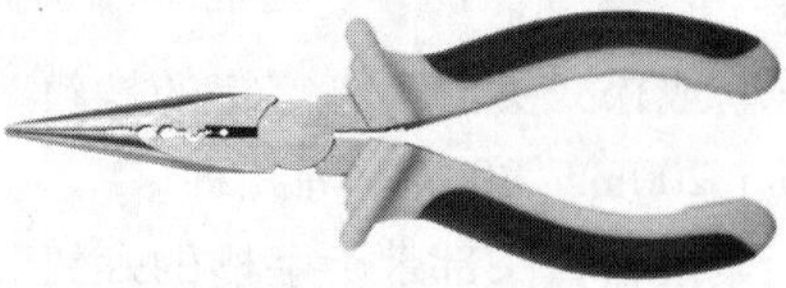

图 1-24　尖嘴钳

钢丝钳的用途和鲤鱼钳相似，使用时不如鲤鱼钳灵活，但剪断金属丝的效果比鲤鱼钳要好，规格有 150mm、175mm、200mm 三种。

3）卡环拆装钳（图 1-26）

卡环拆装钳用于夹持卡簧、锁销等圆形或圆柱形小件，拆装卡环。

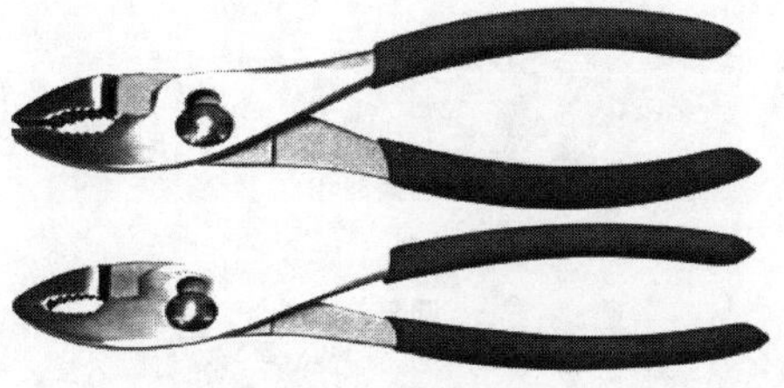

图1-25 鲤鱼钳

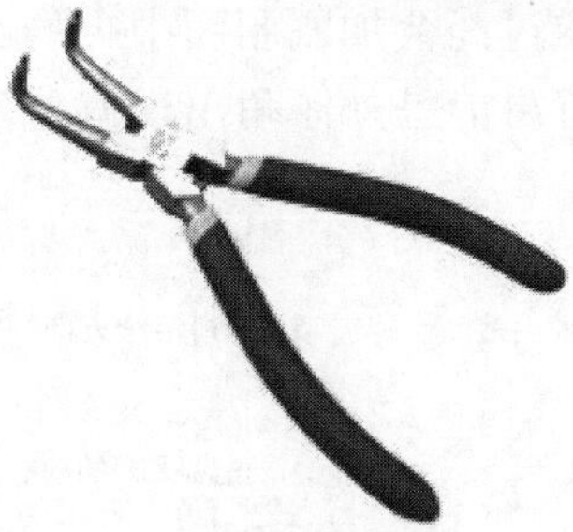

图1-26 卡环拆装钳

三、常用拆装工具的正确选用和注意事项

1. 扳手类工具

所选用的扳手的开口尺寸必须与螺栓或螺母的尺寸相符合，扳手开口过大易滑脱并损伤螺栓或螺母的六角。对于进口汽车，应注意扳手米制与英制的选择；各类扳手的选用原则是：优先选用套筒扳手，其次为梅花扳手，再次为开口扳手，最后选用活动扳手。

(1)为防止扳手损坏和滑脱，应使拉力作用在开口较厚的一边，这一点对受力较大的活动扳手尤其应该注意，以防开口出现"八"字形，损坏螺母和扳手。

(2)普通扳手是按人手的力量来设计的，不能用锤子击打扳手；除套筒扳手外，其他扳手都不能套装加力杆，以防损坏扳手或螺纹连接件。

2. 螺丝刀

螺丝刀型号规格的选择应以沟槽的宽度为原则，不可带电操作；使用时，除施加扭力外，还应施加适当的轴向力，以防滑脱损坏零件，不可用螺丝刀撬任何物品。

3. 手锤的使用方法

通常的挥锤方法有手腕挥锤、小臂挥锤和大臂挥锤三种。手腕挥锤只有手腕动，锤击力小，但准、快、省力；大臂挥锤是大臂和小臂一起运动，锤击力最大。注意事项：使用手锤时，切记要仔细检查锤头和锤把是否楔塞牢固，握锤应握住锤把后部。

四、底盘维护之四轮定位

汽车底盘维护最重要的工序就是四轮定位。汽车的转向车轮、转向节和前轴三者之间的安装具有一定的相对位置，这种具有一定相对位置的安装称为转向车轮定位，也称前轮定位。前轮定位包括主销后倾(角)、主销内倾(角)、前轮外倾(角)和前轮前束4项内容。这是对两个转向前轮而言，对两个后轮来说也同样存在与后轴之间安装的相对位置，称后轮定位。后轮定位包括车轮外倾(角)和逐个后轮前束。这样前轮定位和后轮定位总起来说称为四轮定位。

四轮定位工序如图1-27所示。

1. 什么情况下要做四轮定位

(1)车辆的行驶性能受到了影响，比如驾驶员感受最为直接的是跑偏，打方向不自动回轮等。

(2)因事故造成底盘及悬架的损伤。

(3)轮胎出现磨损异常。但也要考虑到是否是因胎压不正常才导致了异常磨损，一般情况下,胎压过高会加剧胎面中央的磨损,而胎压过低会加剧胎面两侧的磨损;如果一侧出现偏磨,则有可能是外倾角出现偏差。

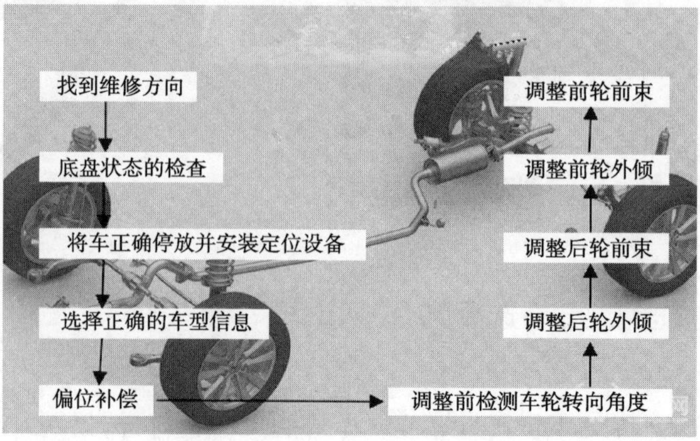

图 1-27　四轮定位工序

(4)车桥及悬架的零件曾被拆下。

2. 车轮定位参数

1)主销内倾角

从车前后方向看轮胎时,主销轴向车身内侧倾斜,该角度称为主销内倾角。当车轮以主销为中心回转时,车轮的最低点将陷入路面以下,但实际上车轮下边缘不可能陷入路面以下,而是将转向车轮连同整个汽车前部向上抬起一个相应的高度,这样汽车本身的重力有使转向车轮回复到原来中间位置的效应,因而转向盘易于复位。

此外,主销内倾角还使得主销轴线与路面交点到车轮中心平面与地面交线的距离减小,从而减小转向时驾驶员加在转向盘上的力,使转向操纵轻便,同时也可减少从转向轮传到转向盘上的冲击力。但主销内倾角也不宜过大,否则加速了轮胎的磨损。

2)主销后倾

主销后倾是指主销在前轴上安装,其上端略向后倾斜,于是主销轴线与通过前轮中心线的地面垂线之间在汽车纵平面内形成一个夹角,称为主销后倾角(图 1-28)。其主要作用是当汽车直线行驶时保持其稳定性,并能使汽车转向后前轮自动回正。

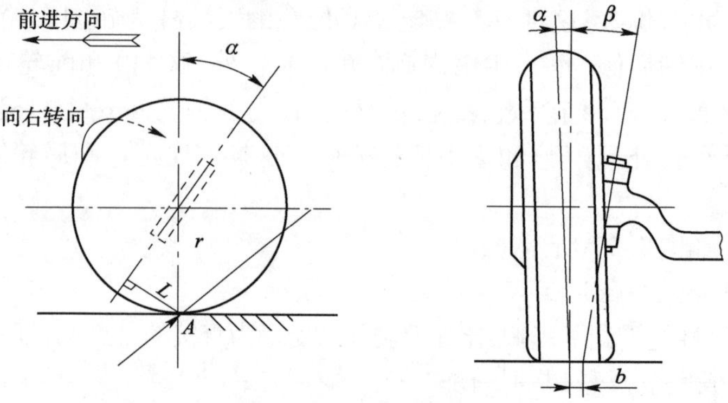

图 1-28　主销后倾角 α 与主销内倾角 β

3)前轮外倾

从前后方向看车轮时,轮胎并非垂直安装,而是稍微倾倒呈现“八”字形张开,称为负外倾,而朝反方向张开时称正外倾。使用斜线轮胎的鼎盛时期,由于使轮胎倾斜触地便于转向盘的操作,所以外倾角设定得比较大。现在汽车一般将外倾角设定得很小,接近垂直。汽车装用扁平子午线轮胎不断普及,由于子午线轮胎的特性(轮胎花纹刚性大,外胎面宽),若设定大外倾角会使轮胎磨偏,降低轮胎摩擦力。还由于助力转向机构的不断使用,也使外倾角不断缩小。尽管如此,设定少许的外倾角可对车轴上的车轮轴承施加适当的横向推力。

前束与主销倾角示意图如图 1-29 所示。车轮外倾的功用如下:

(1)保持直行时转向盘正直,维持直线行车。

(2)转向后转向盘自动归正。

(3)增强行驶安全性。

(4)增加驾驶舒适感。

(5)增加驾驶控制感。

(6)减少轮胎磨损。

(7)减低悬架部件耗损。

(8)减少燃油消耗。

4)前轮前束

脚尖向内,所谓“内八字脚”的意思,是指左右前轮分别向内。采用这种结构的目的是修正上述前轮外倾角引起的车轮向外侧转动。如前所述,由于有外倾,转向盘操作变得容易。另一方面,由于车轮倾斜,左右前轮分别向外侧转动,为了修正这个问题,如果左右两轮带有向内的角度,则正负为零,左右两轮可保持直线行进,减少轮胎磨损。

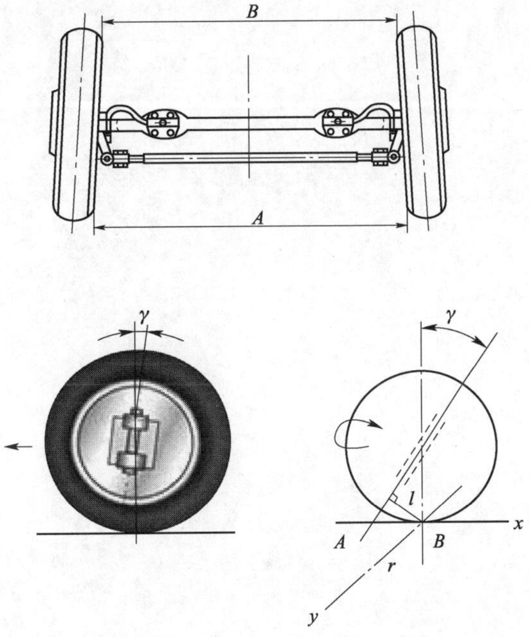

图 1-29　前束与主销倾角示意图

上述的 4 种定位值都是前轮定位的指标。后轮定位值与前轮定位值相似,但大多数轿车的后轮定位不可调。

如果在笔直的公路上行驶,驾驶员却需要不断地调整转向盘以保持汽车直行;如果你又发现,车辆在转弯后没有自动回正或需要较大外力辅助回正;当汽车在高速行驶中,发现转向盘有抖动甚至剧烈抖动,导致车辆稳定性下降。如果你真的发现了这些现象,看来你需要做四轮定位了。四轮定位对于老驾驶员而言并不陌生,甚至可以详细说出其中的奥秘。然而,对于一些新手来说可能就比较陌生了。

项目小结

本项目介绍了汽车底盘基本组成及功用,汽车底盘传动系统的布置形式,汽车行驶的基本原理。汽车底盘维修所需设备及工具,汽车举升机的基本操作,汽车底盘拆装工具规范使用,汽车四轮定位工序及主要参数。

思考与练习

1. 简述汽车底盘的基本组成和功用。
2. 汽车底盘的总体布置形式有哪些？
3. 汽车行驶的基本原理是什么？
4. 哪种类型的举升机用来配合四轮定位使用最佳？

项目二　离　合　器

知识目标

1. 掌握汽车离合器的功用。
2. 掌握汽车离合器的种类、结构形式和特点。
3. 掌握汽车离合器的工作原理。

能力目标

1. 理解汽车离合器的功用、种类及结构。
2. 掌握不同类型离合器的工作原理。
3. 熟练掌握离合器拆卸工具的使用方法。

任务一　离合器的认知

一、离合器的功用

离合器在传动系统中位于发动机和变速器之间，输入端与发动机相连，输出端与变速器相连。汽车离合器的主要功用如下：

(1)汽车起步时切断和实现发动机对传动系统的动力传递，保证汽车不容易熄火并平稳起步。在发动机起动时，要求断开发动机与驱动轮之间的动力传递路线，解除发动机的载荷，便于起动，防止汽车窜出。发动机起动后要进入一挡，如果变速器输入轴与发动机是刚性连接的，挂挡时会有很大的冲击，产生一个大的惯性力矩，发动机往往不能克服这个力矩而造成熄火。为了平稳起步，应在发动机和变速器之间设置离合器，离合器有主动部分和从动部分，发动机起动时离合器的主、从动部分处于分离状态，变速器挂入一挡后，离合器主、从部分逐渐接合，发动机的阻力矩逐渐增加，惯性阻力矩比较小，同时逐渐踩下发动机加速踏板，增大发动机的输入转矩，使发动机转速始终高于最低稳定转速，实现平稳起步。

(2)变速器换挡时切断发动机与传动系统动力传递，减少变速器换挡齿轮之间的冲击。汽车在行驶过程中，为了适应不同的行驶条件，变速器经常变换挡位，得到不同的转矩和转速。机械式变速器的换挡是通过齿轮或者同步器来实现的，使原来某一挡位的齿轮副退出传动而另一挡位的齿轮进入工作，为减少齿轮啮合时的冲击或者使同步器能进入同步，也需要中断动力的传递，这样退出挡位和进入新挡位都比较轻便。

(3)防止传动系统各零件因过载而损坏。在汽车进行紧急制动时,如果没有设置离合器,发动机与传动系统刚性相连,由于各运动部件的转速迅速下降,产生很大的超出发动机正常转矩的惯性力矩,使得整个传动系统受到的载荷超出承载能力,零部件可能因此而损坏。设置离合器后,当传动系统的载荷超过离合器能传递的最大转矩时,离合器的主、从动部分发生相对滑动,限制传动系统受到的载荷的增加,起到了过载保护的作用。

(4)吸收传动系统的扭转振动。由于发动机输出的转矩不平稳、汽车在路面上行驶时受到路面的冲击等因素,在传动系统中会产生扭转振动,离合器中设有扭转减振器,能起到吸收振动、缓和冲击和降低噪声的作用。

为实现上述功能,离合器在结构上应具备以下特点:

(1)离合器具有主动部分和从动部分,通过操纵机构将两者分离、接合,在接合过程中可以有相对的转动。

(2)完全接合时摩擦面之间没有了相对滑动,最大静摩擦力矩大于发动机的最大转矩。

(3)当传动系统发生过载时,即载荷大于离合器的最大静摩擦力矩时,相对的摩擦面发生相对运动,起到过载保护的作用。

二、离合器的组成和分类

离合器主要类型有摩擦离合器、电磁离合器、液力耦合器等,汽车上广泛采用的是摩擦离合器。

摩擦离合器主要包括主动部分、从动部分、压紧机构和操纵机构四大组成部分(图2-1)。

(1)主动部分的组成有:飞轮、离合器盖、压盘等。

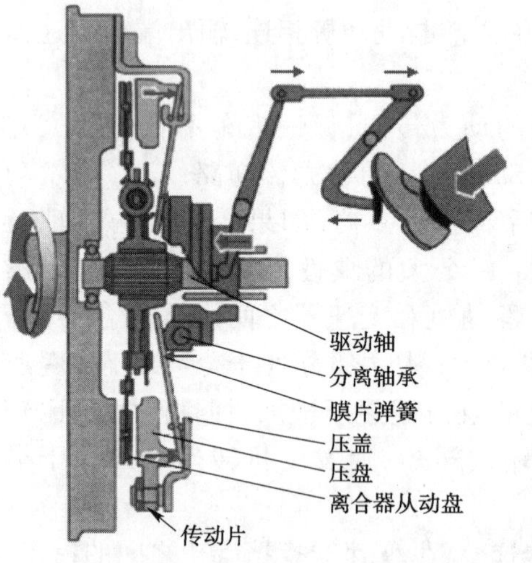

图2-1　离合器的基本组成

(2)从动部分的组成有:从动盘毂、摩擦片、扭转减振器等。

(3)压紧机构的组成有:压紧弹簧、支承环、支承销等。

(4)操纵机构的组成有:分离叉、分离轴承、离合器踏板、传动部件等。

摩擦离合器按结构形式的不同可以分类如下:

(1)按从动盘数量分:单片式、双片式、多片式。

(2)按弹簧布置形式分:圆周布置式、中央布置式、斜向布置式。

(3)按弹簧类型分:圆柱螺旋弹簧、圆锥螺旋弹簧、膜片弹簧。

(4)按作用力分:推式、拉式。

三、摩擦离合器的结构及工作原理

摩擦离合器的结构如图2-2所示。

发动机飞轮是主动部件,离合器的从动盘和从动盘毂通过滑动花键安装在变速器第一轴上,压紧弹簧将从动盘压紧在飞轮端面上,从动盘上带有摩擦片,飞轮与从动盘接触面之间的摩擦产生摩擦力矩,将发动机转矩传到从动盘上,再经过变速器、传动轴等部件传给驱动轮。离合器所能传递的转矩与压紧弹簧的压紧力有关,压紧力越大,能传递的最大转矩越大。

汽车在行驶过程中大部分时间里处于动力传递状态,只是在换挡时暂时中断动力传递,所以汽车离合器的主动部分和从动部分经常处于接合状态,为了适应这一要求,采用弹簧作为压紧装置提供摩擦副所需的压紧力。需要中断动力传递时,踩下离合器踏板,套在从动盘毂槽中的拨叉便拨动从动盘,克服压紧弹簧的压力向右移动而与飞轮分离,摩擦副之间的摩擦力消失,从而中断了动力传递。

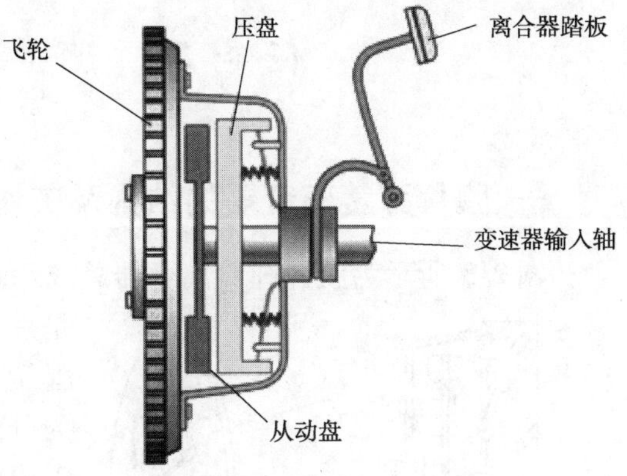

图 2-2 摩擦离合器的结构

当需要重新恢复动力传递时,放松离合器踏板,在压紧弹簧的压力作用下从动盘向左移动,与飞轮恢复接触,离合器接合的过程不应过猛,以免产生较大冲击,当两接触面间的压力逐渐增加时,相应的摩擦力矩也逐渐增加。飞轮和从动盘接合还不紧密时,两者之间有相对滑动,随着飞轮与从动盘之间接合程度增大,两者的转速趋于相等,在离合器完全接合时停止打滑,此时离合器踏板完全松开。

摩擦离合器传递的最大转矩等于摩擦副的最大静摩擦力矩,它与摩擦面之间的摩擦因数、压紧力、摩擦面数和摩擦片的平均摩擦半径有关。为了保证可靠传递发动机的转矩,最大静摩擦力矩应大于发动机的最大输出转矩。当输入转矩大于最大静摩擦力矩时,摩擦面之间发生打滑,传到传动系统的力矩不能继续增长,起到防止传动系统过载的作用。

从离合器的工作原理可知,离合器的主、从动部分常处于接合状态,压紧机构是保证离合器处于接合状态并传递转矩的装置,而离合器的分离是由操纵机构完成的。

离合器分离时,要求主、从动部分分离彻底,接合时要求柔顺平稳。在接合过程中,由于摩擦面之间存在滑摩,产生大量热量,需要及时散热,否则导致摩擦片表面温度过高,降低摩擦因数,严重时会烧伤摩擦片。为了减小温升,压盘应有较大的质量以提高热容量,还可以采取通风措施以散热。

在变速器换挡时虽然离合器的主、从动部分发生了分离,发动机的动力不能传入变速器,但离合器的从动部分是通过花键与变速器第一轴相连的,它的惯性力矩会输入变速器中,若它的转动惯量大,则惯性力矩就比较大,这样在换挡时变速器齿轮间会产生冲击或者增大同步时间,因此要求从动部分的转动惯量要尽可能小。离合器的旋转部分应该有良好的动平衡,操纵机构应该操纵轻便。

四、评价

评价表见表 2-1。

评 价 表 表2-1

评价任务	目标	评价等级			备注
		自评	组长	教师	
(1)能识别不同类型离合器的结构					
(2)理解离合器的作用及工作原理					

注:☆熟练;◇达成;△基本达成;×未达成。

任务二 膜片弹簧离合器的拆装

一、膜片弹簧离合器的结构及工作原理

图2-3所示为膜片弹簧离合器总成示意图。膜片弹簧离合器压紧机构所用的压紧弹簧是一个用优质薄弹簧钢板制成的带有一定锥度的膜片弹簧5,靠中心部位开有18条径向切槽(内端部分称为分离指)。为防止应力集中,槽的末端接近外缘处加工成圆形,形成18根弹性杠杆。膜片弹簧既是压紧弹簧又是分离杠杆,膜片弹簧槽的末端右侧抵靠在离合器盖上冲压出的一个环形凸台上,左侧以压盘8作为支撑环,成为离合器分离杠杆的支点。

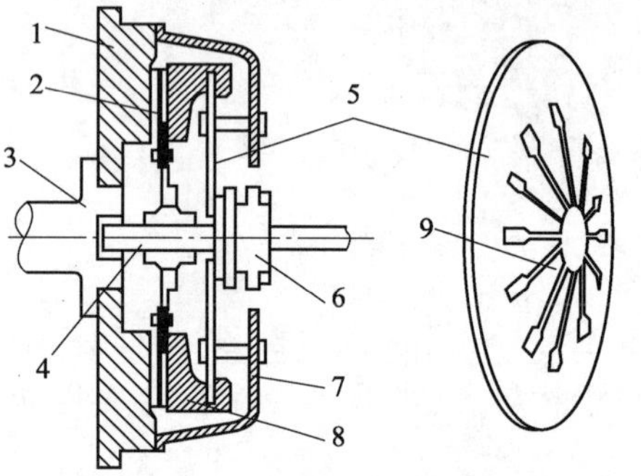

图2-3 膜片弹簧离合器

1-飞轮;2-从动盘;3-曲轴;4-从动轴;5-膜片弹簧;6-分离轴承;7-离合器盖;8-压盘;9-分离指

图2-4所示为膜片弹簧离合器工作原理图,图2-4a)所示为安装前的自由状态,离合器盖与飞轮之间有一段距离,两者未固定在一起。当离合器盖通过安装螺栓与飞轮紧固后,离合器盖左移消除间隙(图2-4b),膜片弹簧4以右钢丝支撑圈5为支点发生弹性变形(锥角变小),膜片弹簧的反弹力使其外端对压盘3和从动盘产生压紧力,此时离合器处于接合状态。当分离离合器时,分离轴承7左移(图2-4c),膜片弹簧内端左移,并以左钢丝支撑圈8为支点转动(膜片弹簧呈反锥形),于是膜片弹簧外端右移,并通过分离弹簧钩6拉动压盘使离合器分离。

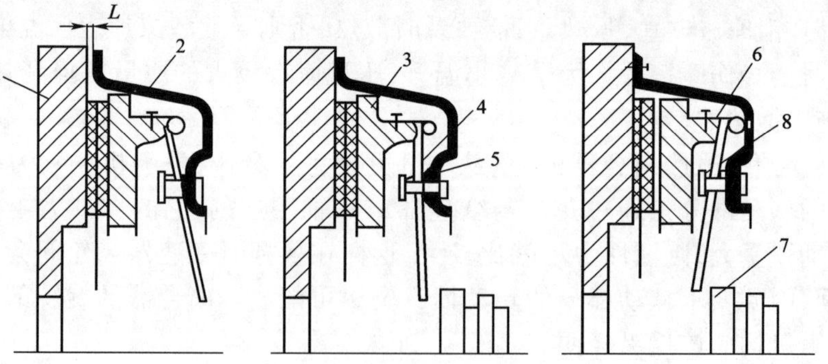

图2-4 膜片弹簧离合器工作原理

1-飞轮;2-离合器盖;3-压盘;4-膜片弹簧;5-右钢丝支撑圈;6-分离弹簧钩;7-分离轴承;8-左钢丝支撑圈

二、膜片弹簧的特点

与普通的螺旋弹簧相比，膜片弹簧有以下优点：

1. 具有理想的弹性特性

图 2-5 为两种弹簧的弹性特性曲线对比。

螺旋弹簧的特性曲线 1 呈线性特性。膜片弹簧的特性曲线 2 呈非线性特性。假设所设计的两种离合器的接合时压紧力均为 p_b，轴向压缩变形量为 λ_b。当摩擦片发生磨损使弹簧伸长 λ' 时，螺旋弹簧的压紧力沿直线下降到 p'_a，最大静摩擦力矩下降，而膜片弹簧发生同样的磨损后的压紧力 p_a 与 p_b 相差不大，仍能可靠地工作。离合器分离时，当两种弹簧的压缩量均为 λ'' 时，螺旋弹簧的弹簧力上升，而膜片弹簧所需要操纵力反而减小，因而操纵轻便。

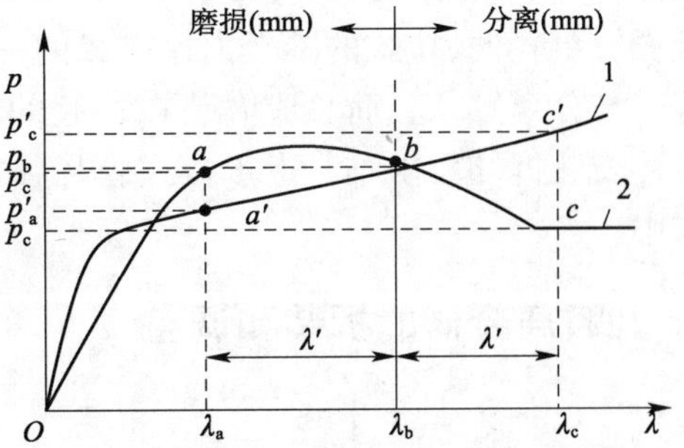

图 2-5 螺旋弹簧与膜片弹簧两种弹簧的弹性特性曲线

1-螺旋弹簧；2-膜片弹簧

2. 结构简单紧凑

为了使螺旋弹簧离合器分离，需要设计杠杆装置，而膜片弹簧本身起到压紧弹簧和分离杠杆两种作用，因此零件数目少，结构简单，且轴向尺寸小。

3. 高速时平衡性好，压紧力稳定

膜片弹簧是圆形旋转对称零件，其中心位于旋转轴线上，平衡性好；在高速下不会因像螺旋弹簧那样由于离心力产生弯曲而导致弹簧压紧力下降，即高速稳定性好。

4. 寿命长

膜片弹簧与压盘在整个圆周上接触，摩擦片上压力分布均匀，磨损均匀；由于膜片弹簧离合器零件少，轴向尺寸小，可以采用较厚的、热容量大的压盘和在离合器盖上开较大的通风口等措旋，达到良好的通风散热效果。所以，摩擦片的使用寿命得到提高。

膜片弹簧离合器也存在一些缺点，主要是制造工艺较复杂，对材质和尺寸精度要求较严格。但随着材料性能提高，制造工艺的完善，成本也逐渐下降，膜片弹簧离合器广泛应用于各种车型上。

三、膜片弹簧离合器的分类和比较

根据膜片弹簧分离时内端的作用力的方向，可分为推式和拉式。

推式膜片弹簧离合器：当分离离合器时，膜片弹簧内端受力方向指向压盘的离合器。装配时，膜片弹簧锥顶朝后，如图 2-6a）所示。

拉式膜片弹簧离合器：当分离离合器时，膜片弹簧内端受力方向离开压盘的离合器。装配时，膜片弹簧锥顶朝前，如同 2-6b）所示。

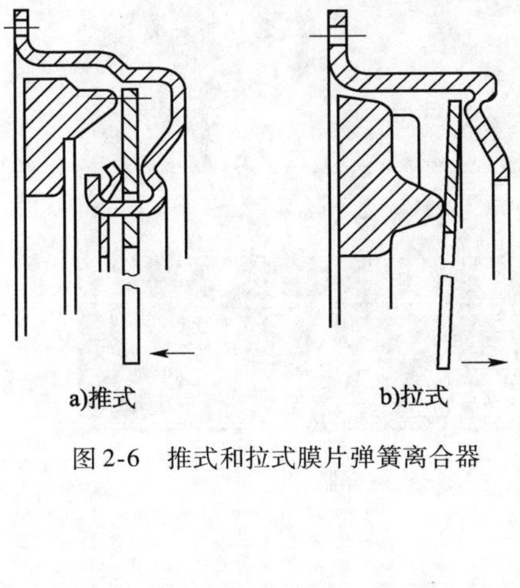

a)推式 b)拉式

图 2-6 推式和拉式膜片弹簧离合器

图 2-7 所示为捷达轿车拉式膜片弹簧离合器。与推式相比,拉式膜片弹簧离合器取消了中间支撑各零件,不使用支撑环或只使用一个支撑环,使其结构更简单、紧凑,零件数目更少,质量更小;拉式膜片弹簧是以中部与压盘相压的,在同样压盘尺寸的条件下可采用直径较大的膜片弹簧,提高了压紧力与传递转矩的能力,且并不增大踏板力,在传递相同的转矩时. 可采用尺寸较小的结构;在接合或分离状态下,离合器盖的变形量小,刚度大,分离效率更高;拉式的杠杆比大于推式的杠杆比,且中间支撑少,减少了摩擦损失,传动效率较高,踏板操纵更轻便,拉式的踏板力比推式的一般可减少 25% ~30%。但是,拉式膜片弹簧的分离指是与分离轴承套筒总成嵌装在一起的,不能采用通用轴承,需结构较复杂专用分离轴承,另外安装拆卸较困难。由于拉式膜片弹簧离合器具备上述优点,目前广泛应用于各类型汽车中。

四、离合器的拆装和调整

1. 设备和试验用具

(1)桑塔纳离合器 1 台。

(2)离合器拆装作业台、压力机各 1 台。

(3)常用工具、量具各 1 套,桑塔纳专用工具 1 套。

(4)相关挂图或图册若干。

2. 试验步骤

1)离合器的拆卸

(1)拆卸离合器时,首先要拆下变速器。

(2)用大众专用工具将飞轮固定,然后将离合器的固定螺栓对角拧松(注意观察压盘和飞轮的装配标记)。取下压盘总成及离合器从动盘。

(3)用内拉头拉出分离轴承。

(4)拆下分离轴承导向套和橡胶防尘套、复位弹簧。

(5)用尖嘴钳取出卡簧及衬套座,取出分离叉轴。

(6)仔细观察离合器各零部件的构造及其装配关系,研究其工作原理。

离合器总成如图 2-8 所示。

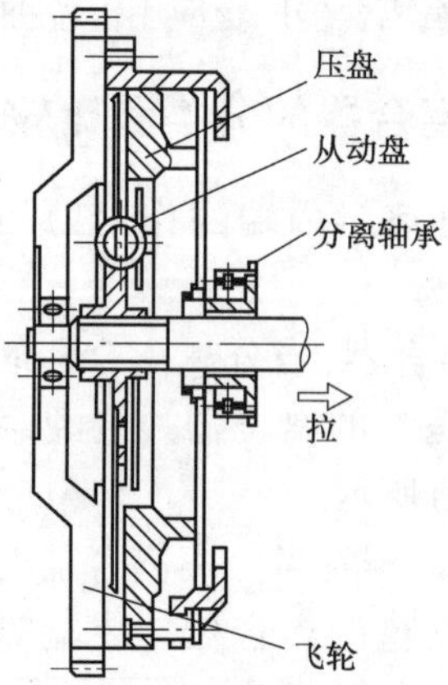

图 2-7 捷达轿车拉式膜片弹簧离合器

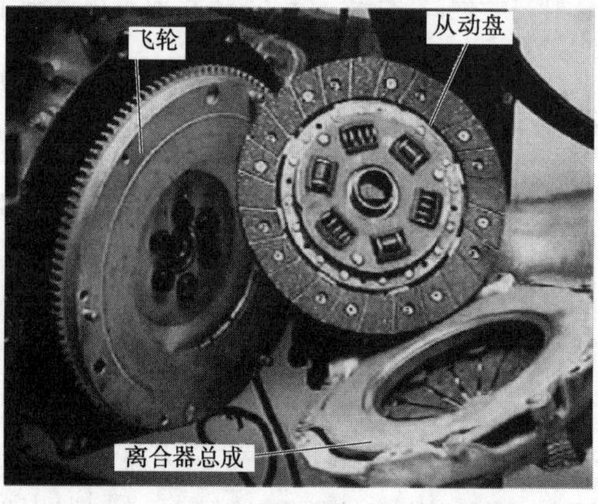

图 2-8 离合器总成

2)离合器的装配

(1)将从动盘装在发动机飞轮上,用导向定位器或变速器输入轴定位。从动盘上减振弹簧凸出的一面朝外。

(2)装上压盘组件,用扭力扳手间隔拧紧螺栓,力矩为25N·m。

(3)用专用工具将分离叉轴套压入变速器壳上。

(4)将分离叉轴的左端装上复位弹簧,先穿入变速器壳左边的孔中,再将分离叉轴的右端装入右边的衬套孔中,然后再装入左边的分离叉轴衬套和分离叉轴衬套座,将衬垫及导向套涂上密封胶,装到变速器壳前面,旋紧螺栓,力矩为15N·m。

(5)在变速器的后面旋紧螺栓,力矩为15N·m,将分离叉轴锁住;检查分离叉轴应能灵活转动,但不能左右移动。

(6)用专用工具将分离轴承压入分离轴承座内。

3)离合器的调整

(1)离合器踏板自由行程标准为15~25mm,调整方法为螺母调整,改变拉索长度。

(2)离合器踏板总行程标准为150mm±5mm,调整方法为驱动臂调整。

4)注意事项

(1)分离叉两端衬套必须同心。

(2)安装离合器压盘总成时,需用导向定位器或变速器输入轴确定中心位置,使从动盘与压盘同心,便于安装变速器总成。

五、评价

评价表见表2-2。

评 价 表 表2-2

评价任务	目标	评价等级			备注
		自评	组长	教师	
(1)能识别推式和拉式两种离合器的结构					
(2)掌握膜片弹簧离合器的工作原理和特点					
(3)掌握膜片弹簧离合器的拆装					
(4)掌握膜片弹簧离合器的调整					

注:☆熟练;◇达成;△基本达成;×未达成。

任务三 从动盘和扭转减振器的认知

一、从动盘和扭转减振器的组成

从动盘总成如图2-9所示,它是离合器的从动部分,通过花键与变速器的输入轴连接,从动盘夹在飞轮和压盘之间,组成部分有从动盘本体12、从动盘毂7和两个摩擦片。

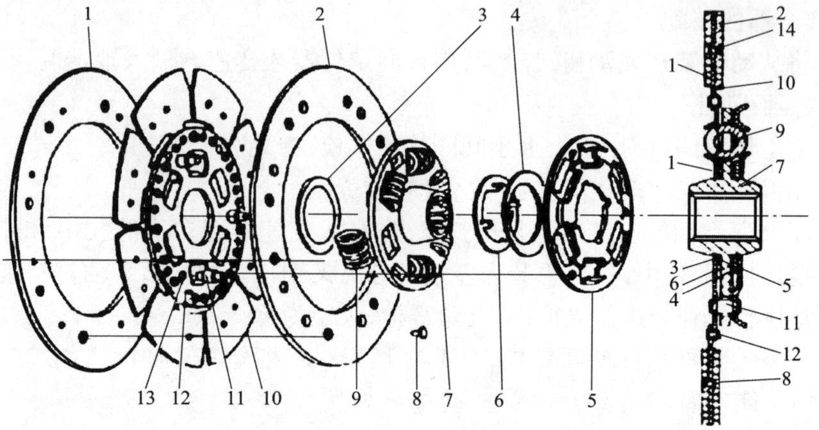

图 2-9　从动盘和扭转减振器

1、2-摩擦片；3-摩擦垫圈；4-碟形垫圈；5-减振器盘；6-摩擦板；7-从动盘毂；8、13、14-铆钉；9-减振器弹簧；10-波形片；11-止动销；12-从动盘本体

从动盘本体和减振器均采用弹簧钢薄板制成以减少从动盘的转动惯量。从动盘本体呈平面且直径较小，本体中部外缘铆有若干个单独制作的波形弹簧钢片，两摩擦系数较大的摩擦片分别与波形片的波峰和波谷部分铆接，因而从动盘在轴向上有一定弹性，使离合器在接合过程中平稳柔和。

汽车行驶时，由于发动机输出的转速和转矩是周期性变化的，这就使得在传动系统中产生扭转振动。为了避免共振，缓和传动系统所受的冲击载荷，在汽车传动系统中设置扭转减振器，该装置安装在离合器的从动盘中。从动盘本体 12 与从动盘毂 7 之间通过扭转减振器传递转矩。

从动盘本体 12 与减振器盘 5 用 3 个止动销 11 铆接在一起，并将从动盘毂 7 及其两侧的摩擦垫圈 3、碟形垫圈 4、摩擦板 6 夹在中间。从动盘毂上 3 个止动销穿过的 3 个小窗口的尺寸比止动销的直径大，允许从动盘本体和减振器盘铆成的整体与从动盘毂之间相互转动一个角度。从动盘本体 12、从动盘毂 7、减振器盘 5 上都开有相同的矩形孔，孔中装有减振器弹簧 9。从动盘本体与减振器盘上的窗孔有翻边，使弹簧不致脱出。这样，从动盘毂与从动盘本体之间是通过减振器弹簧弹性连接的。

二、扭转减振器工作原理

图 2-10a）所示为从动盘扭转减振器不工作时状态。扭转减振器工作时，两侧摩擦片所受摩擦力矩首先传递到从动盘本体和减振器盘上，再经 6 个减振器弹簧传递给从动盘毂。这时弹簧被压缩，如图 2-10b）所示。减振器弹簧起到缓冲作用，使传动系统所受的冲击力大大减小。

传动系统中的扭转振动会使从动盘毂相对于从动盘本体和减振器盘往复旋转，在两者之间夹入摩擦阻尼片，通过摩擦来消耗扭转振动的能量，使扭转振动迅速衰减，减小传动系统所受的交变应力。

柴油汽车在怠速时由于发动机工作不平稳，引起变速器常啮合齿轮间的敲击，为了消除怠速噪声，在离合器从动盘中采用两组或更多组刚度不同的减振器弹簧，并将装弹簧的窗口长度制成尺寸不一,利用弹簧先后起作用的办法获得变刚度特性。小刚度弹簧在怠速时起作用,降低传动系统的怠速噪声。

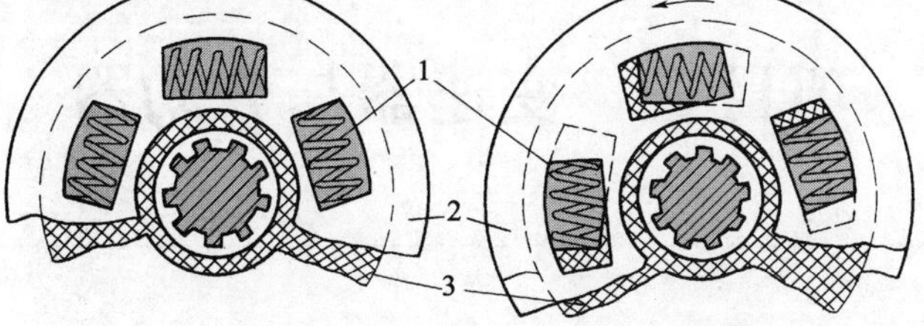

a)不工作时　　b)工作时

图2-10　扭转减振器工作原理

1-减振器弹簧;2-从动盘本体;3-减振器阻尼片

三、评价

评价表见表2-3。

评　价　表　　表2-3

评价任务	目标	评价等级			备注
		自评	组长	教师	
(1)掌握从动盘和扭转减振器的结构					
(2)掌握扭转减振器的工作原理					

注:☆熟练;◇达成;△基本达成;×未达成。

项目小结

本项目介绍了汽车离合器的功用、种类、结构形式及其特点、离合器的工作原理,并结合桑塔纳离合器介绍了拆装方法。

思考与练习

1. 为什么要设置离合器?画简图说明离合器的构造和工作原理。
2. 叙述膜片弹簧离合器与螺旋弹簧离合器在结构上的不同点、性能上的优点。
3. 采取哪些措施可以使离合器接合柔和、缓和冲击、避免共振?
4. 离合器的操纵机构有哪几种?各有什么特点?
5. 什么叫离合器踏板自由行程?其作用是什么?
6. 离合器从动盘的转动惯量为什么要小?
7. 离合器液压操纵机构的液压主缸结构和工作原理如何?

项目三　变速器与分动器

知识目标

1. 掌握汽车变速器的功用和类型。
2. 掌握汽车普通齿轮式变速器的基本构造和工作原理。
3. 掌握汽车同步器的功用、构造及工作原理。
4. 掌握汽车变速器的操纵机构的基本构造和工作原理。
5. 掌握汽车分动器的基本构造和工作原理。

能力目标

1. 了解变速器及分动器的组成、功用及工作原理。
2. 熟练掌握典型变速器的结构特点。
3. 熟练应用工具对变速器进行拆装。

任务一　变速器的认知

一、变速器的功用

汽车在运行中道路条件非常复杂，在不同工况下所需要的发动机的牵引力和行驶速度变化范围较大，但目前汽车普遍使用的活塞式发动机的转矩和转速变化范围较小，不能满足实际需要。再且活塞式发动机的旋转方向是不变的，而汽车在实际使用过程中需要倒向行驶。为此，在汽车传动系统中设置了变速器，其功用如下。

1. 改变传动比

通过改变传动比，扩大发动机转矩和转速的变化范围，以适应汽车不同行驶条件的需要。

2. 倒向行驶

在发动机旋转方向不变的条件下，利用倒挡使汽车能够倒向行驶。

3. 切断动力传递

在发动机不熄火的情况下。利用空挡中断动力传递，可以使驾驶员松开离合器踏板离开驾驶位置，且便于汽车起动、怠速、换挡和动力输出。对于多轴驱动的越野汽车，在变速器之后还装有分动器，以便将变速器输出的动力分配到各个驱动轮上。

二、变速器的分类

1. 按传动比变化方式分类

按传动比变化方式，汽车变速器可分为有级式变速器、无级式变速器和综合式变速器

3种。

1)有级式变速器

有级式变速器应用最广泛。它采用齿轮传动,具有若干个数值一定的传动比。目前轿车和轻型货车、中型货车变速器的传动比通常有4~6个前进挡和一个倒挡。

按所用轮系不同,有轴线固定式的普通齿轮变速器和轴线旋转式的行星齿轮变速器两种。行星齿轮变速器通常与液力变矩器组成液力机械变速器。

2)无级式变速器

无级式变速器的传动比在一定的数值范围内可按无限多级连续变化,常见的有电力式和液力式两种。电力式无级变速器的变速传动部件为直流串激电动机,除在无轨电车上应用之外,在超重型自卸车传动系统中也有广泛应用的趋势。液力式无级变速器的变速传动部件是液力变矩器。

3)综合式变速器

综合式变速器是指由液力变矩器和齿轮式有级变速器组成的液力机械式变速器,其传动比可在最大值与最小值之间的几个间断的范围内作无级变化,目前应用较多。

2. 按操纵方式分类

按操纵方式,汽车变速器可分为强制操纵式手动变速器、自动操纵式自动变速器和半自动操纵式变速器3种。

1)强制操纵式手动变速器

强制操纵式手动变速器是通过驾驶员用手操纵变速杆来选定挡位,并直接操纵变速器的换挡机构进行挡位变换。齿轮式有级变速器大多数都采用强制操纵的换挡方式。

2)自动操纵式自动变速器

自动操纵式自动变速器的传动比选择和换挡是自动进行的。所谓"自动",是指机械变速器挡位的变换是借助反映发动机负荷和车速的信号系统来控制换挡系统的执行元件而实现的,驾驶员只需操纵加速踏板以控制车速。

3)半自动操纵式变速器

半制动操纵式变速器有两种形式:一种是预选式,即驾驶员预先用按钮选定挡位,在踩下离合器踏板或松开加速踏板时,接通一个电磁装置或液压装置来进行换挡;另一种是常用的几个挡位自动操纵,其余挡位则由驾驶员操纵。

三、变速器的变速作用

在普通机械式齿轮传动变速器中,发动机输出的功率和转矩通过离合器传递至变速器的输入轴,在变速器中通过常啮合齿轮、滑动齿轮、接合套、同步器等部件最终将转矩和功率输出。在变速器和驱动轮之间的主减速器、差速器等传动部件的减速比一定的情况下,通过变速器的不同对齿轮便可实现一定的发动机转速下车轮的多种不同转速。

四、变速器的变矩作用

在不计机械效率损失的情况下,发动机的输出功率 P 和车轮上的功率不变,而转矩 T 与

转速 n 的关系为：

$$T = 9550\frac{P}{n}$$

由上式可知，转速越低，则输出的转矩越大，最终转矩在驱动轮上表现为车轮的驱动力。当发动机输出的转矩不变时，传动系统的传动比越大，则输出的转速越小，转矩越大，车轮上的驱动力也就越大，所以在车辆起步、上坡和急加速的情况下应选择传动比较大的挡位。

五、换挡原理

在机械式齿轮变速器中，主要是通过多对传动比不同的齿轮传动来实现不同的挡位。进行挡位转换的时候，一般通过滑动齿轮、接合套和同步器来实现。

1. 滑动齿轮换挡

采用滑动齿轮换挡时，滑动齿轮通过花键与轴连接，可以在轴上作轴向运动。换挡时，通过拨叉来拨动滑动齿轮不同齿轮啮合来实现不同的输出转速。这种换挡方式要求齿轮接合时进入接合的两齿轮应具有相接近的转速，这对驾驶员的驾驶技术要求比较高，容易在换挡时出现冲击。

2. 接合套换挡

接台套常用于斜齿轮间的啮合。接合套安装在花键轴上，可以沿轴作轴向运动。换挡时，将接合套和接合齿圈相啮合或退出。接合套在晃荡过程中拨叉移动距离小，操作轻便，减小了换挡的冲击。

3. 同步器换挡

采用同步器换挡的变速器，同步器一般通过花键连接在轴上，同步器两端的锥环可以使接合过程中连接的两齿轮间转速接近，避免了换挡时的冲击，操纵更简单，大大地减轻了驾驶员的负担。

六、变向原理

在齿轮传动中，外啮合齿轮传动的主动与从动齿轮转动方向相反。二轴式变速器在输入轴与输出轴之间加装了倒挡轴和倒挡齿轮，而三轴式变速器则在中间轴与输出轴之间加装了倒挡轴和倒挡齿轮，从而实现车辆倒行。

七、评价

评价表见表3-1。

评 价 表 　　表3-1

评价任务	目标	评价等级			备注
		自评	组长	教师	
(1)掌握变速器的功用					
(2)掌握机械式变速器的工作原理					

注：☆熟练；◇达成；△基本达成；×未达成。

任务二　变速器传动机构的拆装

变速器一般由变速传动机构和操纵机构组成。而变速器的变速传动机构根据变速器内的轴数可以分为三轴式变速器和二轴式变速器。三轴式变速器的传动比范围比较大,有直接挡,传动效率比较高,但是纵向尺寸比较大,一般常用于发动机前纵置后轮驱动的车辆。

一、三轴式变速器传动机构

图 3-1 所示为三轴式变速器结构示意图。

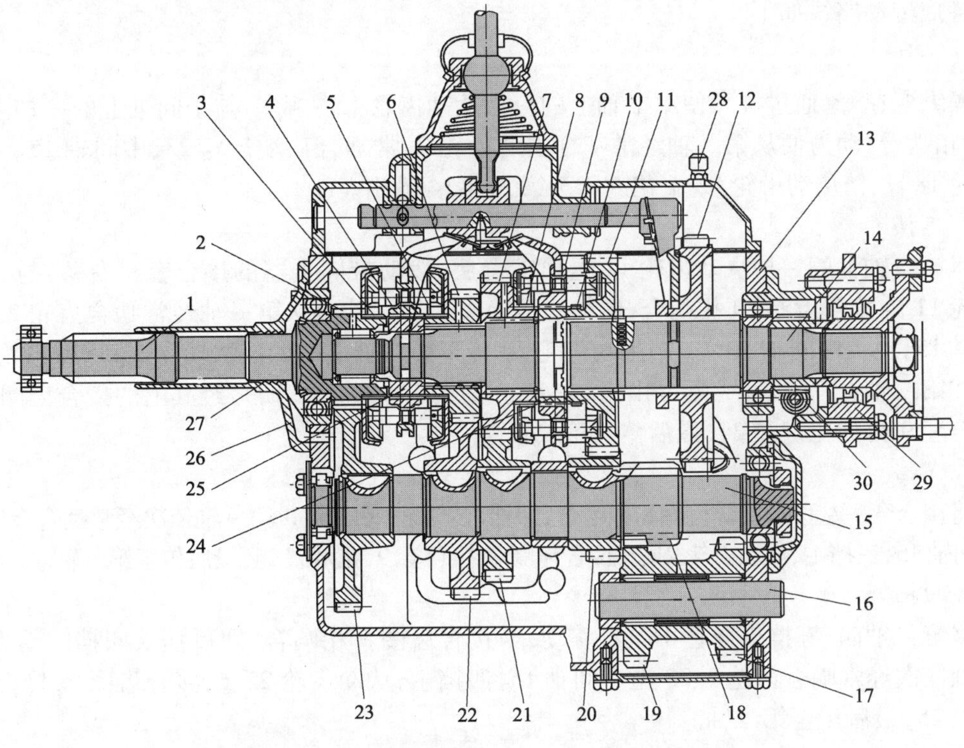

图 3-1　东风 EQ1092 型汽车三轴式变速器结构图

1-第一轴;2-第一轴常啮合传动齿轮;3-第一轴齿轮接合齿圈;4、9-同步器接合套;5-四挡齿轮接合齿圈;6-第二轴四挡齿轮;7-第二轴三挡齿轮;8-三挡齿轮接合齿圈;10-二挡齿轮接合齿圈;11-第二轴二挡齿轮;12-第二轴一挡、倒挡滑动齿轮;13-变速器壳体;14-第二轴;15-中间轴;16-倒挡轴;17、19-倒挡中间齿轮;18-中间轴一挡、倒挡齿轮;20-中间轴二挡齿轮;21-中间轴三挡齿轮;22-中间轴四挡齿轮;23-中间轴常啮合传动齿轮;24、25-花键毂;26-第一轴轴承盖;27-轴承盖回油螺纹;28-通气孔;29-里程表传动齿轮;30-中央制动器底座

该变速器有 5 个前进挡,1 个倒挡,3 根轴:第一轴(输入轴)、中间轴和第二轴(输出轴)。第一轴 1 一般与常啮合传动齿轮 2 制成一体,轴的前端用轴承支承在发动机飞轮的中心孔内,后端用轴承支承在变速器壳体前壁的座孔中。第一轴既是变速器输入轴,又是离合器的输出轴,离合器从动盘就套装在该轴前端的花键上。第一轴轴承盖 26 的内圆柱面切有回油螺纹(左旋),防止变速器内润滑油窜入离合器。第二轴 14 的前端用滚针轴承支承在常啮合传动齿轮 2 的内孔中,后端用轴承支承在壳体上。轴上装有一挡、二挡、三挡、四挡从动

齿轮 12、11、7、6。一挡齿轮 12 用花键套在轴上,可在轴上沿轴向滑动。

二挡、三挡、四挡齿轮均通过滚针轴承自由地套在轴上。轴上还装有二挡、三挡及四挡、五挡换挡同步器装置。第二轴后轴承的外侧还装有里程表传动齿轮 29。轴的最后端的花键上装有凸缘,它与万向传动装置中的万向节叉连接。中间轴 15 为一根阶梯形光轴,两端用轴承支承在壳体上。其上装有一挡、二挡、三挡、四挡主动齿轮 18、20、21、22 及常啮合传动齿轮 23,其中一挡齿轮 18 因尺寸小而与轴制成一体,其余齿轮均用半月键与轴连接。除上述 3 根轴外,变速器中还有 1 根倒挡轴 16,轴的两端分别支承在壳体壁和箱体内的支撑上,轴被锁片固定在壳体上,其上用滚针轴承自由地套装有倒挡中间齿轮 17、19。变速器中除一挡、倒挡齿轮为直齿齿轮外,其余齿轮均为斜齿齿轮。

各挡传动路线如下。

1. 一挡

操纵变速杆,通过拨叉使第二轴上的一挡从动齿轮 12 左移。与中间轴上的一挡主动齿轮 18 相啮合,动力便从第一轴经常啮合主动齿轮 2、常啮合从动齿轮 23、中间轴 15、一挡主动齿轮 18、一挡从动齿轮 12 由花键传至第二轴 14 输出。

2. 二挡

将第二轴上的一挡从动齿轮 12 退出啮合后,拨动带同步器的接合套 9 右移,与二挡从动齿轮 11 的接合齿圈 10 相啮合,便从一挡换入二挡。动力从第一轴经常啮合齿轮 2、23 至中间轴 15,再经中间轴上的二挡主动齿轮 20 传至第二轴上的二挡从动齿轮 11,因齿轮 11 是空套在第二轴上,所以动力不能由齿轮 11 直接传到第二轴上,而是经其上的接合齿圈 10 传至接合套 9 再到花键毂 24,最后传至第二轴。

3. 三挡

将接合套 9 左移与接合齿圈 8 相啮合,即挂入三挡。动力通过第一轴依次经常啮合齿轮 2、23 至中间轴 15,三挡主、从动齿轮 21、7,接合齿圈 8,接合套 9,花键毂 24,最后传至第二轴。

4. 四挡

将第二轴四、五挡接合套 4 向右移动,与接合齿圈 5 相啮合,即可挂入四挡。动力通过第一轴依次经常啮合齿轮 2、23 至中间轴 15,四挡主、从动齿轮 22、6,接合齿圈 5,接合套 4,花键毂 25,最后传至第二轴。

5. 五挡

将第二轴上的接合套 4 左移,与第一轴上的常啮合主动齿轮 2 的接合齿圈 3 相啮合,即挂入五挡。这时,第一轴经接合套 4 与第二轴通过花键毂 25 连成一体。动力从第一轴经齿轮 2、接合齿圈 3、接合套 4 和花键毂 25 直接传至第二轴,不再经过中间轴,故通常把这种挡位称为直接挡。直接挡动力传动路线最短,传动效率最高,在公路上行驶的车辆经常都使用直接挡。

6. 倒挡

将第二轴一挡从动齿轮(也兼作倒挡从动齿轮)12 右移。与倒挡中间直齿齿轮 17 相啮合,即挂入倒挡。动力由第一轴经常啮合齿轮 2、23 至中间轴 15,一挡主动齿轮 18,倒挡中间齿轮 19 及 17,一挡从动齿轮 12,最后经花键传至第二轴。

二、二轴式变速器传动机构

在发动机前置前轮驱动或者是后置后轮驱动的车辆中,为了节省传动系统所占的空间,缩短轴向尺寸，常采用二轴式变速器。对于二轴式变速器来说，只有输入轴和输出轴，无中间轴，输入轴和输出轴互相平行。

图 3-2 所示为奥迪 100 型汽车前纵置二轴式变速器结构示意图。

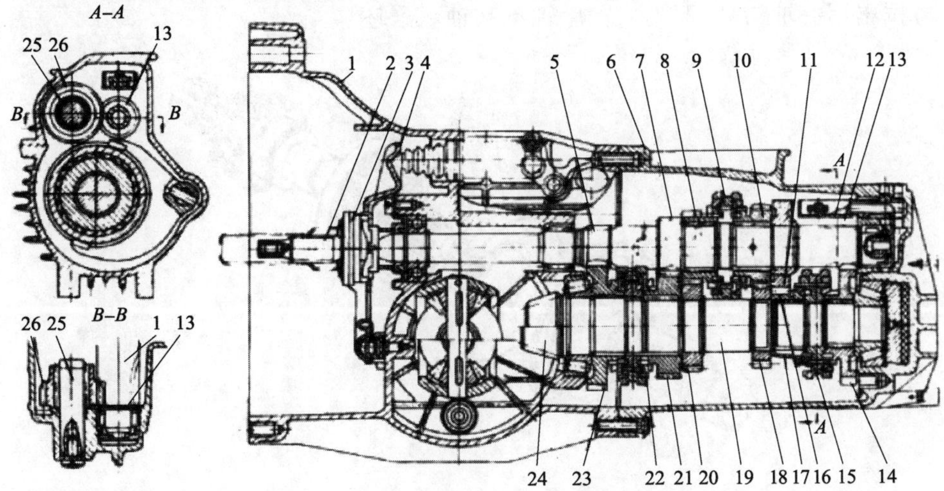

图 3-2　奥迪 100 型汽车前纵置二轴式变速器结构

1-变速器前壳体；2-输入轴；3-分离轴承；4-分离杠杆；5-输入轴一挡齿轮；6-变速器后壳体；7-输入轴二挡齿轮；8-输入轴三挡齿轮；9、15、22-接合套；10-输入轴四挡齿轮；11-输入轴五挡齿轮；12-集油器；13-输入轴倒挡齿轮；14-输出轴倒挡齿轮；16-输出轴五挡齿轮；17-隔离套；18-输出轴四挡齿轮；19-输出轴；20-输出轴三挡齿轮；21-输出轴二挡齿轮；23-输出轴一挡齿轮；24-主减速器主动齿轮；25-倒挡中间轴；26-倒挡中同齿轮

该变速器有 5 个前进挡和 1 个倒挡，全部采用同步器换挡；主减速器、差速器与变速器均装于同一壳体中。因发动机前置纵向布置，发动机旋转方向与车轮旋转方向垂直，所以主减速齿轮为一对锥齿轮。

变速器的输入轴由一个球轴承和两个输入轴滚针轴承支承。一挡、二挡、倒挡主动齿轮与轴制成一体，三挡、四挡主动齿轮分别用滚针轴承空套在输入轴上，而五挡主动齿轮压入输入轴上。输入轴的花键上套有三挡、四挡同步器的花键毂。输入轴的油封装在离合器分离轴承的定位套筒上。变速器的输出轴两端用圆锥滚子轴承支承在壳体上，且在后端轴承处有一控制轴热膨胀长度的调节器。输出轴前端与主减速器主动锥齿轮制成一体，一挡、二挡、五挡、倒挡从动齿轮分别用滚针轴承空套在轴上，并分别装有承受轴向力的卡环。五挡、倒挡和二挡、二挡同步器花键毂分别用花键和轴相连，且用卡环轴向定位。集油器将飞溅的润滑油收集起来，并通过孔道流至输入轴和输出轴右端的轴承处，以保证其充分润滑。

三、变速器传动机构的拆装

1. 设备和试验用具

(1) EQ1090E 型汽车变速器。

(2) 常用工具、量具各 1 套。

(3) 相关挂图或图册若干。

2. 试验步骤

观察五挡变速器的结构，弄清各挡的动力传递路线；各个轴的空间位置、支承方式、轴向定位及轴承类型;齿轮在各轴上的安装情况。

1)第一轴的分解(图3-3)

(1)拧下固定螺栓,取下第一轴轴承盖。

(2)拉出第一轴,并拆下第一轴后轴承和轴承卡环。

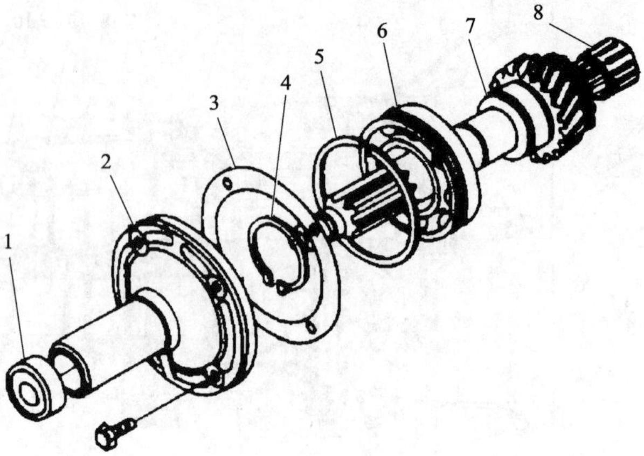

图3-3　变速器第一轴的分解

1-第一轴前轴承;2-第一轴轴承盖;3-密封垫;4-轴承内卡环;5-轴承外卡环;6-第一轴后轴承;7-第一轴;8-第二轴前轴承

2)第二轴的分解(图3-4)

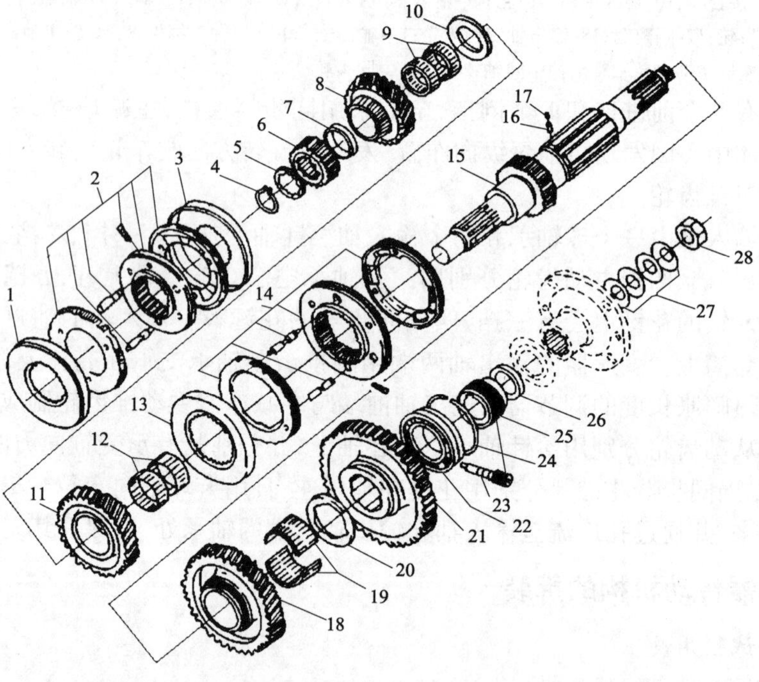

图3-4　变速器第二轴的分解

1、3-四、五挡同步器锥盘;2-四、五挡同步器总成;4、24-卡环;5、10、20-止推环;6-四、五挡固定齿座;7-挡圈;8-四挡齿轮;9、12、19-滚针轴承;11-三挡齿轮;13-三挡同步器锥盘;14-二、三挡同步器总成;15-第二轴;16-锁销定位弹簧;17-止推环锁销;18-二挡齿轮;21-倒挡齿轮;22-后轴承;23-速度表从动齿轮;25-速度表主动齿轮;26-隔套;27-碟形弹簧;28-凸缘锁紧螺母

(1)拆下变速器第二轴的后轴承盖。

(2)用铜棒将第二轴往后轻轻击出一定距离,用卡环钳拆下轴承的卡环,用顶拔器拉出第二轴后轴承。

(3)使第二轴前端翘起,先取出四挡、五挡同步器,再取出第二轴总成,并卸下一挡、倒挡齿轮。

(4)将第二轴固定好,拆下四挡、五挡固定齿座的卡环与四挡、五挡固定齿座止推环。

(5)依次取出四挡、五挡固定齿座、四挡齿轮滚针轴承挡圈、四挡齿轮、四挡滚针轴承、四挡齿轮止推环、三挡齿轮、三挡齿轮滚针轴承、三挡同步器锥盘及二挡、三挡同步器总成。

(6)拆下二挡齿轮止推环锁销及锁销定位弹簧。

(7)取出二挡齿轮止推环,再取出二挡齿轮及二挡齿轮的滚针轴承。

3)中间轴与倒挡轴的分解(图3-5)

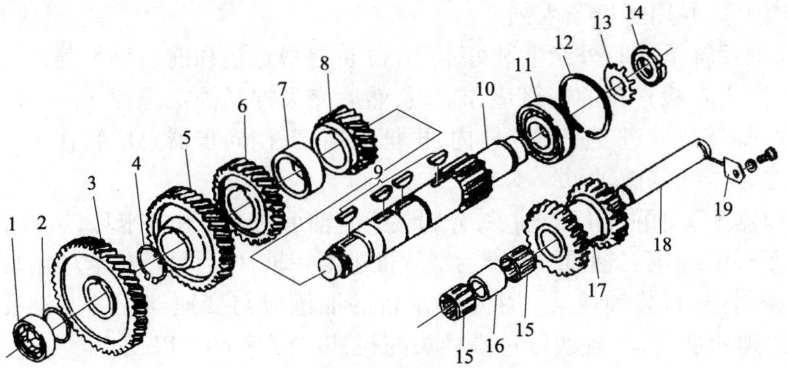

图3-5　变速器中间轴与倒挡轴的分解

1-前轴承;2、4、12-卡环;3-常啮合齿轮;5-四挡齿轮;6-三挡齿轮;7、16-隔套;8-二挡齿轮;9-半圆键;10-中间轴;11-后轴承;13-锁片;14-锁紧螺母;15-滚针轴承;17-倒挡轴倒挡齿轮;18-倒挡轴;19-倒挡轴锁片

(1)拆下倒挡检查孔盖板及密封垫。

(2)拆下取力孔盖板和密封垫。

(3)拆下倒挡轴锁片,用顶拔器拉出倒挡轴,取出倒挡齿轮,再从齿轮中取出滚针轴承和轴承隔套。

(4)分别拆下中间轴的前轴承盖和后轴承盖。

(5)拆下中间轴锁片和锁紧螺母。

(6)用铜棒将中间轴往后打出一定距离,再用顶拔器拉出中间轴的后轴承(与第二轴后轴承的拆卸方法相同)。

(7)拆下齿轮卡环,再用压床压出中间轴常啮合齿轮、四挡齿轮、三挡齿轮、隔套和二挡齿轮。

(8)分别在中间轴上取下各齿轮的半圆键。

(9)从变速器壳的承孔中拆出中间轴的前轴承。

4)变速器传动机构的装复

(1)在中间轴上装好所有的半圆键,依次将二挡齿轮、隔套、三挡齿轮、四挡齿轮分别压入中间轴。压入时要使齿轮的内键槽与半圆键对准。装上四挡齿轮的卡环。

(2)将中间轴的常啮合齿轮压入中间轴,并装好卡环。

(3)将变速器第二轴固定好,装上二挡齿轮滚针轴承、二挡齿轮和二挡齿轮止推环,装上锁销定位弹簧、二挡齿轮止推环锁销,并使锁销准确地卡在二挡齿轮止推环的槽中。

(4)将第二轴插在凸缘中,依次装上三挡齿轮滚针轴承、二挡和三挡同步器总成(注意勿装反)、三挡同步器锥盘、三挡齿轮、四挡齿轮止推环、四挡齿轮滚针轴承、四挡齿轮、卡环、四挡和五挡固定齿座、固定齿座止推环(装入后应转至与第二轴花键对准),然后装上固定齿座卡环。

(5)在第二轴后端装上一挡、倒挡齿轮(注意齿轮上的槽应朝前装)。

(6)将变速器壳体固定在拆装台上,先将装好的中间轴总成装入变速器壳的承孔中,两端装上轴承,并用铜棒分别将前后轴承轻轻敲入变速器壳的承孔中,当中间轴的轴承紧靠轴颈台阶后,再装上锁片、螺母,并按规定力矩拧紧螺母,然后使锁片锁止螺母。

(7)将滚计轴承、隔套装入倒挡轴倒挡齿轮孔中,并将其从倒挡齿轮检查孔放入变速器壳内,然后从变速器壳的后端插入倒挡轴,用铜棒和锤子将其击打到位后,装上锁片(使锁片卡入倒挡轴的槽中),并用螺栓紧固锁片。

(8)在中间轴后轴承外圈外缘上装好卡环,再装上密封垫和前后轴承盖。

(9)装上倒挡齿轮检查孔的密封垫和盖板,然后交叉拧紧固定螺栓。

(10)将第二轴总成放进变速器壳体内,再把四挡、五挡同步器总成套在第二轴上。

(11)在第二轴上装好前轴承。

(12)在变速器第一轴前端压入轴承,分别装上后轴承内卡环和外卡环,然后把第一轴装到壳体前端的轴承孔中,与第二轴前端对准后继续推进第一轴,使后轴承外卡环贴紧壳体端面。

(13)装上密封垫,再装轴承盖。注意轴承盖的油槽应与变速器壳的回油孔对准。交叉拧紧轴承盖固定螺栓后,再将锁线穿过螺柱头的孔,以"8"字形予以锁止。

(14)在第二轴后端装上轴承,并用铜棒轻轻敲击轴承内圈,使轴承靠到轴颈台阶后,装上轴承外卡环。

(15)装上速度表从动齿轮、隔套等。

(16)在第二轴后轴承盖上装好油封。注意:油封的刃口上应涂以润滑油,刃口应朝前装。

(17)装上第二轴的后轴承盖及密封垫,装上固定螺栓。注意:转动第二轴数圈后再交叉拧紧其固定螺栓。

四、评价

评价表见表3-2。

评 价 表 表3-2

评价任务	目标	评价等级			备注
		自评	组长	教师	
(1)掌握两轴式和三轴式变速器传动机构的组成					
(2)理解各挡位的传动路线及工作原理					
(3)掌握变速器的拆装					

注:☆熟练;◇达成;△基本达成;×未达成。

任务三　同步器的认知

采用移动齿轮或接合套换挡时,待啮合的一对齿轮的轮齿(或接合套与接合齿圈上相应的内、外花键齿)的圆周速度必须同步,才能平顺地进入啮合而挂上挡。否则将会产生强烈的冲击和噪声,影响轮齿的工作寿命,甚至会折断轮齿。

同步器的基本工作原理就是换挡时,在接合套与接合齿圈的角速度不一致(不同步)时,两者不能进入啮合,只有两者角速度达到相等(同步)时才能进入啮合。即只有达到同步时才能挂上挡,因而挂挡时就不会产生冲击。根据这一基本原理,同步器结构就是在接合套换挡结构基础上,在接合套与接合齿圈之间加装了一套同步装置,该装置的作用为:在接合套与齿圈未达到同步之前,锁住接合套,使其不能与接合齿圈进入啮合;促进接合套与接合齿圈迅速达到同步。

同步器有常压式、惯性式、自行增力式等类型,目前应用较广泛的是惯性式同步器。

根据惯性式同步器中所采用的锁止机构不同,常用的有锁环式同步器和锁销式同步器两种。

一、锁环式同步器

锁环式同步器的特点是径向尺寸小,结构紧凑,故广泛用于轿车和轻型汽车的变速器。因为其径向尺寸小,所以其摩擦锥面的摩擦半径也小,所能产生的摩擦力矩也小,不能满足重型货车的要求。

图 3-6 所示为锁环式惯性同步器,其各部分的构造如下:花键毂 7 有内、外花键,内花键套装在第二轴上,并用垫圈和卡环轴向固定;外花键与接合套 8 相连。圆周上有 3 个轴向槽 11。接合套 8 的外圆有装拨叉的环槽,内孔有花键齿;齿的中部切有一环槽 10。

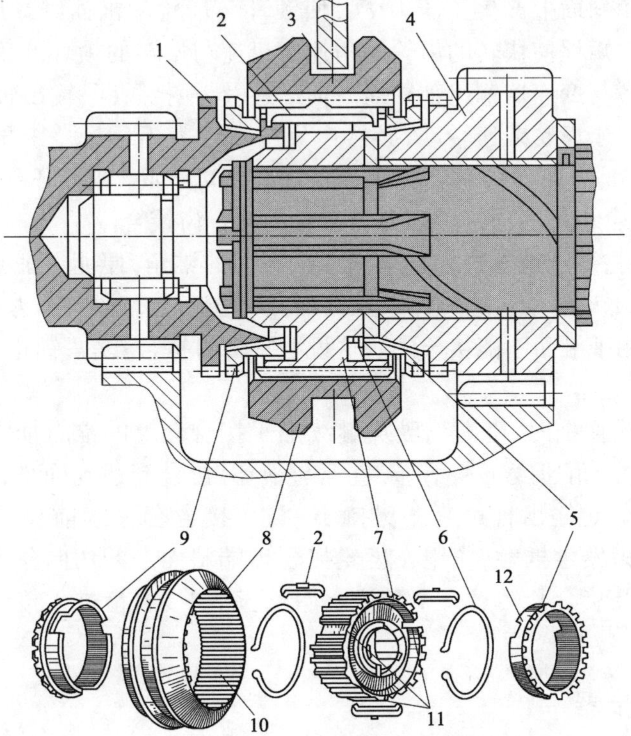

图 3-6　锁环式同步器

1-第一轴齿轮;2-滑块;3-拨叉;4-第二轴齿轮;5、9-锁环;6-弹簧圈;7-花键毂;8-接合套;10-环槽;11-3 个轴向槽;12-缺口

锁环(或称同步环)9 和 5 置于接合套和齿轮的花键齿之间。外圆有花键齿圈,齿的各参数与接合套花键齿及齿轮花键齿相同。花键齿对着接合套的一端,也制成倒角。锁环在没有花键齿的圆周上有 3 个缺口 12。锁环内孔为圆锥面,其上切制有细而密的螺纹槽,用以破坏油膜、增加摩擦。滑块 2 有 3 个,它们分别放在花键毂 7 的 3 个轴向槽 11 中,并被两个外张式弹簧圈 6 将滑块压向接合套 8,使滑块中部的凸起部分正好嵌在接合套内花键孔中部加工出的环槽 10 内。滑块的两端伸入锁环 5 的缺口 12 中,但滑块的宽度较缺口宽度小,两者之差略大于锁环上的花键齿宽。滑块 2 可以在花键毂的轴向槽 11 内轴向移动。

当同步器处于空挡时,此时齿轮和接合套(连同锁环)都在本身及其所联系的一系列运动件的惯性作用下,接合套通过滑块(靠在锁环缺口的右侧)推动锁环一起旋转,此时锁环轴向自由,故其内锥面与齿轮的外锥面并不接触。

当滑块前端面与锁环的缺口端面接触时,便推动锁环移向齿轮,使两锥面接触并压紧,产生摩擦力矩。当齿轮的角速度大于锁环的角速度时,在摩擦力矩的作用下,齿轮即带动锁环相对于接合套顺时针转过一个角度,使锁环缺口的左侧与滑块压紧,同时使缺口和滑块另一侧出现较花键齿宽略大一些的间隙。此时锁环上的锁环接合齿的倒角斜面正好与接合套上接合键齿的倒角斜面相对。

当同步器处于锁止状态时,接合套继续移向齿轮,两组相对峙的接合齿与倒角斜面相抵触,此时接合套不能再前移,即被“锁止”。由于驾驶员始终作用在接合套上的轴向推力,于是在相互抵触的倒角斜面上产生正压力 F_N,使锁环与齿轮的锥面继续压紧,保持产生摩擦力矩的作用。摩擦力矩促使快转的齿轮的角速度迅速与慢转的锁环的角速度同步。锁环连同接合套通过花键毂与变速器输出轴相连。前已述及,换挡瞬间,输出轴的角速度可以认为是不变化的,这样,由于齿轮减速转动,必然产生一惯性力矩(M_1),其方向与齿轮转向相同(即顺时针方向),它是力图阻止锁环向后退转。如果 $M_1 > M_2$,则锁环不可能反转,锁止作用继续保持,接合套接合齿不能通过锁环而与齿轮的接合齿接合。

在设计同步器时,适当地选择锁止角和摩擦锥面的锥角,便能保证在达到同步之前,M_1 总是大于 M_2,因而,不论驾驶员通过操纵机构加在接合套上的轴向推力有多大,接合套齿端与锁环齿端都是互相抵触而不能接合的。这说明锁环对接合套的“锁止”作用是齿轮的惯性力矩造成的。

当达到同步完成换挡时,随着驾驶员继续加于接合套上的推力加大,摩擦锥面上的摩擦力矩增加,使齿轮的角速度迅速下降,直至与锁环、接合套达到同步,并一起保持同步等速旋转(换挡瞬间,假定输出轴角速度保持不变)。接合套继续前移,如果此时接合套接合齿与齿轮接合键齿发生抵触,作用在齿轮接合齿端斜面上的切向分力,使接合齿及其相连零件相对于锁环及接合套转过一个角度,使接合套与接合齿进入接合,完成了换入直接挡的全过程。

二、锁销式同步器

锁销式惯性同步器由于其摩擦锥面的摩擦半径大,摩擦力矩也大,因而其同步容量大,所以多应用于大型车辆中。

图 3-7 所示为东风 EQ1090E 型汽车变速器中的四挡、五挡同步器。两个有内锥面的摩擦锥盘 2 分别固定在带有外花键齿圈的常啮合主动齿轮 1 和四挡从动齿轮 6 上。与之相配合的两个有外锥面的摩擦锥环 3，通过 3 个锁销 8 和 3 个定位销 4 与接合套 5 连接。锁销 8 的两端固定在摩擦锥环 3 的孔中，其两端的工作表面直径与接合套凸缘上相应的销孔的内径相等，其中部直径则小于孔径。只有在锁销与接合套对中时，接合套方能沿锁销轴向移动。锁销 8 中部和接合套 5 上相应的销两端有角度相同的倒角——锁止角。在接合套上定位销孔中部钻有斜孔，内装弹簧 11，把钢球 10 顶向定位销中部的环槽，以保证同步器处于正确的空挡位置。定位销 4 两端伸入锥环侧面，但有间隙，故定位销可随接合套 5 轴向移动。

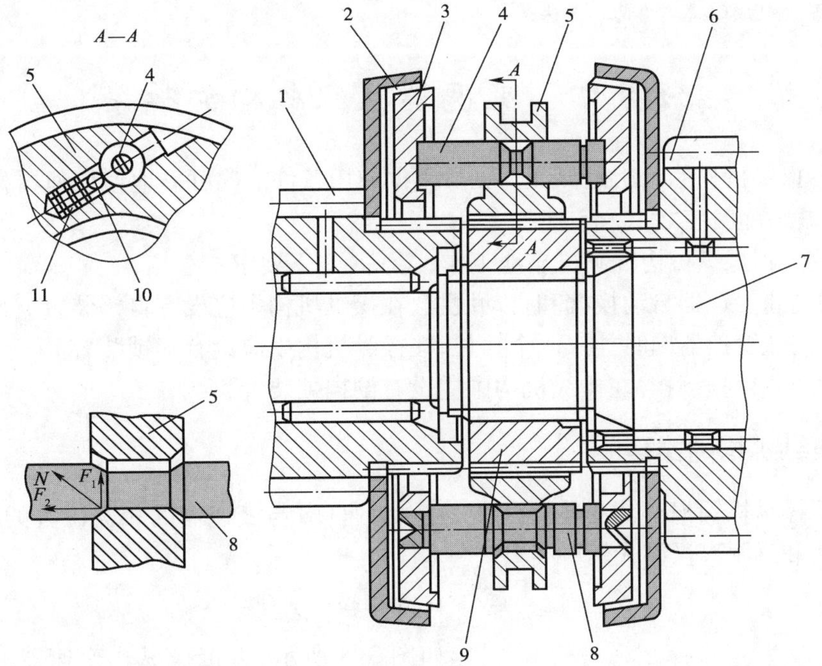

图 3-7　锁销式同步器

1-第一轴齿轮；2-摩擦锥盘；3-摩擦锥环；4-定位销；5-接合套；6-第二轴四挡齿轮；7-第二轴；8-锁销；9-花键毂；10-钢球；11-弹簧

锁销式惯性同步器的工作原理。锁销式惯性同步器的工作原理与锁环式惯性同步器基本相同，其换挡过程也相似。换挡时，接合套 5 受到拨叉轴向推力的作用，通过钢球 10 和定位销 4 带动摩擦锥环 3 向左（或向右）移动，使之与对应的摩擦锥盘接触。具有转速差的摩擦锥环与摩擦锥盘一经接触，靠接触面的摩擦使锥环连同锁销一起相对接合套转过一个角度，因而锁销 8 的轴线相对接合套上销孔的轴线产生偏移，于是锁销中部倒角与销孔端的倒角互相抵触，以阻止接合套继续前移。只有达到同步时，起锁止作用的齿轮 1 的惯性力矩消失，才能通过锁销使摩擦锥环 3、摩擦锥盘 2 和齿轮一同相对于接合套转过一个角度，使锁销重新与销孔对中，于是接合套便能轻易地克服钢球 10 的阻力，而沿锁销移动。直至与齿轮 1（或齿轮 6）的花键齿圈接合，实现挂挡。

三、评价

评价表见表3-3。

评 价 表　　表3-3

评价任务	目标	评价等级			备注
		自评	组长	教师	
(1)理解同步器的类型及功用					
(2)掌握锁环式同步器的结构及工作原理					
(3)掌握锁销式同步器的结构及工作原理					

注:☆熟练;◇达成;△基本达成;×未达成。

任务四　变速器操纵机构的拆装

变速器操纵机构的功用是保证驾驶员根据使用条件准确可靠地使变速器挂入所需要的挡位工作,并可随时使之退入空挡。

为使变速器操纵机构准确可靠地工作,应满足以下要求:

(1)为防止变速器自动换挡和自动脱挡,在操纵机构中应设有自锁装置。

(2)为防止变速器同时挂入两个挡位,在操纵机构中应设有互锁装置。

(3)为防止误挂倒挡,在操纵机构中应设有倒挡锁装置。

一、操纵机构的类型

变速器操纵机构根据其变速操纵杆(简称变速杆)与变速器的相互位置的不同,可分为直接操纵式和远距离操纵式两种类型。

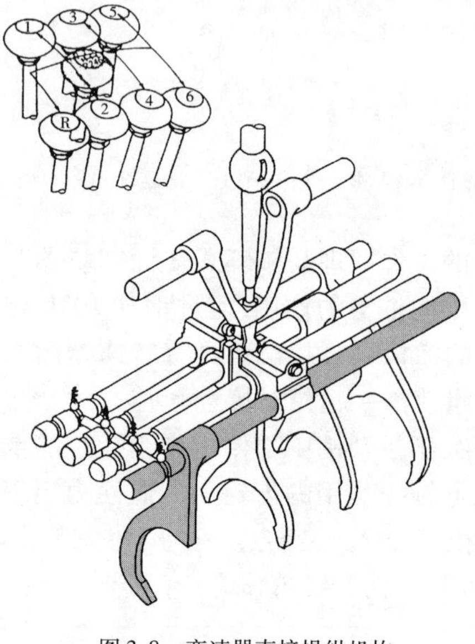

图3-8　变速器直接操纵机构

1. 直接操纵式

如图3-8所示,直接操纵式变速器的变速杆及所有换挡操纵装置都设置在变速器盖上,驾驶员可直接操纵变速杆来拨动变速器盖内的换挡操纵装置进行换挡。它具有换挡位置易确定、换挡快、换挡平稳等优点。

2. 远距离操纵式

如图3-9所示,在有些汽车上,由于其总体布置的需要,变速器的安装位置离驾驶员座位较远,因而变速杆不能直接布置在变速器盖上,为此在变速杆与变速器之间加装了一套传动杆件构成远距离操纵的形式。它具有变速杆占据的驾驶室空间小、驾驶室乘坐方便等优点,但换挡操作的准确性和可靠性稍差。

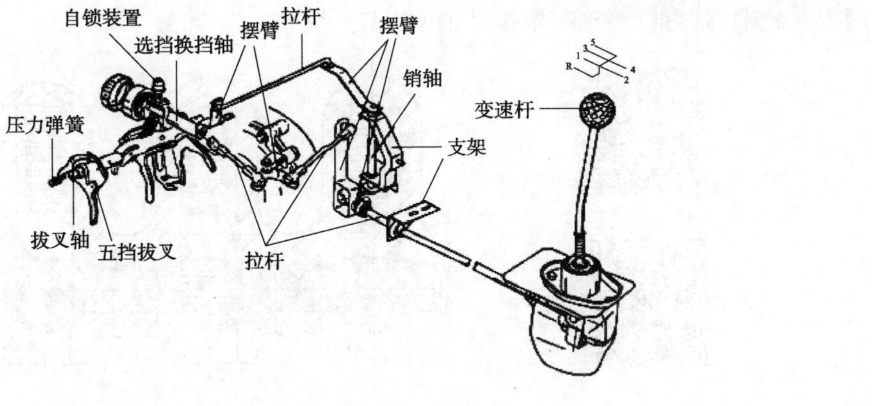

图 3-9　变速器远距离操纵机构

二、操纵机构的组成

为了满足变速器操纵机构的设计要求:不能脱挡、不能挂入两个挡、不能误挂倒挡,所以在变速器的操纵机构中设计了防止脱挡的自锁机构、防止误挂两个挡位的互锁机构和防止误挂倒挡的倒挡锁止机构。

1. 自锁机构

换挡过程中,若换挡拨叉位移不足则容易使得接合套或者同步器接合齿圈难以与齿轮齿圈完全接合,在行驶过程中容易发生自动脱挡的情况。自动脱挡既会影响变速器的使用寿命,更有很大的安全隐患,所以变速器中必须有防止脱挡的自锁机构。

如图 3-10 所示,自锁机构由压紧弹簧 1、自锁钢球 2 等组成。自锁钢球在自锁弹簧的作用下压紧在拨叉轴的定位槽内(每一根拨叉轴上在轴向方向上有 3 条定位槽,分别对应空挡位和高、低挡位),通过压紧力来实现拨叉轴的锁定。

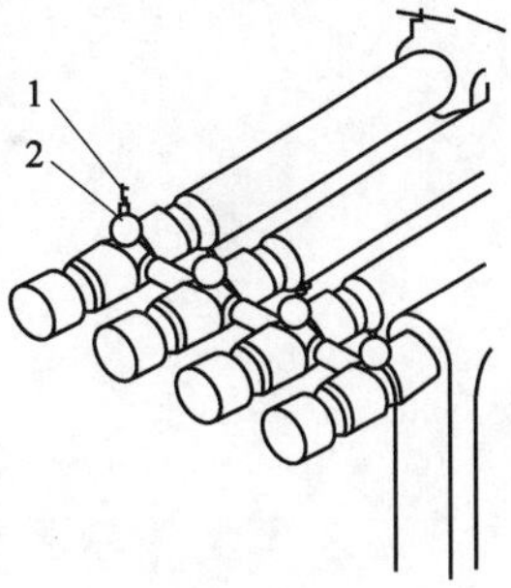

图 3-10　变速器自锁机构
1-压紧弹簧;2-自锁钢球

在换挡过程中,换挡手柄推动拨块,然后带动拨叉轴,这时因为定位槽的位置在轴向上发生位移,所以定位钢球被顶起需要克服自锁弹簧的弹力,而当换挡结束后在自锁弹簧的作用下,定位钢球被压到另外的定位槽内,锁定在新的挡位。

通过自锁机构可以实现挡位的锁定,以有效地避免换挡不到位、自动脱挡和跳挡等可能出现的故障。

2. 互锁机构

在换挡的过程中,换挡手柄末端的球头是在换挡滑块的导向槽中移动的,在换挡过程中,为了避免换挡手柄移动不到位而带动两根拨叉轴,所以在拨叉轴之间设置互锁机构,防止同时挂入两个挡位。互锁机构可以避免在换挡过程中发生机械干涉,保证换挡时只能拨动一根拨叉轴。

变速器自锁互锁机构如图 3-11 所示,在左、右两根投叉轴内侧开有等于互锁钢球半径的定位槽,在中间拨叉轴两侧开有等于互锁钢球半径的定位槽,3 根轴的定位槽在同一条直线上。当换挡时,因为拨叉轴移动互锁钢球从定位槽中被挤出,在压紧力的作用下锁住另外两根拨叉轴,就可以实现3根拨叉轴的互锁。

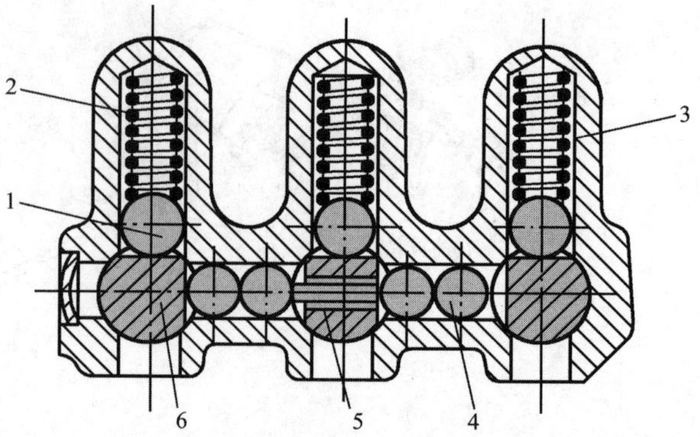

图3-11　变速器自锁、互锁机构

1-自锁钢球;2-自锁弹簧;3-变速器盖;4-互锁钢球;5-互锁销;6-拨叉轴

3. 倒挡锁止机构

当汽车在前进行驶中,换挡时由于疏忽而误挂入倒挡,将会使轮齿间产生极大的冲击。此外,若汽车起步时误挂倒挡则容易发生事故。为防止误挂倒挡,操纵机构中应设有倒挡锁。倒挡锁的结构形式有多种,如弹簧锁销式、锁片式、扭簧式、锁簧式等,但应用较多的是弹簧锁销式。

图3-12所示为EQ1090E型五挡变速器倒挡锁止机构。

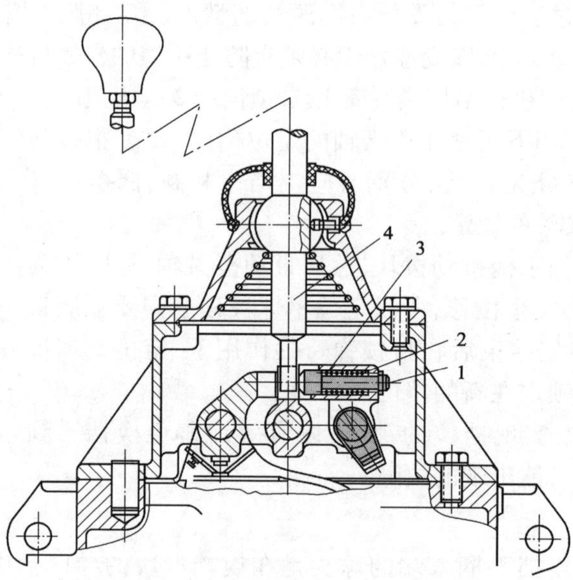

图3-12　变速器倒挡锁止机构

1-倒挡锁销;2-倒挡锁弹簧;3-倒挡拨块;4-变速杆

变速器倒挡锁止机构由一、倒挡拨块3中的倒挡锁销1及弹簧2组成。当驾驶员要挂一挡或倒挡时,必须用较大的力使变速杆4下端压缩弹簧2,将锁销1推入锁销孔内,才能使变速杆下端进入拨块3的凹槽内,以拨动一、倒挡拨叉轴而挂入一挡或倒挡。由此可见,倒挡锁的作用是使驾驶员必须对变速杆施加更大的力才能挂入倒挡,起到警示注意作用,以防误挂倒挡。

三、变速器操纵机构的拆装

1. 设备和试验用具

(1) EQ1090E 型变速器盖 1 台。

(2) 常用工具、量具各 1 套。

(3) 相关挂图或图册若干。

2. 试验步骤

1) 变速器操纵机构的拆卸

(1) 拆下变速器盖总成(变速器操纵机构的分解见图 3-13)。

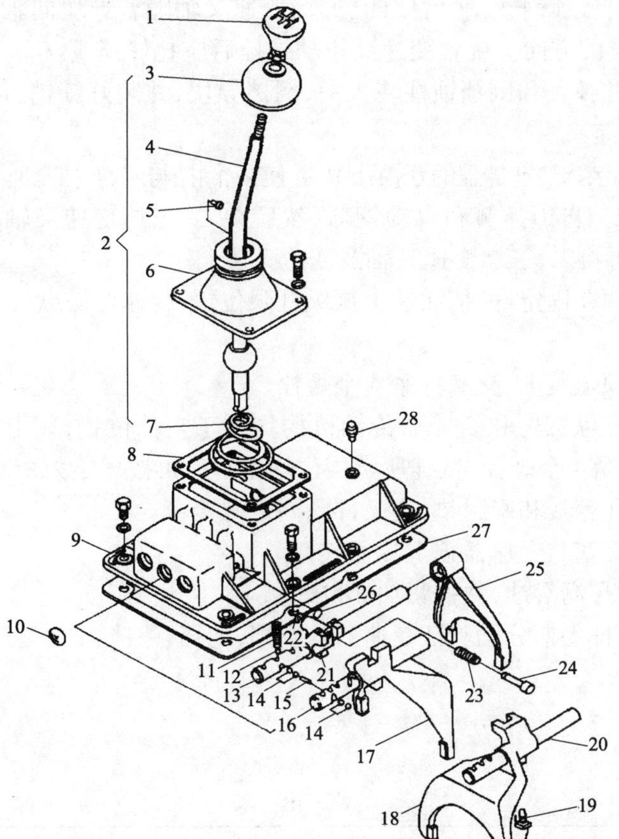

图 3-13 变速器操纵机构的分解

1-操纵杆手柄;2-顶盖总成;3-防尘罩;4-操纵杆;5-操纵杆限位销;6-顶盖;7-弹簧;8、27-密封垫;9-上盖;10、26-塞片;11-变速叉轴锁止弹簧;12-自锁钢球;13-一、倒挡变速叉轴;14-互锁钢球;15-互锁销;16-二、三挡变速叉轴;17-二、三挡变速叉;18-四、五挡变速叉;19-变速叉止动螺栓;20-四、五挡变速叉轴;21-一、倒挡导块;22-卡环;23-倒挡锁止弹簧;24-倒挡锁柱;25-一、倒挡变速叉;28-通气塞

(2) 将变速器盖总成固定在台虎钳上,旋下操纵杆手柄,拆下操纵杆弹簧,从顶盖中取出操纵杆及操纵杆限位销。

(3)将变速器上盖操纵杆朝下固定,并使变速叉及导块均处于空挡位置。

(4)旋出止动螺栓。

(5)用铜棒(或铁棒)推出二、三挡变速叉轴,注意:拆卸时应用棉纱塞住装自锁钢球的小孔,以免钢球弹出。

(6)取出二、三挡变速叉和变速叉轴上的互锁销,再取出自锁钢球和自锁弹簧。

(7)用同样的方法分别拆下四、五挡,一、倒挡的变速叉与变速叉轴。

(8)取出互锁机构的钢球。拆下倒挡锁的锁销,取出倒挡锁柱及弹簧。

(9)拆下变速器盖上的通气塞。

2)变速器操纵机构的装复

(1)将变速器上盖固定在台虎钳上,装入四、五挡自锁弹簧和自锁钢球,再用导块插入轴孔,并使其斜面朝向自锁钢球,然后使四、五挡变速叉轴随着导块向轴孔内推进,装四、五挡变速叉时,应注意装配方向。旋紧变速叉止动螺栓后应扎好锁线。

(2)将倒挡锁柱弹簧和倒挡锁柱装入一、倒挡导块,并装好锁销,用同样的方法装上一、倒挡变速叉轴和变速叉。

(3)将互锁钢球装入变速器盖的互锁孔中,并使一、倒挡与四、五挡变速叉轴都处于空挡位置。

(4)装上二、三挡自锁弹簧和自锁钢球,然后在二、三挡变速叉轴的互锁孔中装上互锁销,用同样的方法再将二、三挡变速叉轴及变速叉装上。

(5)将变速器顶盖固定好,依次装上操纵杆限位销、变速器操纵杆、操纵杆弹簧及操纵手柄等。

(6)将变速器顶盖装上,交叉拧紧4个螺栓。

(7)将变速器操纵机构和变速器传动机构均置于空挡位置,装上变速器盖总成及密封垫。注意先交叉拧紧4个螺栓,试挂所有挡位均正常后再按规定力矩交叉拧紧全部螺栓。

(8)装上取力孔盖板和密封垫,交叉拧紧固定螺栓。

(9)装上放油螺塞与变速器盖上的通气塞。

(10)按规定加足润滑油,并拧紧加油口螺塞。

(11)扳动操纵杆手柄分别验证变速器的空挡、倒挡、一挡、二挡、三挡、四挡、五挡。

四、评价

评价表见表3-4。

评 价 表 表3-4

评价任务	目标	评价等级			备注
		自评	组长	教师	
(1)理解变速器操纵机构的类型及特点					
(2)掌握自锁机构的工作原理					
(3)掌握互锁机构的工作原理					
(4)掌握倒挡锁机构的工作原理					
(5)掌握变速器操纵机构的拆装					

注:☆熟练;◇达成;△基本达成;×未达成。

任务五 分动器的认知

一、分动器的功用

对于多桥驱动的车辆,传动系统中动力自变速器输出后经过分动器分配至各个驱动桥。分动器中一般采用机械式传动,设有高、低两个挡位,通过分动器手柄或开关可以进行选择。

采用机械齿轮传动式分动器的车辆在一般道路条件下使用后轮或者前轮驱动,当行驶在路面条件较差的道路上时,为了避免车轮打滑失去驱动力,选择四轮驱动。一般的四轮驱动分为高速(4H)和低速(4L)两挡。

二、分动器的组成及工作原理

分动器一般单独安装在车架上,其输入轴直接或通过万向传动装置与变速器输出轴相连,而输出轴则有多个,分别经万向传动装置与各驱动桥连接。图 3-14 所示为 BJ2020 型汽车分动器结构图。

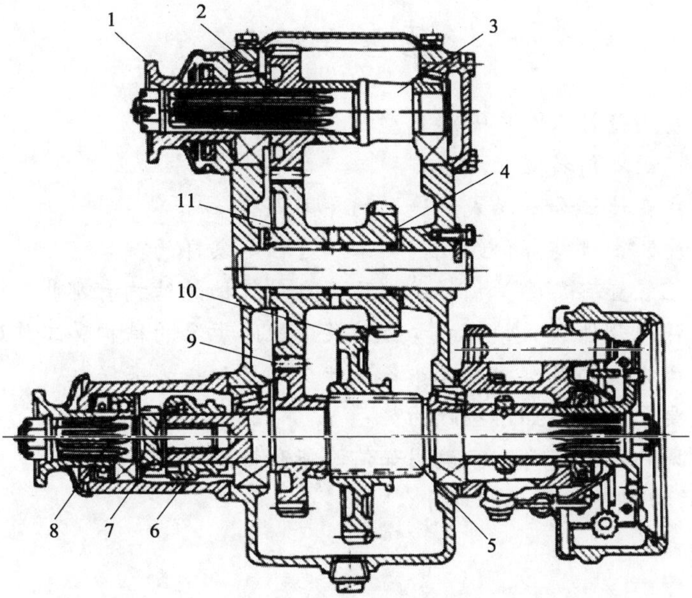

图 3-14 BJ2020 型汽车分动器结构图

1-凸缘盘;2-主动齿轮;3-输入轴;4-中间轴小齿轮;5-后桥输出轴;6-前桥接合套;7-花键齿轮;8-前桥输出轴;9-常啮合高速挡齿轮;10-变速滑动齿轮;11-中间轴大齿轮

在普通路面上行驶时,发动机的动力由输入轴 3 上的主动齿轮 2、中间轴大齿轮 11 传递给后桥输出轴常啮合高速挡齿轮 9,此时车辆用后桥驱动。当行驶在越野路面上需要四轮高速挡驱动时,接合套 6 滑动与左侧的花键轴上的花键齿轮 7 接合驱动前桥。当需要四轮驱动低速挡驱动时,接合套与花键齿轮仍然接合,齿轮 9 与齿轮 11 分离,而齿轮 4 与齿轮 10 相接合。

三、评价

评价表见表3-5。

评 价 表　　表3-5

评价任务	目标	评价等级			备注
		自评	组长	教师	
(1)理解分动器的功用					
(2)掌握分动器的组成及工作原理					

注:☆熟练;◇达成;△基本达成;×未达成。

项目小结

本项目介绍了汽车变速器的功用、种类、结构形式及其特点,变速器的工作原理,分动器的构造,并结合实物介绍了拆装方法。

思考与练习

1. 变速器的功用是什么?有哪些类型?
2. 两轴式变速器有何特点?
3. 比较两轴式变速器和三轴式变速器的异同点。
4. 三轴式变速器由哪些部件组成?其工作过程是怎样的?
5. 变速器换挡装置有哪些结构形式?防止自动脱挡的结构有哪些?
6. 同步器的作用是什么?锁环式和锁销式惯性同步器的结构和工作过程是怎样的?
7. 对变速器操纵机构有哪些要求?各用什么装置和措施来保证?
8. 变速器主要零部件是如何检修的?
9. 变速器常见的故障有哪些?说明如何诊断和排除?
10. 分动器的功用及工作原理是什么?

项目四　万向传动装置

知识目标

1. 掌握万向传动装置的功用、组成、构造。
2. 掌握万向传动装置的布置形式。
3. 了解万向节的几种类型及特点。
4. 掌握万向传动装置的拆装和装配。

能力目标

1. 能按照正确的操作规范完成汽车万向传动装置各部件的拆装作业。
2. 扩展相应的信息收集能力。
3. 能用所学知识分析万向传动装置的典型故障。

任务一　万向传动装置的认知

万向节与传动轴的组合称为万向传动装置，如图 4-1 所示。它是用来在工作过程中相对位置不断改变的两根轴间传递动力的装置。在前置后驱的车辆上，万向传动装置安装在变速器输出轴与驱动桥主减速器输入轴之间，而前置前驱的车辆由于省略了传动轴，万向传动装置安装在前桥半轴与车轮之间。

一、万向传动装置的组成

万向传动装置主要由万向节、传动轴和中间支撑组成。安装时必须使传动轴两端的万向节叉处于同一平面。

二、万向传动装置的应用

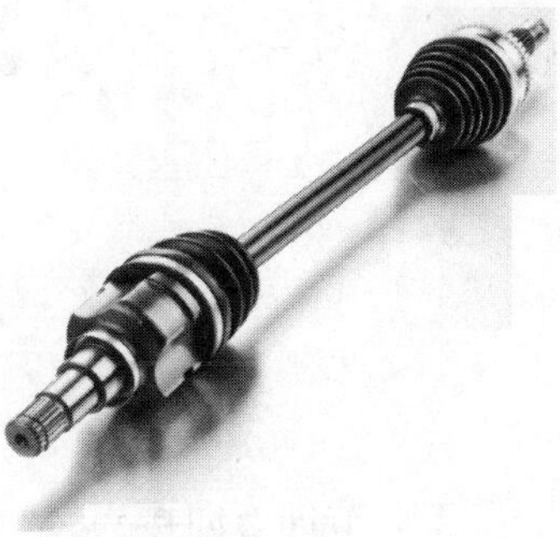

图 4-1　球笼式万向传动装置

万向传动装置的作用是连接不在同一直线上的变速器输出轴和主减速器输入轴，并保证在两轴之间的夹角和距离经常变化的情况下，仍能可靠地传递动力。它在汽车上的具体应用部位主要有如下几处，如图 4-2 所示。

(1)变速器(或分动器)与驱动桥之间：一般汽车的变速器、离合器与发动机三者合为一体装在车架上，驱动桥通过悬架与车架相连。在负荷变化及汽车在不平路面行驶时引起的跳动等情况下,会使驱动桥输入轴与变速器输出轴之间的夹角和距离发生变化。

(2)越野汽车变速器与分动器之间:为消除车架变形及制造、装配误差等引起的其轴线同轴度误差对动力传递的影响,须装有万向传动装置。

(3)汽车转向驱动桥的半轴是分段的:转向时两段半轴轴线相交的夹角变化,因此需要用万向节。

(4)断开式驱动桥的半轴:主减速器壳在车架上是固定的,桥壳上下摆动,半轴是分段的,因此需要用万向节。

(5)汽车转向系统中:某些汽车转向操纵机构由于空间的限制,转向盘轴线与转向输入轴轴线不能重合,因此需要万向传动装置。

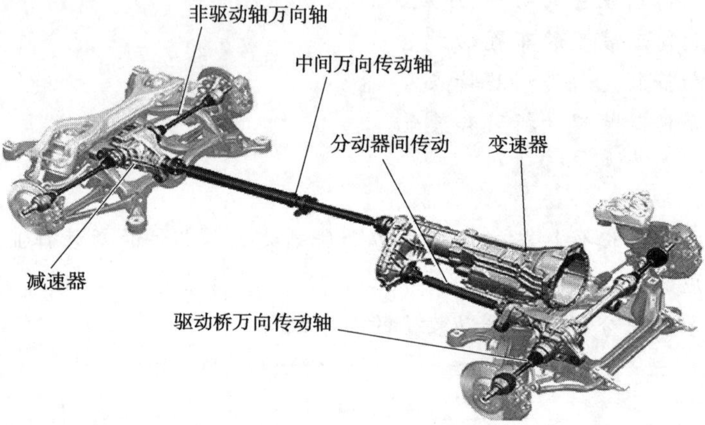

a)

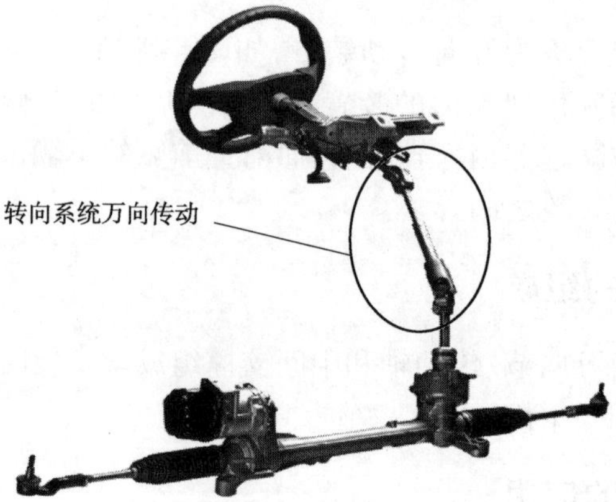

b)

图4-2　万向传动装置的应用

任务二　万向节的拆装

万向节即万向接头,是实现变角度动力传递的机件,用于需要改变传动轴线方向的位置,它是汽车驱动系统的万向传动装置的“关节”部件。

一、几种典型万向节的构造

按万向节在扭转方向上是否有明显的弹性可分为刚性万向节和挠性万向节。刚性万向节又可分为不等速万向节(常用的为十字轴式)、准等速万向节(如双联式万向节)和等速万向节(如球笼式万向节)三种。

1. 十字轴式万向节

十字轴式万向节在汽车上应用最为广泛,如图 4-3 所示,它允许相邻两轴的交角为 15°~20°。十字轴式万向节具有结构简单、传动效率高的优点,但在两轴夹角不为 0°的情况下,不能传递等速转动。

十字轴式刚性万向节主要由十字轴、万向节叉等组成。万向节叉上的孔分别套在十字轴的四个轴颈上。在十字轴轴颈与万向节叉孔之间装有滚针和套筒,用带有锁片的螺钉和轴承盖来使之轴向定位。为了润滑轴承,十字轴内钻有油道,且与油嘴、安全阀相通,如图 4-4 所示。

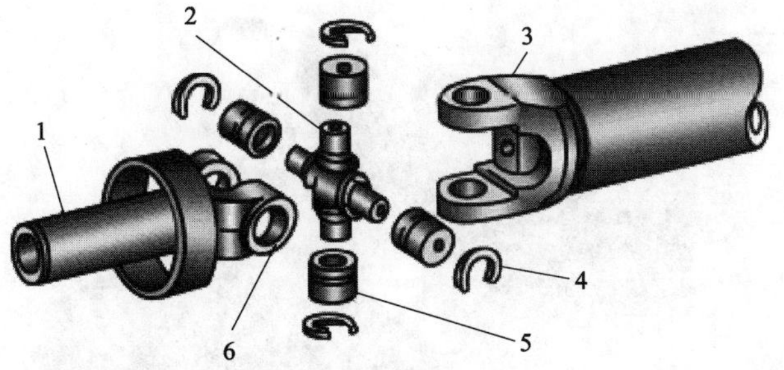

图 4-3　十字轴式万向节结构示意图

1-轴;2-十字轴;3、6-万向节叉;4-油封;5-滚针

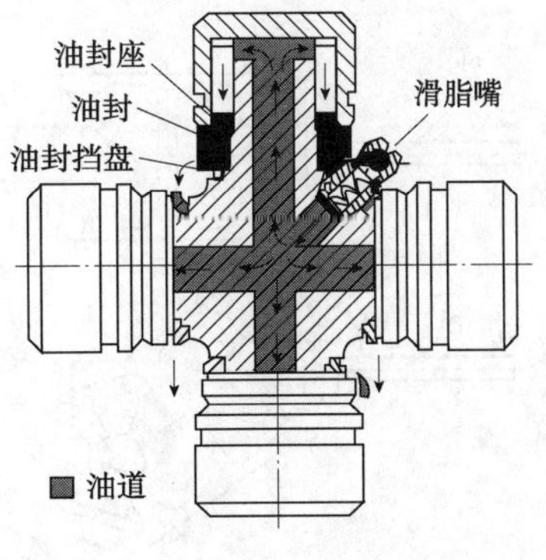

图 4-4　十字轴润滑油道及密封装置

为避免润滑油流出及尘垢进入轴承,十字轴轴颈的内端套装有油封。安全阀的作用是当十字轴内腔润滑脂压力超过允许值时,阀打开润滑脂外溢,使油封不会因油压过高而损坏。现代汽车多采用橡胶油封,多余的润滑油从油封内圆表面与十字轴轴颈接触处溢出,故无需安装安全阀。

十字轴式万向节实现等速的条件。单个十字轴式刚性万向节在主动轴和从动轴之间有夹角的情况下,当主动叉等角速转动时,从动叉是不等角速的,这称为十字轴式刚性万向节的不等速特性。且两转轴之间的夹角 α 越大,不等速性就越大。十字轴式刚性万向节的不等速特性,将使从动轴及其相连的传动部件产生扭转振动,从而产生附加的交变载荷,影响部件寿命。第一万向节的不等速特性可以被第二万向节的不等速特性所抵消,从而实现两轴间的等角速传动。当满足以下两个条件时,可以实现由变速器的输出轴到驱动桥的输入轴的等速传动,如图 4-5 所示。

(1)传动轴两端的万向节叉处于同一平面内。

(2)第一万向节两轴间夹角 α_1 与第二万向节两轴间夹角 α_2 相等。

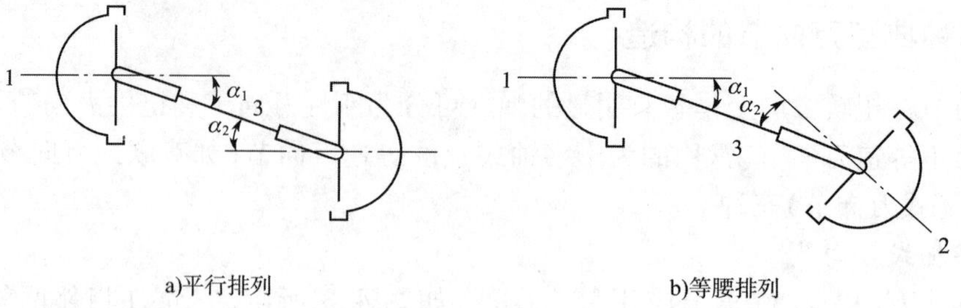

图4-5　万向节的等速排列方式

1-主动叉轴;2-从动叉轴;3-十字轴;α_1、α_2-万向节轴间夹角

由于悬架的振动,不可能在任何时候都保证 $\alpha_1=\alpha_2$,因此这种双十字轴式刚性万向节的传动只能近似地解决等速传动问题,且由于两轴夹角最大只能是20°,因此使用上受到限制。

2. 准等速万向节

根据双万向节实现等速传动的原理而设计的万向节称为准等速万向节。常见的准等速万向节有双联式万向节(图4-6)和三销轴式万向节(图4-7)。

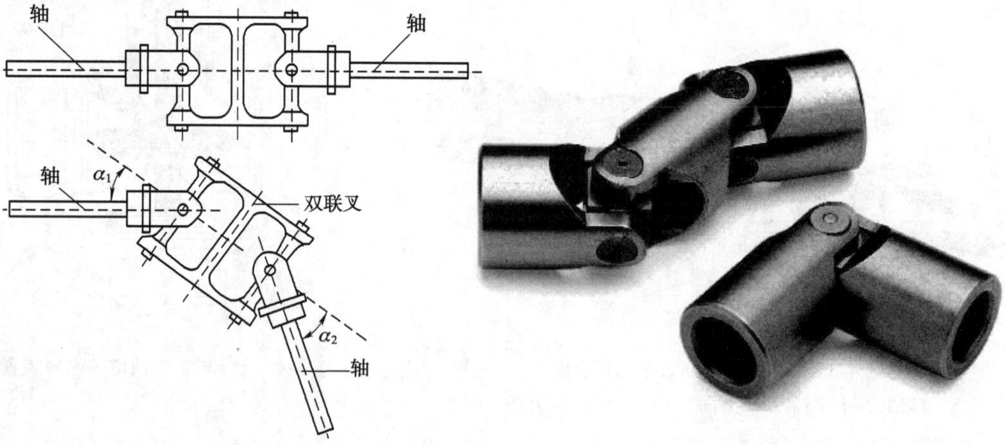

图4-6　双联式万向节

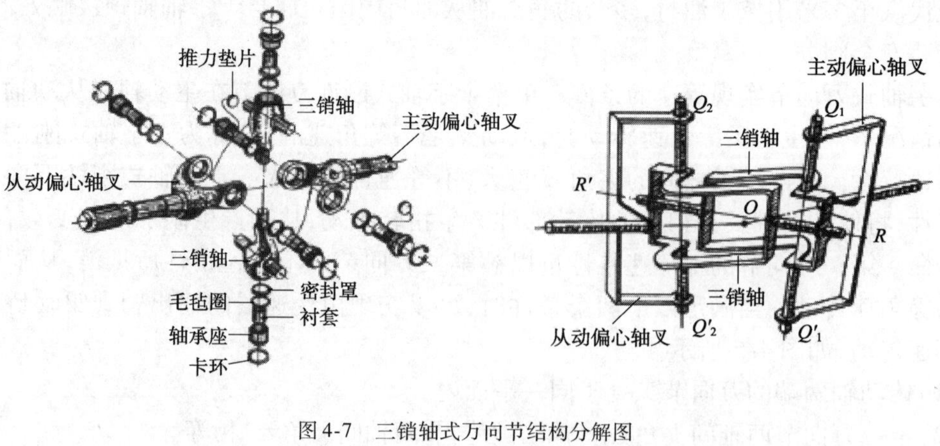

图4-7　三销轴式万向节结构分解图

双联式万向节实际上是一套将传动轴长度减缩至最小的双十字轴式万向节等速传动装置,双联叉相当于传动轴及两端处在同一平面上的万向节叉。在当输出轴与输入轴的交角较小时,处在圆弧上的两轴轴线交点离上述中垂线很近,使得 α_1 与 α_2 的差很小,能使两轴角速度接近相等,所以称双联式万向节为准等速万向节。双联式万向节允许有较大的轴间夹角,且具有轴承密封性好、效率高、制造工艺简单、加工方便、工作可靠等优点,多用于越野汽车。

三销轴式万向节是由双联式万向节演变而来的准等速万向节。它主要由两个偏心轴叉、两个三销轴及轴承、密封件等组成。图 4-7 所示为东风 EQ2080 型汽车的转向驱动桥中所采用的三销轴式万向节。

三销轴式万向节的主、从动偏心轴叉分别与转向驱动桥的内、外半轴制成一体。叉孔中心线与叉轴中心线互相垂直但不相交。两叉由两个三销轴连接。三销轴的大端有一穿通的轴承孔,其中心线与小端轴颈中心线重合。靠近大端两侧有两轴颈,其中心线与小端轴颈中心线垂直并相交。装合时,每一偏心轴叉的两叉孔与一个三销轴的大端两轴颈配合,而后两个三销轴的小端轴颈互相插入对方的大端轴承孔内,这样便形成了 $Q_1 - Q_{1'}$、$Q_2 - Q_{2'}$ 和 $R - R'$ 三条轴线。

三销轴式万向节的最大特点是允许相邻两轴有较大的交角,最大可达 45°。在转向驱动桥中采用这种万向节可使汽车获得较小的转弯半径,提高了汽车的机动性,其缺点是所占空间较大。

3. 等速万向节

等速万向节的常见结构形式有球笼式和球叉式。其基本原理是传力点永远位于两轴交点的平分面上。以球笼式万向节为例,工作原理图如图 4-8 所示。外滚道的中心 A 与内滚道的中心 B 分别位于万向节中心 O 的两边,且与 O 等距离,即 $AO = BO$。钢球在内滚道中滚动和钢球在外滚道中滚动时,钢球中心所经过的圆弧半径是一样的,图中钢球中心所处的 C 点正是这样两个圆弧的交点,所以有 $AC = BC$。又因为 CO 为 $\triangle AOC$ 与 $\triangle BOC$ 的公共边,所以可以导出 $\triangle AOC \cong \triangle BOC$,因而 $\angle AOC = \angle BOC$,也就是说当主动轴与从动轴处于设计范围内的任一夹角 α,C 点都处在主动与从动轴线的夹角平分线上。处在 C 点的钢球中心到主动轴的距离 a 和到从动轴的距离 b 必然是一样的(用类似的方法可以证明其他钢球到两轴的距离也是一样的),从而保证了万向节的等速传动特性。

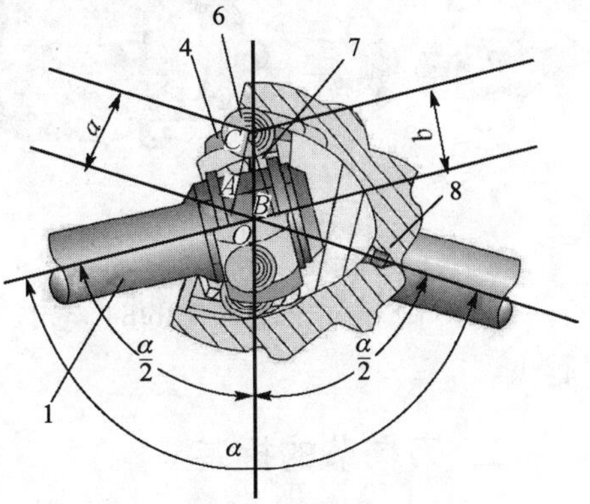

图 4-8 球笼式万向节的等速性

O-万向节中心;A-外滚道中心;B-内滚道中心;C-钢球中心;α-两轴交角(指钝角)

1)球笼式等速万向节

球笼式万向节(图 4-9)由 6 个钢球、星形套、球形壳和保持架等组成。万向节星形套与主动轴用花键固接在一起,星形套外表面有 6 条弧形凹槽滚道,球形壳的内表面有相应的 6 条凹槽,6 个钢球分别装在各条凹槽中,由球笼使其保持在同一平面内。动力由主动轴、钢球、球形壳输出。在图 4-9 中上下两钢球处,内外滚道所夹的空间都是左宽右窄,钢球很容易向左跑出，为了将钢球定位，设置了保持架。保持架的内外球面、星形套的外球面和球形壳的内球面均以万向节中心为球心，并保证6个钢球球心所在的平面（主动轴和从动轴是以此平面为对称面的）经过球心。当两轴交角变化时，保持架可沿内外球面滑动，这就限定了上下两钢球不能向左跑出。

球笼式等速万向节内的6个钢球全部传力，承载能力强，可在两轴最大交角为42°情况下传递转矩，其结构紧凑，拆装方便，被广泛应用于各种型号的转向驱动桥和独立悬架的驱动桥。

2）球叉式等速万向节

球叉式万向节如图4-10所示，它由主动叉、从动叉、4个传动钢球、定心钢球、定位销、锁止销组成。主动叉与从动叉分别与内、外半轴制成一体。在主、从动叉上，分别有4个曲面凹槽，装配后，则形成两个相交的环形槽，作为钢球滚道。4个传动钢球放在槽中，中心钢球放在两叉中心的凹槽内，以定中心。

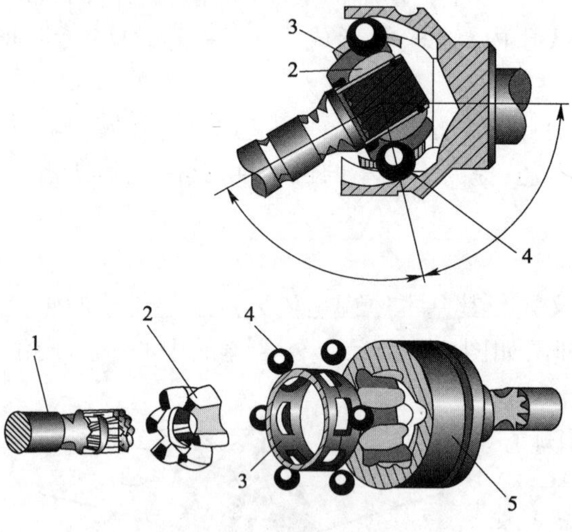

图4-9 球笼式万向节

1-主动轴；2-钢带箍；3-外罩；4-钢球；5-球形壳（外滚道）

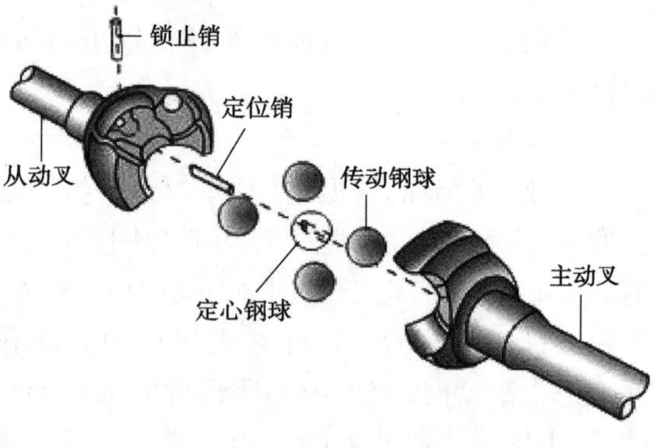

图4-10 球叉式万向节

球叉式万向节在工作的时候，只有两个钢球传力，磨损快，影响使用寿命，现在应用越来越少。

二、万向节的拆装

1. 设备和试验工具

（1）桑塔纳前置前轮驱动万向传动装置。

（2）常用工具、专用工具及拆装工作台。

2. 试验步骤

1）万向节的分解

（1）用钢锯将万向节防尘罩上的夹箍锯开，拆下防尘罩，如图4-11所示。

（2）用铜锤用力将外万向节（RF）外圈从传动轴上敲下，如图4-12所示。用标记笔在外万向节球笼和球形壳上标上星形套的位置。

(3)拆卸弹簧锁圈,如图 4-13 所示。

(4)用专用工具压出万向节内圈,如图 4-14 所示。

(5)拆卸万向节前,在球笼和外星轮上标出内星轮位置。

(6)用手转动球笼及内星轮,取出钢球,如图 4-15 所示。

(7)用力转动球笼直至两方孔与外星轮垂直方向,取出球笼及内星轮(星形套),如图 4-16所示。

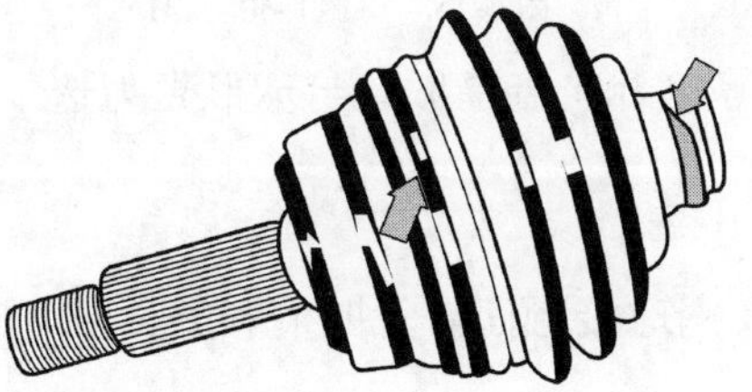

图 4-11 拆卸防尘罩

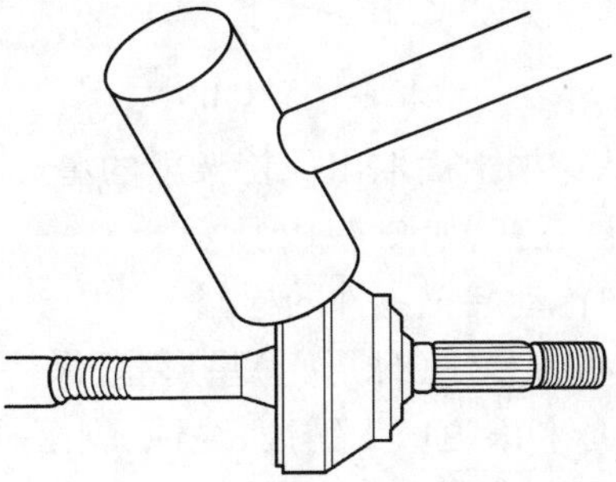

图 4-12 外万向节拆卸

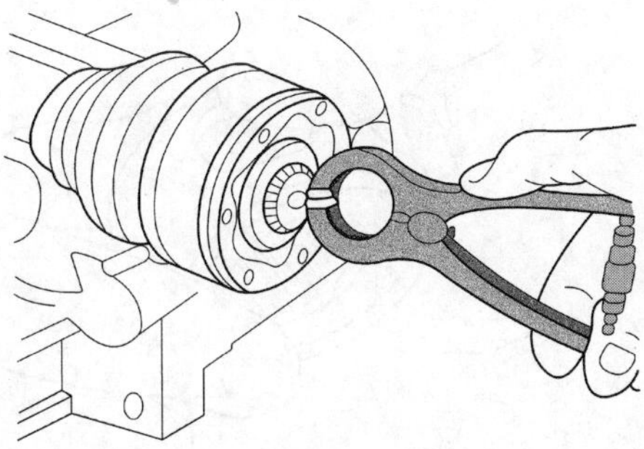

图 4-13 拆卸弹簧锁圈

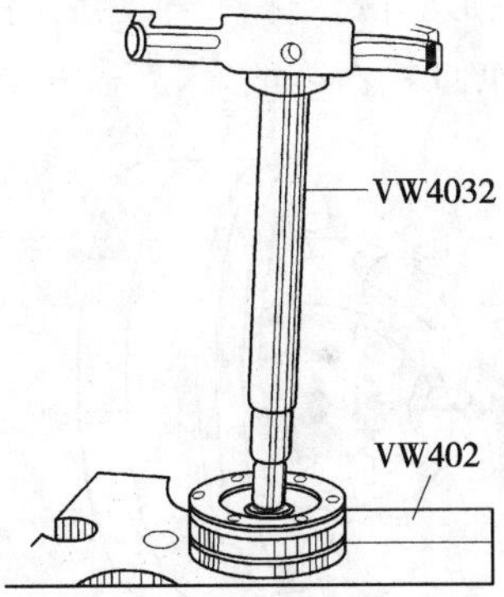

图 4-14 压出万向节内圈

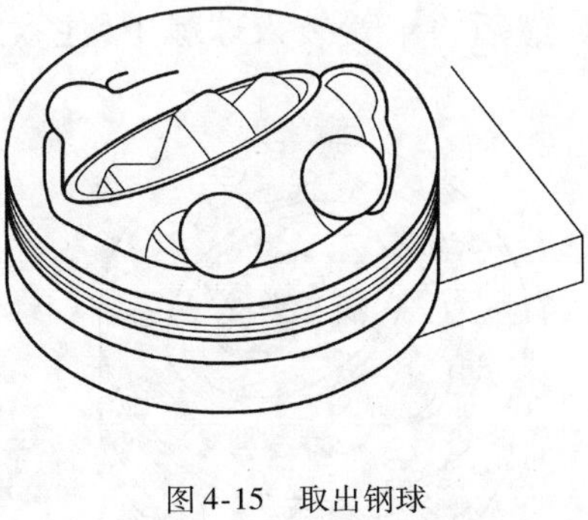

图 4-15 取出钢球

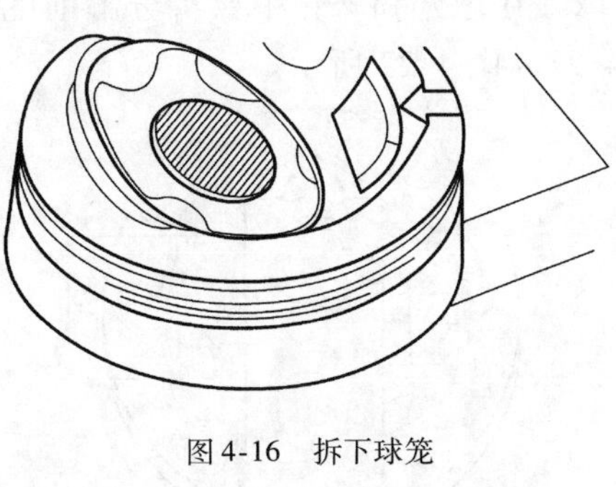

图 4-16 拆下球笼

(8)把内星轮上的扇形齿旋入球笼的方孔位置,从球笼中取出内星轮,如图 4-17 所示。

(9)转动内星轮与球笼,按垂直方向压出球笼和钢球,如图 4-18 所示。

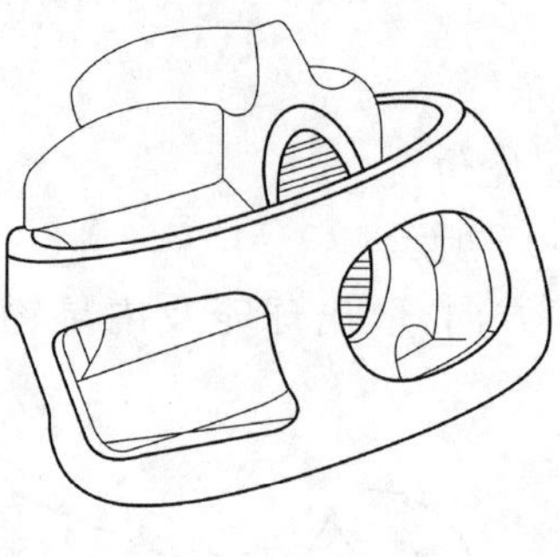

图 4-17　取出内星轮

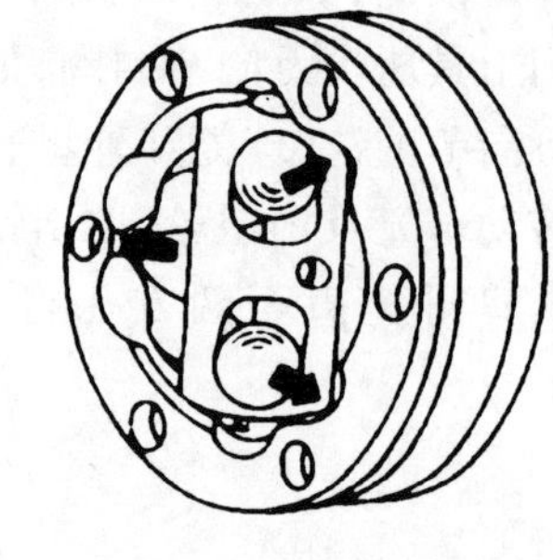

图 4-18　将内星轮转出球笼

(10)从球槽上面取出保持架里的星形套,等速万向节星形套与球形壳为选配件,必须成对放置,不许互换,如图 4-19 所示。

2)万向传动装置零件的检修

(1)检查外星轮(球形壳)星形套、保持架及钢球接触面有无凹痕和磨损。

(2)钢球和滚道应无锈蚀、烧蚀、剥落、裂纹。

(3)检查万向节间隙,其值不应大于 0.8mm,否则应更换万向节。

3)万向节的装配

(1)将星形套嵌入保持架,然后将钢球压入保持架,注入适量润滑脂,把装好后的保持架连同星形套垂直装入球形壳,如图 4-20 所示。

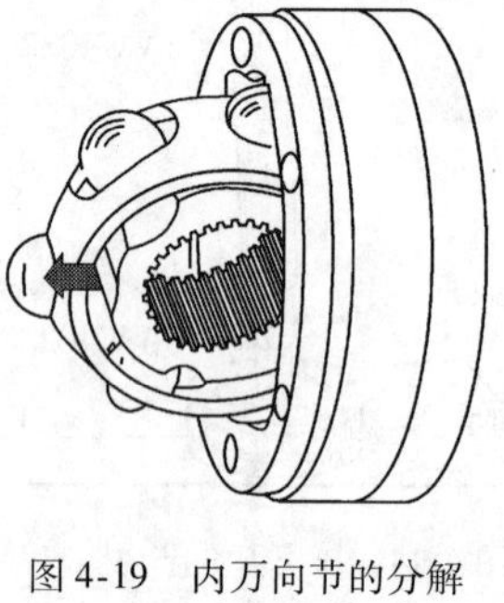

图 4-19　内万向节的分解

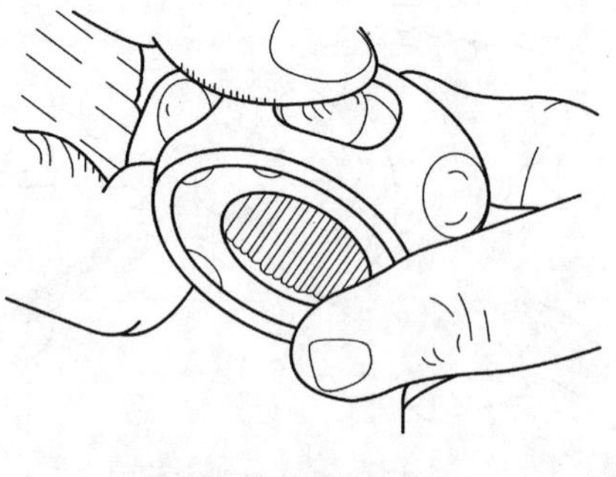

图 4-20　将钢球压入球笼

(2)将球笼连同球毂(内星轮)一起装入外星轮壳体,将钢球按对角交替顺序压入球笼,注意应使球毂在球笼和球壳中保持分解前的位置。然后将卡簧装入球毂中,注入适量润滑脂,如图 4-21 ~ 图 4-23 所示。

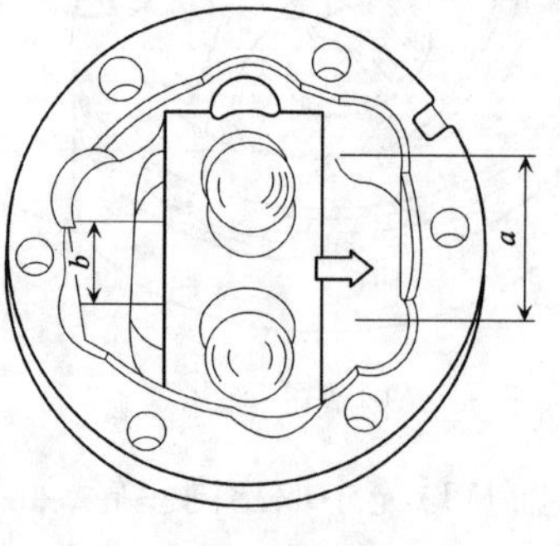

图 4-21 将球笼垂直装入壳体

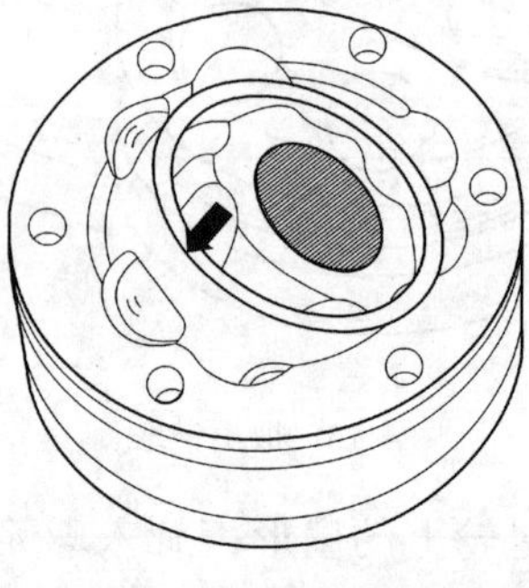

图 4-22　内星轮转入外星轮内

(3)将碟形座圈装在带槽的内径与同心轴相配合的位置,如图4-24所示。

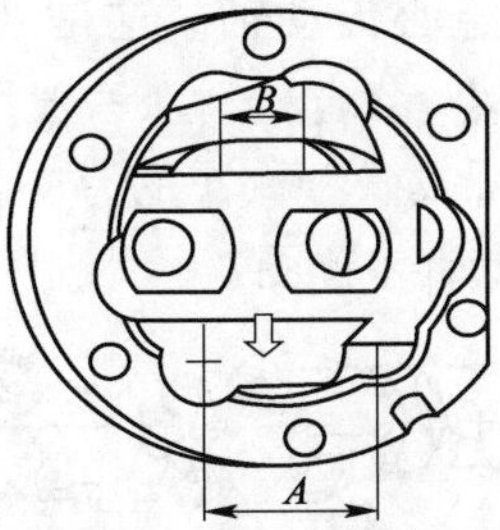

图4-23 星形套和壳体的安装位置

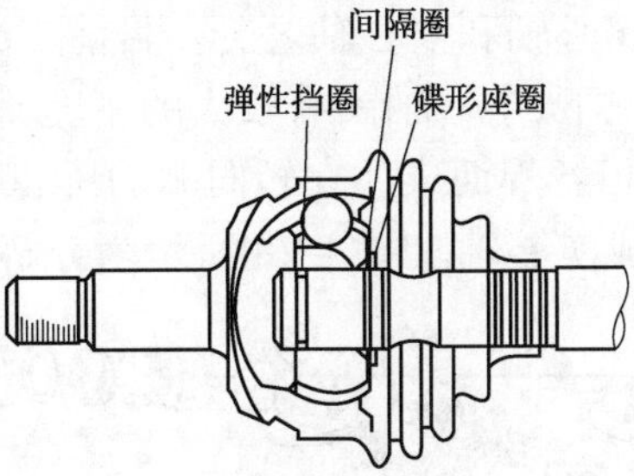

图4-24 蝶形座圈和间隔垫片的安装位置

(4)先用专用工具压入万向节内圈,然后将万向节压入轴承座,插入开口弹性挡圈,装配时内星轮内径倒角必须朝向传动轴的接触轴肩,如图4-25所示。

(5)安装万向节防尘罩,装好后应将防尘罩小直径端拉开通气使压力平衡,然后张紧不锈钢软管卡箍,如图4-26和图4-27所示。

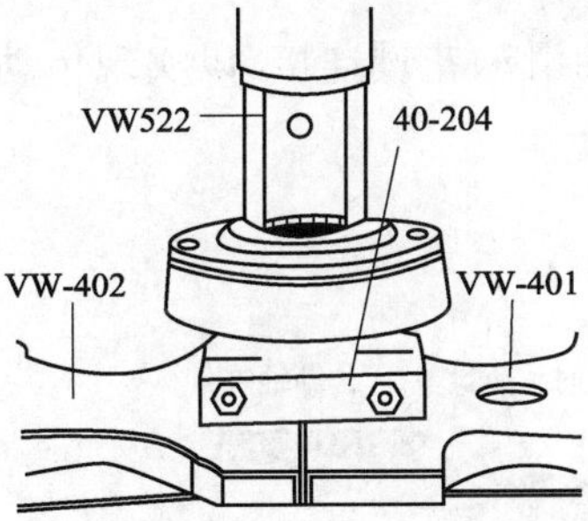

图4-25 将万向节压入传动轴

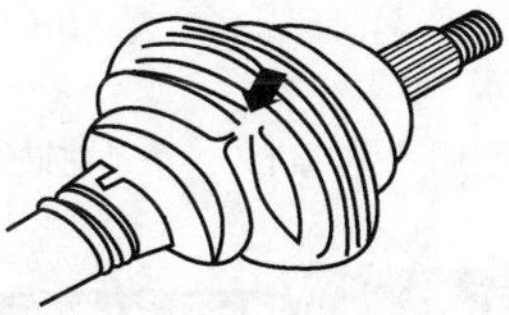

图4-26 防尘罩充气

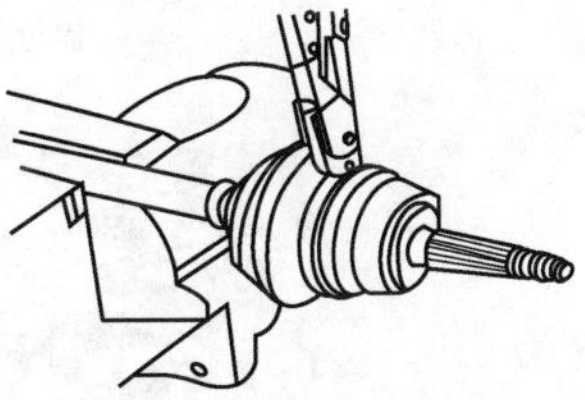

图4-27 夹紧防尘罩夹箍

三、评价

评价表见表4-1。

评 价 表　　　　表4-1

评价任务	目标	评价等级			备注
		自评	组长	教师	
(1)理解万向传动的原理					
(2)了解万向节的种类					
(3)按规范拆装万向节					

注:☆熟练;◇达成;△基本达成;×未达成。

任务三 传动轴和中间支承的拆装

一、传动轴

1.功用

传动轴是万向传动装置中的主要传力部件。通常用来连接变速器(或分动器)和驱动桥,在转向驱动桥和断开式驱动桥中,则用来连接差速器和驱动车轮。

2. 构造

传动轴有实心轴和空心轴之分。目前广泛采用的是空心传动轴。这是因为在传递相同大小转矩的情况下，空心轴具有较大的刚度，相对质量较小，节省材料。一般用厚度为1.5～3.0mm的薄钢板卷焊而成。在转向驱动桥、断开式驱动桥或微型汽车的万向传动装置中，通常将传动轴制成实心轴。图4-28所示为分解后的万向传动装置图。

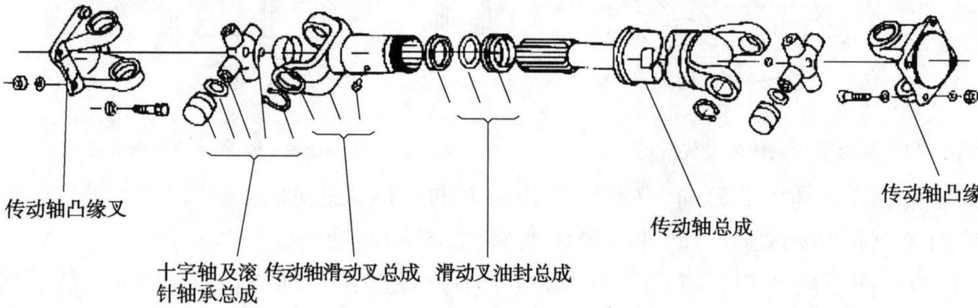

图4-28 分解后的传动轴及滑动叉总成

为了避免运动干涉，传动轴采用滑动叉和花键轴组成的滑动花键连接，以实现传动轴长度的变化，图4-29所示为传动轴与万向节叉的连接方式。

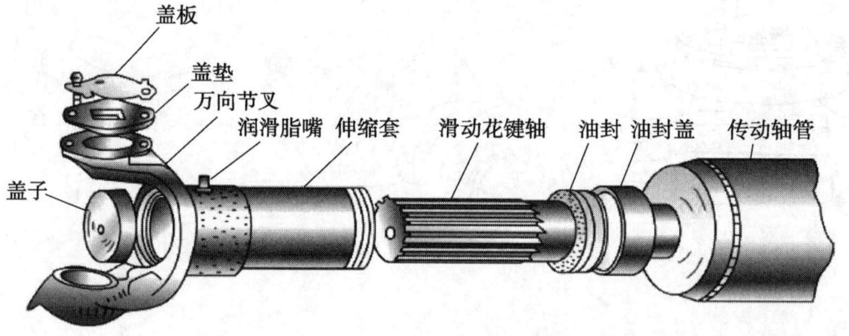

图4-29 传动轴与万向节叉的连接方式

为了减少磨损，还设计有加润滑脂的油嘴、油封、堵盖和防尘套。传动轴是高速旋转件，为了避免由于离心力引起剧烈的振动，当传动轴和万向节装配以后，要做动平衡试验，做完动平衡试验后应在万向节滑动叉和主传动轴上刻下装配位置标记，以便拆卸后重装时保持两者的相对角位置不变。

二、中间支承

1. 功能

当传动轴过长时，其自振频率降低，易产生共振，此时可将其分成两段以提高每段传动轴的自振频率。传动轴分段时需加中间支承，中间支承通常装在车架横梁上，能补偿传动轴轴向和角度方向的安装误差，以及汽车行驶过程中因发动机窜动或车架变形等引起的位移。

2. 结构

中间支承常用弹性元件来满足上述功用，图4-30所示的中间支承由支架和轴承等组成，双列锥轴承固定在中间传动轴后部的轴颈上。带油封的支承盖之间装有弹性元件橡胶垫环，用3个螺栓紧固。紧固时，橡胶垫环会径向扩张，其外圆被挤紧于支架的内孔。

东风 EQ1090 汽车的中间支承如图 4-31 所示。

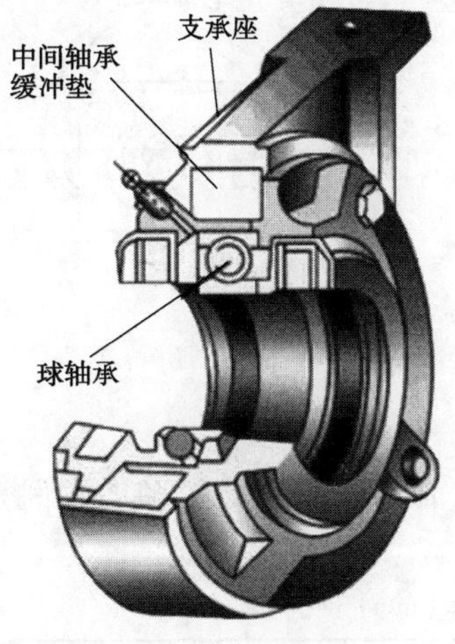

图 4-30　中间支承结构分解

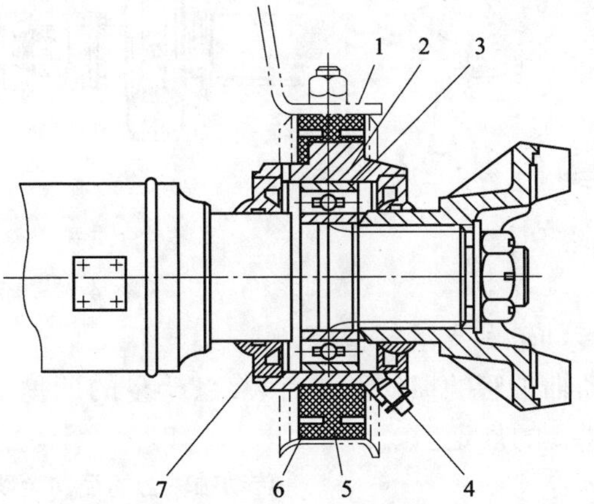

图 4-31　东风 EQ1090 汽车的中间支承

1-车架横梁;2-轴承座;3-轴承;4-油嘴;5-蜂窝形橡胶;6-U 形支架;7-油封

轴承可在轴承座内轴向滑动,轴承座装在蜂窝形橡胶垫内,通过 U 形支架固定在车架横梁上。

三、传动轴和中间支承的拆装与装配

1. 拆装目的及要求

(1)掌握传动轴和中间支承装置在汽车上的安装及其注意事项的要求。

(2)了解传动轴和中间支承的构造和功用。

(3)掌握传动轴和中间支承的拆装步骤及技术要求。

(4)掌握传动轴和中间支承的检修方法。

2. 拆装试验仪器和设备

(1)货车传动轴与万向传动装置 1 套。

(2)常用汽车维修工具 1 套。

(3)专用夹具、工作台 1 套。

3. 试验步骤

对国产中型载货汽车,一级维护时应进行润滑和紧固作业。对传动轴的十字轴、传动轴滑动叉、中间支承轴承等加注润滑脂;检查传动轴各部螺栓和螺母的紧固情况。

1)传动轴和中间支承的拆卸

(1)传动轴解体前,应该清洗外表的污泥,并做好装配位置标记,如图 4-32 所示。以备重新安装时,按原位安装。

(2)拆卸传动轴时,应从传动轴后端与驱动桥连接处开始,先把与后桥凸缘连接的螺栓拧松取下。

(3)然后将与中间传动轴凸缘连接的螺栓拧下,拆下传动轴总成。

(4)接着,松开中间支承支架与车架的连接螺栓。

(5)最后松下前端凸缘盘,拆下中间传动轴。

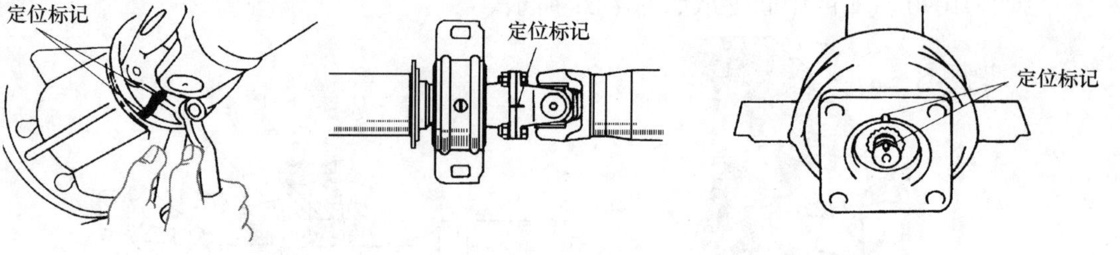

图 4-32 标记

2)传动轴和支承的检修

传动轴轴管的损伤形式有裂纹、严重的凹瘪。传动轴轴管全长上的径向全跳动公差应符合表 4-2 的规定。

传动轴轴管的径向全跳动公差(mm) 表 4-2

轴长	≤600	600～1000	>1000
径向全跳动公差	0.6	0.8	1.0

轿车传动轴径向全跳动公差应比表 4-2 相应减小 0.2mm,中间传动轴支承轴颈的径向圆跳动公差为 0.10mm。当传动轴轴管的径向全跳动误差超过表 4-2 的规定时,应对传动轴进行校正或更换,如图 4-33 所示。传动轴花键与滑动叉花键、凸缘叉与所配合花键的侧隙:轿车应不大于 0.15mm,其他类型的汽车应不大于 0.30mm,如图 4-34 所示,装配后应能滑动自如。

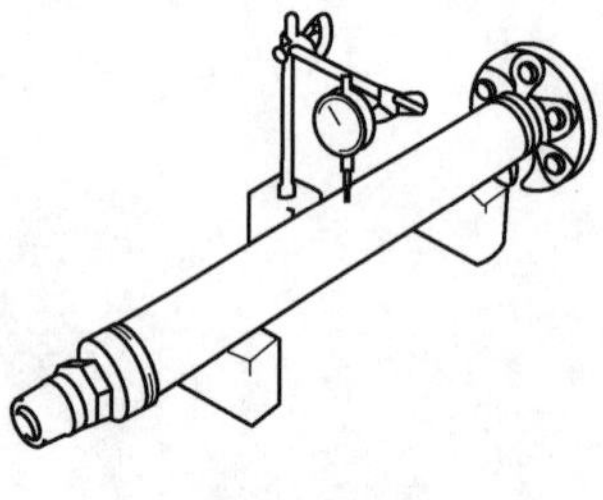

图 4-33 传动轴的检修

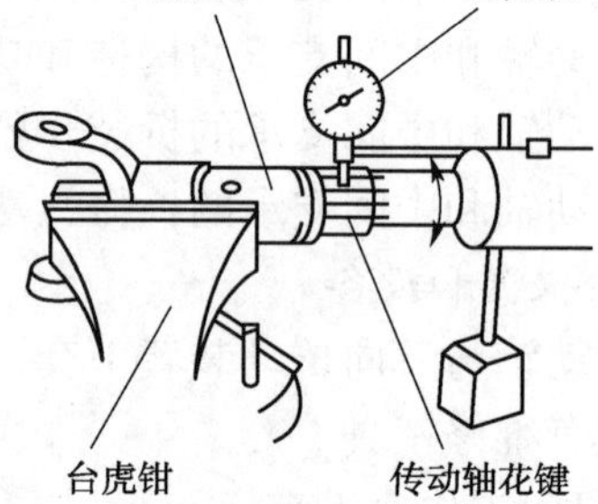

图 4-34 检查传动轴花键轴与花键套的配合间隙

中间支承的常见损伤形式是橡胶老化、轴承磨损所引起的振动和异响等。中间支承的橡胶垫环开裂、油封磨损过甚而失效、轴承松旷或内孔磨损严重时,均应更换新的中间支承。中间支承轴承经使用磨损后,需及时检查和调整,如图 4-35 所示,以恢复其良好的技术状况。花键轴与凸缘不允许有裂纹,其配合间隙不得大于 0.30mm,齿宽磨损不得大于0.20mm,如超此标准可采用局部更换法进行修复。

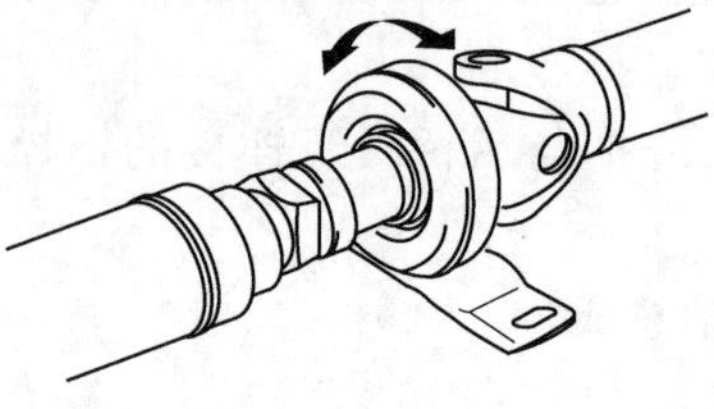

图 4-35 中间支承的检修

3)传动轴和支承的装配与调整

(1)按拆卸传动轴相反的次序装配传动轴,并按规定的力矩拧紧螺栓和螺母。

(2)万向传动装置在装配前应进行零件的清洗、检查。

(3)装配时,在十字轴颈及滚针轴承孔内涂以润滑脂,十字轴上的油嘴必须朝向轴管一侧。支承片上止动用的凸缘应嵌入滚针轴承外圈顶凹面,然后用螺栓紧固,再用锁片将螺栓锁住。装配后的十字轴,应能在轴承中自由转动而无发卡现象。装配时,应按拆卸时所做的标记进行,以确保平衡。

(4)中间传动轴装配后,应按规定力矩拧紧凸缘螺母,然后检查中间支承轴承的轴向间隙,在确保轴承转动灵活的情况下,再插上开口销。

(5)所有油嘴应注入2号锂基润滑脂,直到润滑脂分别从十字轴颈、滑动叉堵盖孔和中间支承前轴承盖上的通气孔中挤出为止。

以解放CA1091型汽车为例,如图4-36所示。其传动系统中间支承为双列圆锥滚子轴承,有两个内圈和一个外圈,两内圈中间有一个隔套,供调整轴向间隙用。磨损使中间支承轴向间隙超过0.30mm时,将引起中间支承发响和传动轴严重振动,导致各传力部件早期损坏。调整方法:拆下凸缘和中间轴承,将调整隔板适当磨薄,传动轴承在不受轴向力的自由状态下,轴向间隙在0.15~0.25mm,装配好后用195~245N·m的力矩拧紧凸缘螺母,保证轴承轴向间隙在0.05mm左右,即转动轴承外圈而无明显的轴向间隙为宜,最后从润滑脂嘴注入足够的润滑脂,以减小磨损。

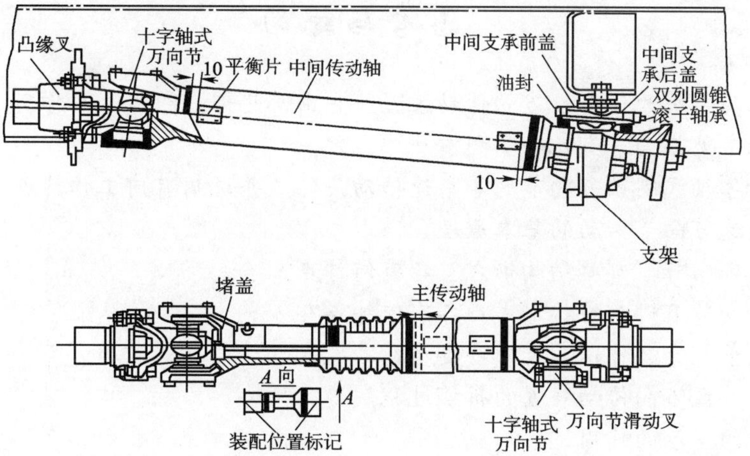

图4-36　解放CA1091型汽车的传动轴与中间传动

四、评价

评价表见表4-3。

评　价　表　　　　表4-3

评价任务	目标	评价等级			备注
		自评	组长	教师	
(1)了解传动轴的构造和功用					
(2)了解中间支承的结构和功能					
(3)掌握传动轴和中间支承的拆装、检修和装配					

注:☆熟练;◇达成;△基本达成;×未达成。

项目小结

1. 万向传动装置是连接在工作过程中相对位置不断改变的两根轴间并传递动力的装置。主要应用在:变速器(或分动器)与驱动桥之间,变速器与分动器之间,汽车转向驱动桥的半轴上,断开式驱动桥的半轴,汽车转向系统中。

2. 刚性万向节可分为不等速万向节(常用的为十字轴式)、准等速万向节(如双联式万向节)和等速万向节(如球笼式万向节)三种。其基本原理是通过结构保证几何上的传力点永远位于两轴交点的平分面上。

3. 万向节的拆装规范及流程。

4. 传动装置是万向传动装置中的主要传力部件。

5. 中间支承通常装在车架横梁上,能补偿传动轴轴向和角度方向的安装误差,以及汽车行驶过程中因发动机窜动或车架变形等引起的位移。

6. 传动轴和中间支承的拆装步骤及技术要求。

思考与练习

1. 汽车传动系统为什么设万向传动装置?它由哪几部分组成?其作用是什么?
2. 汽车上常见万向节有几种类型?
3. 简述十字轴式刚性万向节的等角速传动条件。并说明有何工作特点?
4. 简述等速万向节传动的基本原理。
5. 准等速万向节有哪些结构形式?各有何特点?
6. 等速万向节有哪些结构形式?各有何特点?
7. 中间支承起什么作用?有哪些类型?
8. 简述球笼式万向传动装置的拆装过程。
9. 试述中间支承的作用。
10. 试述传动轴和中间支承的拆装步骤及技术要求。

项目五　驱动桥的结构与拆装

知识目标

1. 掌握驱动桥的功用、组成及类型。
2. 熟悉主减速器、差速器的类型和应用特点。
3. 掌握主减速器、差速器的结构,工作原理。
4. 了解半轴的作用、支承形式及特点。
5. 了解桥壳的作用、类型及特点。

能力目标

1. 能进行单级式主减速器和差速器的拆装。
2. 能进行双级式主减速器和差速器的拆装。

任务一　驱动桥的认知

驱动桥处于动力传动系统的末端,其基本功能是:①将万向传动装置传来的发动机转矩通过主减速器、差速器、半轴等传到驱动车轮,实现降速增大转矩;②通过主减速器锥齿轮副改变转矩的传递方向;③通过差速器实现两侧车轮差速作用,保证内、外侧车轮以不同转速转向;④通过桥壳体和车轮实现承载及传力矩作用。

驱动桥由主减速器、差速器、半轴和桥壳组成。

按悬架结构不同,驱动桥分为整体式驱动桥与断开式驱动桥两大类。

1. 整体式驱动桥

驱动车轮采用非独立悬架时,应选用整体式驱动桥(图 5-1)。

整体式驱动桥由桥壳、主减速器、差速器、半轴和轮毂组成,其半轴套管与主减速器壳是刚性地连成一体的,因而两侧的半轴和驱动轮不可能在横向平面内作相对摆动,故称这种驱动桥为非断开式驱动桥。它通过弹性悬架与车架相连。

2. 断开式驱动桥

驱动桥采用独立悬架,即主减速器壳固定在车架上,两侧的半轴和驱动轮能在横向平面相对于车体有相对运动的则称为断开式驱动桥,如图 5-2、图 5-3 所示。

为了与独立悬架相配合,将主减速器壳固定在车架(或车身)上,桥壳分段并通过铰链连接,或除主减速器壳外不再有桥壳的其他部分。为了适应驱动轮独立上下跳动的需要,差速器与车轮之间的半轴各段之间用万向节连接。

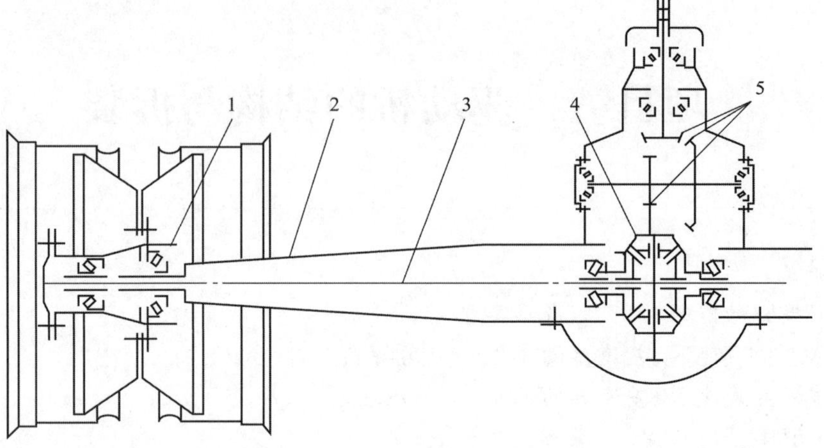

图 5-1　整体式驱动桥的组成

1-轮毂;2-桥壳;3-半轴;4-差速器;5-主减速器

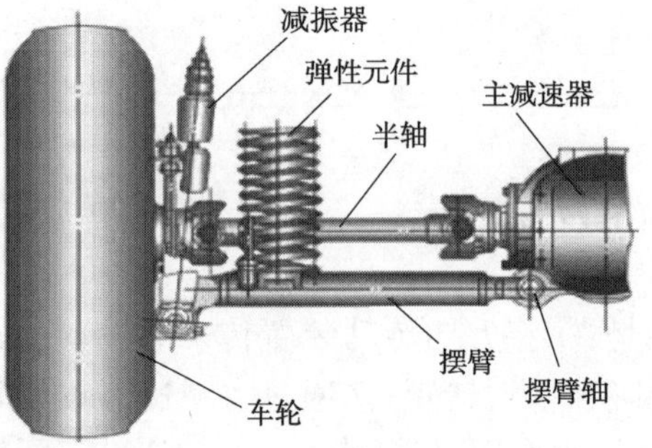

图 5-2　断开式驱动桥的组成

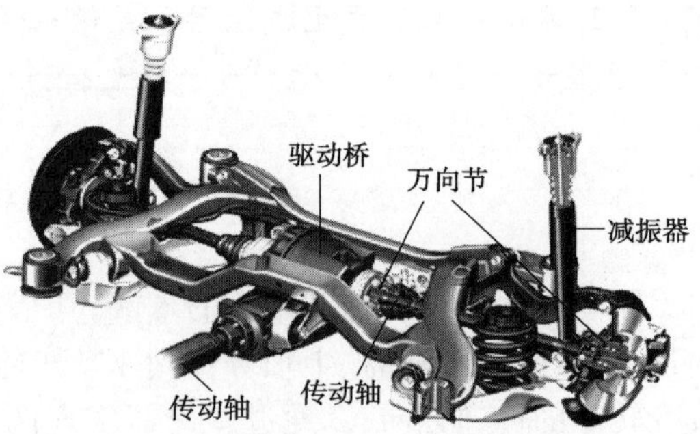

图 5-3　奥迪 A4 断开式驱动桥的组成

任务二　主减速器与差速器的拆装

主减速器一般用来改变传动方向,降低转速,增大转矩,保证汽车有足够的驱动力和适当的速度。工作时,万向传动装置传来的动力由花键传给主减速器主动齿轮、从动齿轮,减速变向后,通过螺栓传给差速器壳,由差速器传给两侧半轴驱动齿轮。

一、主减速器的功用

(1)将万向传动装置传来的发动机转矩传给差速器。

(2)在动力的传递过程中要将转矩增大并相应降低转速。

(3)对于纵置发动机,还要将转矩的旋转方向改变 90°。

二、主减速器的类型

1. 按参加传动的齿轮副数目分类

按参加传动的齿轮副数目分类可分为单级式主减速器和双级式主减速器(图5-4)。有些重型汽车又将双级式主减速器的第二级圆柱齿轮传动设置在两侧驱动轮处,称为轮边减速器。

2. 按主减速器的传动比个数分类

按主减速器传动比个数分类可分为单速式和双速式主减速器。单速式的传动比是一定值,而双速式则有两个传动比(即两条传动路线)供驾驶员选择。

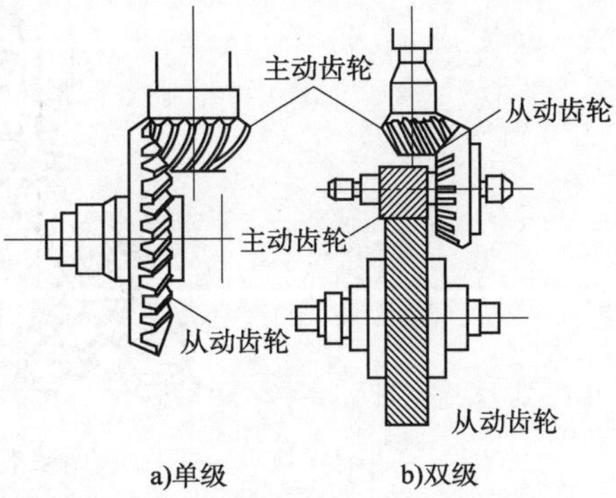

图5-4　不同数目齿轮副主减速器简图

3. 按齿轮副结构形式分类

按齿轮副结构形式分类可分为圆柱齿轮式(又可分为定轴轮系和行星轮系)主减速器和锥齿轮式(又可分为螺旋锥齿轮式和双曲面锥齿轮式)主减速器。圆柱齿轮式的特点是主、从动齿轮轴线平行;螺旋锥齿轮式主减速器的特点是主、从动锥齿轮轴线垂直且相交;双曲面锥齿轮式主减速器的特点是主、从动锥齿轮轴线垂直但不相交,有轴线偏移,这种布置能在驱动桥离地间隙不变的情况下,通过降低主动锥齿轮的轴线位置,从而使整车车身及重心降低,如图5-5所示。

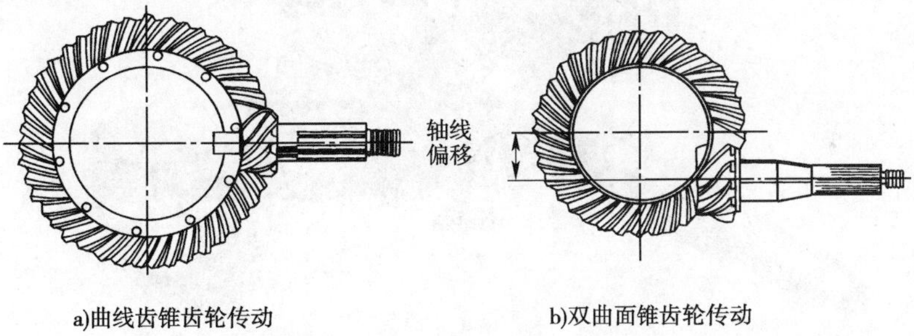

图5-5　主、从动锥齿轮的轴线位置

锥齿轮式主减速器广泛应用于后驱汽车的后轿中,对于前驱汽车的变速器中的主减速器,如果发动机在机舱内横置,则主减速器为普通斜齿轮式;如果发动机在机舱内纵置,则主减速器为锥齿轮式,如桑塔纳、帕萨特等。

三、单级主减速器

由一对减速齿轮实现减速的装置,称为单级减速器。其结构简单,质量轻,在轻型、中型载货汽车上应用广泛。大部分汽车的主减速器为单级主减速器,减速形式为普通斜齿轮式或锥齿轮式。如图5-6、图5-7所示为桑塔纳轿车采用的单级减速器,其主减速器与变速器装配在一起。

四、双级减速器

对一些载重较大的载货汽车,要求较大的减速比,若用单级主减速器传动,由于主动锥齿轮受强度、最小齿数的限制，其尺寸不能太小，则从动齿轮的直径就必须增大，这不仅使从动齿轮刚度降低，增大减速器总成及驱动桥外轮廓尺寸，从而影响驱动桥的离地间隙，所以采用两次减速。通常称为双级减速器。

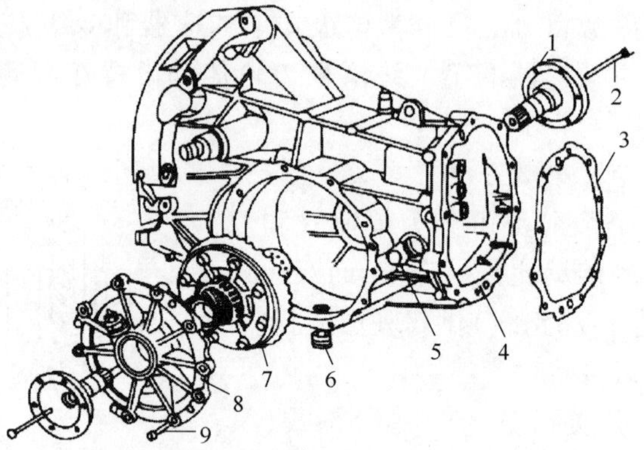

图5-6　桑塔纳轿车单级主减速器

1-半轴；2-半轴固定螺栓；3-密封垫；4-变速器前壳体；5-加油螺塞；6-放油螺塞；7-主减速器从动齿轮及差速器总成；8-轴承盖；9-螺栓

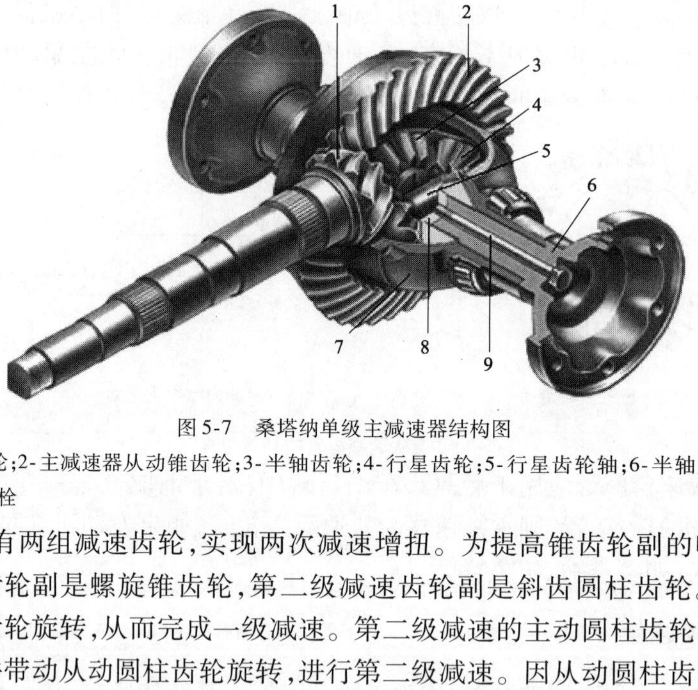

图5-7　桑塔纳单级主减速器结构图

1-主减速器主动锥齿轮；2-主减速器从动锥齿轮；3-半轴齿轮；4-行星齿轮；5-行星齿轮轴；6-半轴及凸缘；7-差速器壳；8-防转螺母；9-半轴螺栓

双级减速器有两组减速齿轮，实现两次减速增扭。为提高锥齿轮副的啮合平稳性和强度，第一级减速齿轮副是螺旋锥齿轮，第二级减速齿轮副是斜齿圆柱齿轮。主动锥齿轮旋转，带动从动锥齿轮旋转，从而完成一级减速。第二级减速的主动圆柱齿轮与从动锥齿轮同轴而一起旋转，并带动从动圆柱齿轮旋转，进行第二级减速。因从动圆柱齿轮安装于差速器外壳上，所以，当从动圆柱齿轮转动时，通过差速器和半轴即驱动车轮转动。图5-8所示为解放CA1092型汽车双级主减速器结构图。

双级减速器第一级传动的轴承的预紧度调整装置和齿轮啮合状况的调整装置与单级锥齿轮的基本调整装置相似。由于采用双级减速，减小了从动锥齿轮的尺寸，因此从动齿轮其背面一般不需要止推装置；对于第二级的圆柱齿轮传动，圆柱齿轮多采用斜齿或人字齿，使传力平稳。双级主减速器的减速比为两对副减速比的乘积。

五、对主减速器的要求

1. 保证有正确的位置

只有主动齿轮和从动齿轮之间有正确的相对位置，方能使两齿轮啮合传动时冲击噪声较小，而且齿轮沿其长度方向磨损较均匀。为此，在结构上一方面要使主动锥齿轮和从动锥齿轮有足够的支撑刚度，使其在传动过程中不至于发生较大变形而影响正常接合；另一方面应有必要的啮合调整装置。

2. 保证有足够的支承刚度

为保证主动锥齿轮有足够的支承刚度，主动锥齿轮与轴制成一体，前端支承在相互贴近而小端相向的两个圆锥滚子轴承上，后端支承在圆柱滚子轴承上，形成跨置式支承。在从动锥齿轮的后面，装有支承螺栓，以限制从动锥齿轮过度变形而影响齿轮的正常工作。

3. 保证轴承装配预紧度

为了减少在锥齿轮传动过程中产生轴向力引起齿轮轴的轴向位移，以提高轴的支承刚度，保证锥齿轮副的正常啮合。

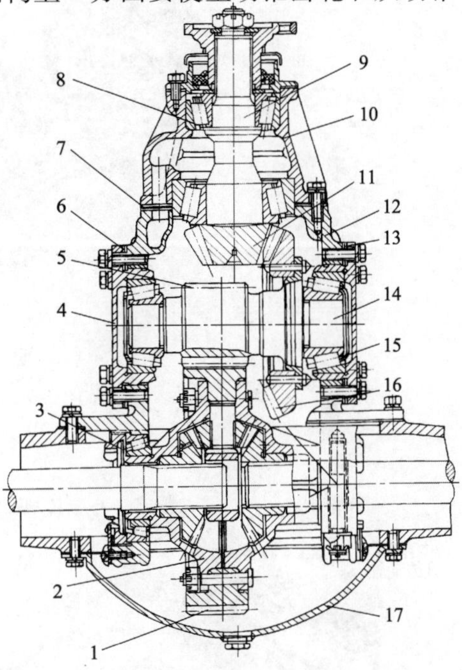

图 5-8　解放 CA1092 型汽车双极主减速器

1-第二级从动齿轮；2-差速器；3-调整螺母；4、15-轴承盖；5-第二级主动齿轮；6、7、8、13-调整垫片；9-第一级主动齿轮轴；10-轴承盖；11-第一级主动锥齿轮；12-主减速器；14-中间轴；16-第一级从动锥齿轮；17-后盖

六、差速器功用

差速器的功用是将主减速器输出的动力传递给半轴或前、后两驱动桥，当需要的时候还能使同一驱动桥的左右车轮或两驱动桥之间以不同角速度旋转，以满足两侧车轮或驱动桥之间差速的需要，从而保证驱动车轮相对地面滚动而不滑动。

七、差速器类型

按用途的不同，可将差速器分为轮间差速器和桥间（轴间）差速器（图 5-9）。轮间差速器是指在向一个驱动桥的左、右两个车轮间起差速作用，使两侧驱动轮以不同的角速度旋转，以消除两侧驱动轮的滑动现象；桥间差速器（又称为轴间差速器）是指在两个驱动桥之间起差速作用，使各驱动桥具有不同的输入角速度，以消除各驱动桥驱动轮的滑动现象，如图 5-10所示。

八、普通齿轮式差速器

齿轮式差速器有锥齿轮式和圆柱齿轮式两种。按两侧的输入转矩是否相等，齿轮式差速器又分为对称式和不对称式两类。对称齿轮式差速器常用于轮间差速器或由平衡悬架联系的两驱动桥之间的轴间差速器，而不对称齿轮式差速器常用作前、后驱动桥之间或前驱动桥与中、后驱动桥之间的轴间差速器。由于锥齿轮式差速器结构简单紧凑，工作平稳，因而目前在汽车上广泛应用的是对称式锥齿轮差速器。

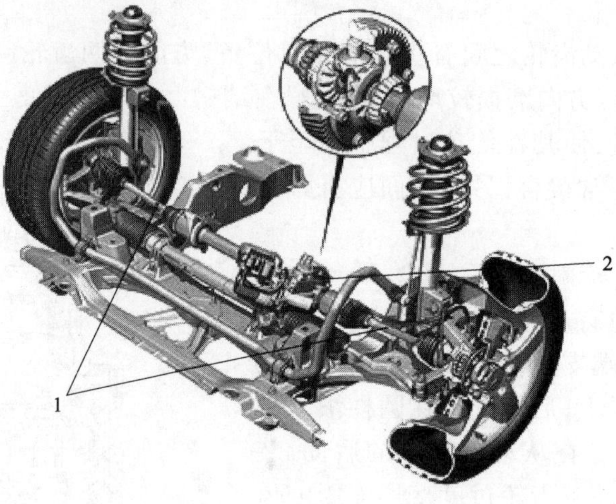

图 5-9　前轮间差速器位置示意图

1-半轴;2-差速器

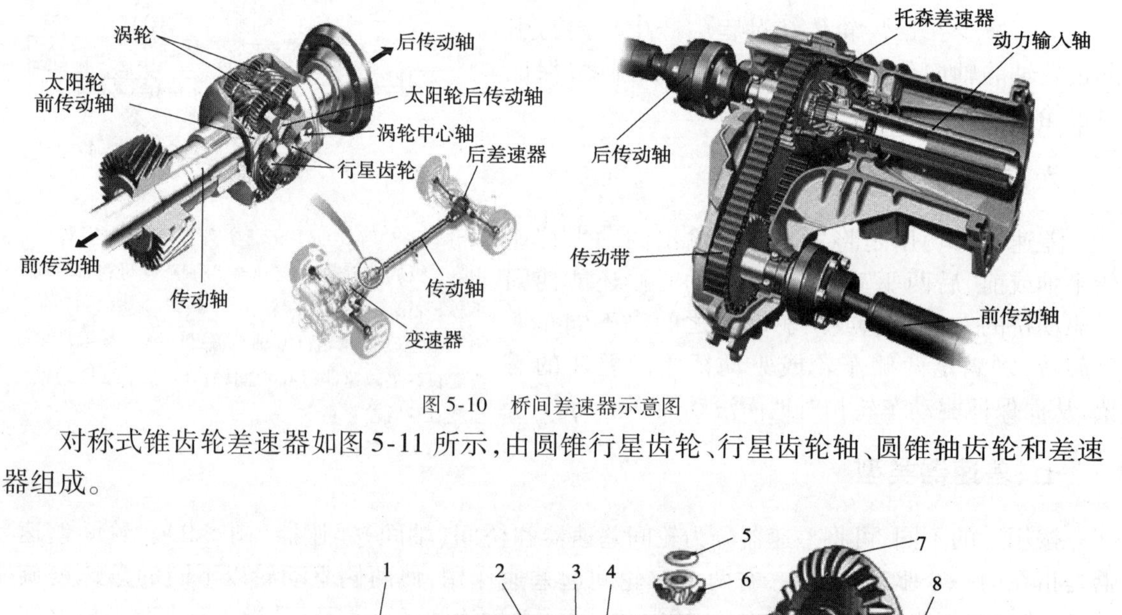

图 5-10　桥间差速器示意图

对称式锥齿轮差速器如图 5-11 所示，由圆锥行星齿轮、行星齿轮轴、圆锥轴齿轮和差速器组成。

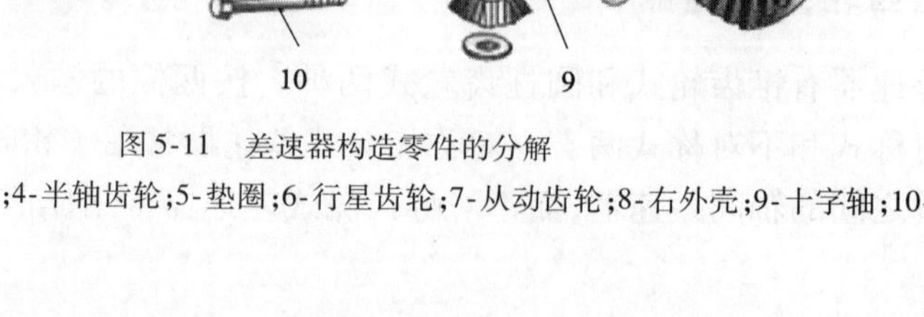

图 5-11　差速器构造零件的分解

1-轴承;2-左外壳;3-垫片;4-半轴齿轮;5-垫圈;6-行星齿轮;7-从动齿轮;8-右外壳;9-十字轴;10-螺栓

主减速器的从动齿轮用铆钉或螺栓固定在差数器壳左半部2的凸缘上。十字形的行星齿轮轴9的4个轴颈嵌在差速器壳两个端面上相应的凹槽所形成的孔内,差速器壳的剖分面通过行星齿轮轴各轴颈中心线。每个轴颈上浮套着一个直齿圆锥行星齿轮6,它们均与两个直齿圆锥半轴齿轮4啮合,行星齿轮的背后和差速器壳相对应位置的内表面都做成球面,以保证行星齿轮对正中心,从而利于两个半轴齿轮正确啮合。半轴齿轮的轴颈分别支承在差速器壳相应的左右座孔中,用花键与半轴相连。

九、差速器工作原理

图5-12所示为普通对称式锥齿轮差速器简图。差速器壳3作为差速器中的主动件,与主减速器的从动齿轮6和行星齿轮轴5连成一体。半轴齿轮1和2为差速器中的从动件。行星齿轮既可随行星齿轮轴一起绕差速器旋转轴线公转,又可以绕行星齿轮轴轴线自转。设在一段时间内,差速器壳转了N_0圈,半轴齿轮1和2分别转了N_1圈和N_2(N_0、N_1和N_2不一定是整数)圈,则当行星齿轮只绕差速器旋转轴线公转而不自转时,行星齿轮拨动半轴齿轮1和2同步转动,则有:

$$N_1 = N_2 = N_0$$

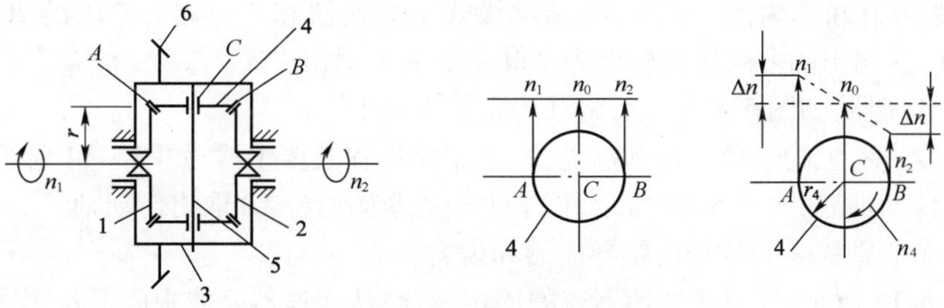

图5-12 差速器运动原理示意图

1、2-半轴齿轮;3-差速器壳;4-行星齿轮;5-行星齿轮轴;6-主减速器从动齿轮

当行星齿轮在公转的同时,又绕行星齿轮轴轴线自转时,由于行星齿轮自转所引起一侧半轴齿轮1比差速器壳多转的圈数(N_4)必然等于另一侧半轴齿轮2比差速器壳少转的圈数。于是有:

$$N_1 = N_0 + N_4 \text{ 和 } N_2 = N_0 - N_4$$

以上两种情况,N_1、N_2与N_0之间都有以下关系式:

$$N_1 + N_2 = 2N_0$$

若用角速度表示,应有:

$$\omega_1 + \omega_2 = 2\omega_0$$

式中:ω_1、ω_2、ω_0——分别为左、右半轴和差速器壳的转动角速度。

上式表明,左右两侧半轴齿轮的转速之和等于差速器壳转速的2倍,这就是两半轴齿轮直径相等的对称式锥齿轮差速器的运动特性关系式。

传动轴传过来的动力通过主动齿轮传递到环齿轮上,环齿轮带动行星齿轮轴一起旋转,同时带动侧齿轮转动,从而推动驱动轮前进。当车辆直线行驶时,左右两个轮受到的阻力一样,行星齿轮不自转,把动力传递到两个半轴上,这时左右车轮转速一样(相当于刚性连接)。

当车辆转弯时,左右车轮受到的阻力不一样,行星齿轮绕着半轴转动并同时自转,从而吸收阻力差,使车轮能够以不同的速度旋转,保证汽车顺利过弯。

十、防滑差速器

在对称式锥齿轮差速器上设置差速锁或者增加差速器内摩擦力矩等机构能得到防滑差速器。

防滑差速器能够克服普通锥齿轮式差速器因转矩平均分配给左、右轮而带来的在坏路面(泥泞、冰雪路面等)上行驶时,因一侧驱动轮接触泥泞、冰雪路面而在原地打滑(滑转),另一侧在好路面上的驱动轮却处在不动状态使汽车通过能力降低的缺点。这是因为与泥泞、冰雪路面接触的驱动轮与路面的附着力减少,路面对半轴作用有很小的反作用转矩,结合对称式锥齿轮差速器具有转矩平均分配的特点,这使处在好路面上的驱动轮所得到的转矩只能与处于坏路面上的驱动轮转矩相等,于是两者的合力不足以克服行驶阻力,汽车便停止不动。

十一、单级式主减速器和差速器的拆装与调整

以桑塔纳 2000 轿车为例,拆装与调整单级式主减速器和差速器。桑塔纳 2000 轿车变速器为两轴式,其输出轴上的锥齿轮即为主减速器的主动锥齿轮。

(1)拆卸变速器,如图 5-13 所示,将其固定在支架上。

(2)拆下变速器上的轴承支座和后盖,取下车速里程表传感器,如图 5-14 所示。

(3)锁住传动轴后,如图 5-15 所示,拆下半轴的紧固螺栓,并取出传动轴。

(4)取下车速里程表的从动齿轮导向器和齿轮。

(5)如图 5-16 所示,拆下主减速器盖的固定螺栓,从变速器壳体中取下差速器总成。

(6)在从动锥齿轮和差数器罩盖做上记号后,用铝质的夹具将差速器壳固定在台虎钳上,拆下从动锥齿轮的紧固螺栓。然后,如图 5-17 所示,用铜冲子从差速器壳上敲下从动锥齿轮。注意:从动锥齿轮的紧固螺栓是自动锁紧的,一经拆卸就必须更换。

(7)如图 5-18、图 5-19 所示,用专用的双臂轴承拉器先拉出与从动齿轮相对一侧的差速器圆锥滚子轴承的内圈。然后,以同样的方法拉出从动齿轮背面的差速器圆锥滚子轴承的内圈,同时取下车速里程表主动齿轮和锁紧套筒。

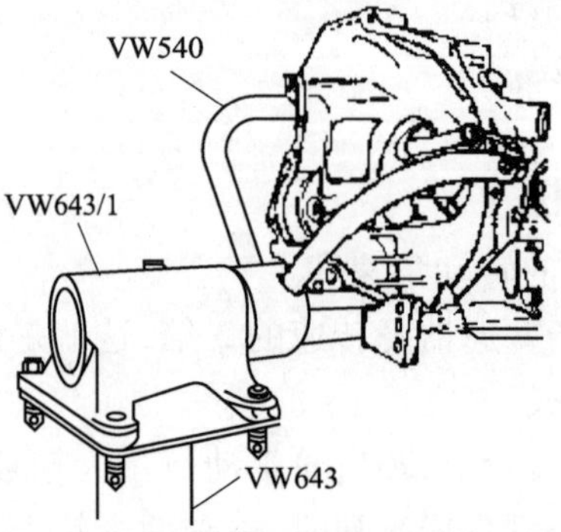

图 5-13　将变速器总成固定在支架上

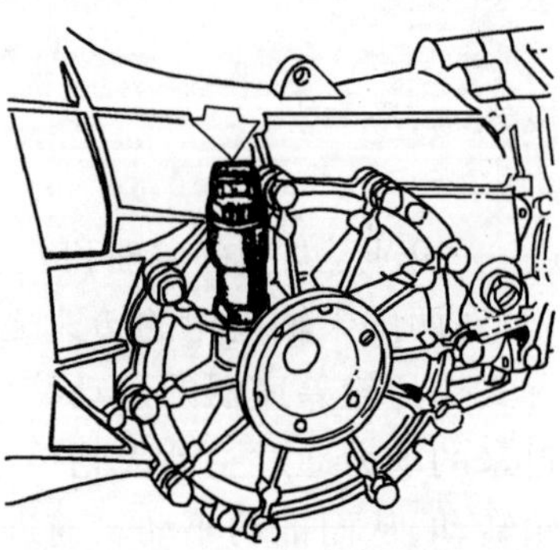

图 5-14　取下车速里程表传感器

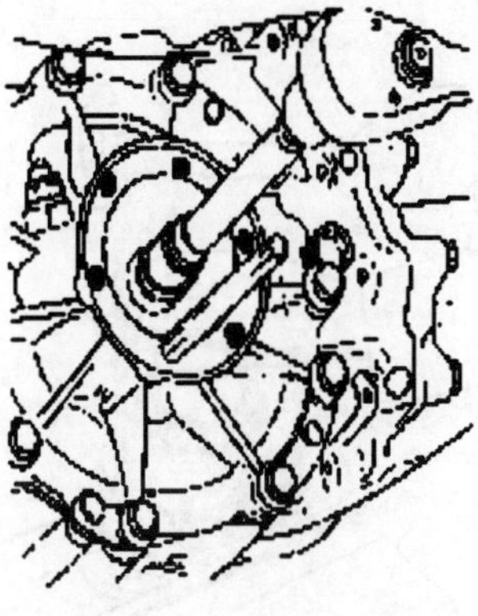

图 5-15　拆卸半轴紧固螺栓

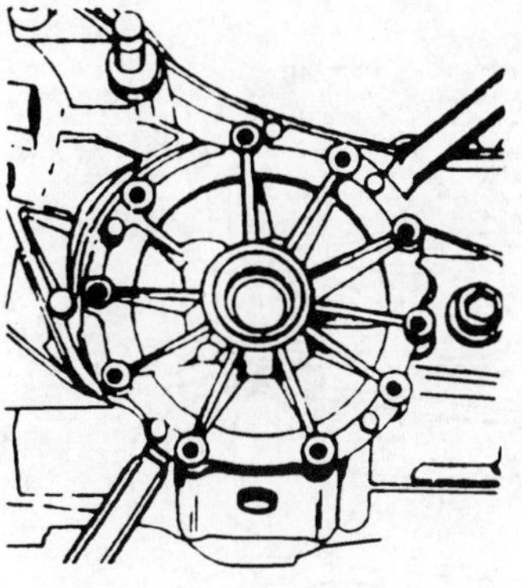

图 5-16　拆下主减速器盖

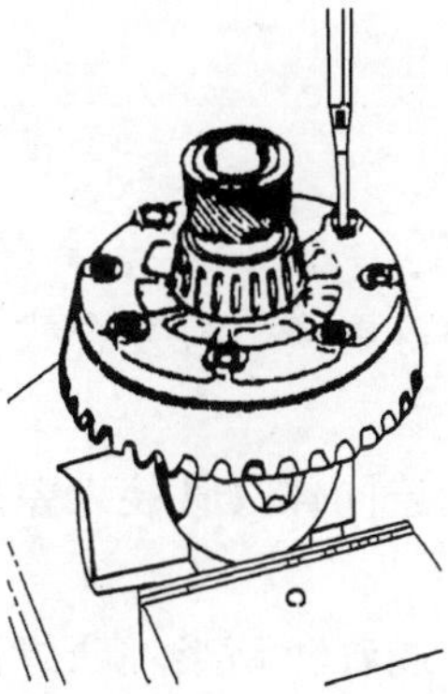

图 5-17　取下从动锥齿轮

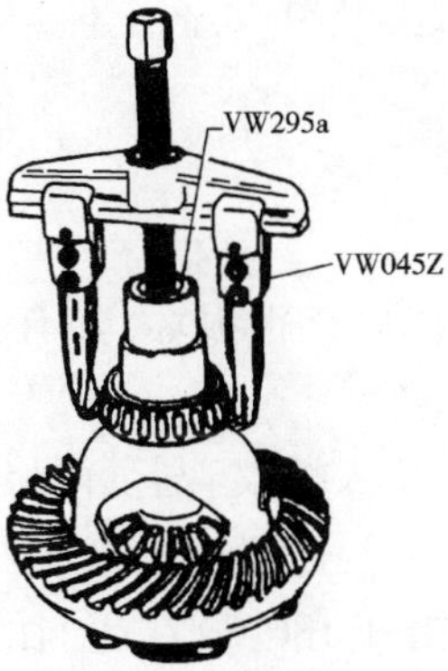

图 5-18　拆下一侧差速器轴承

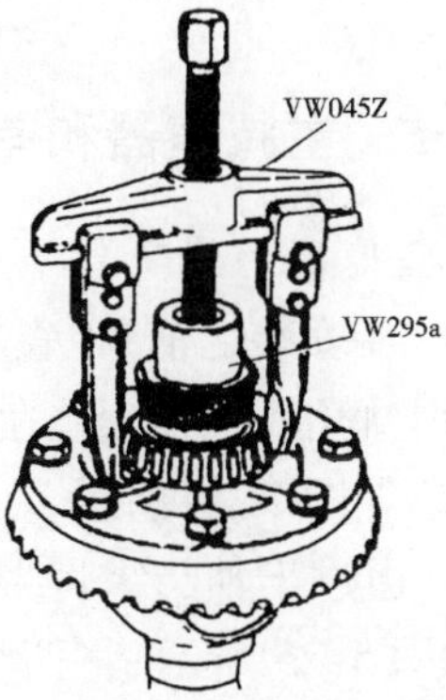

图 5-19　拆下另一侧差速器轴承

(8)如图 5-20 所示,拆下变速器侧面的油封。

(9)如图 5-21 所示,从主减速器盖内取出油封,然后拆下差速器圆锥滚子轴承的外圈和调整垫片 S1。然后,如图 5-22 所示,从变速器壳体和调整垫上拆下另一侧差速器圆锥滚子轴承的外圈和调整垫片 S2。注意:当更换差速器轴承时,轴承外圈需要一起更换,同时必须计算从动锥齿轮的调整垫片 S1 和 S2 的厚度。

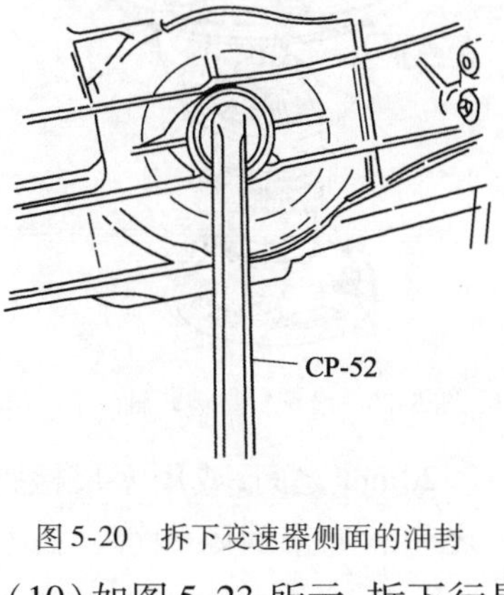

图 5-20　拆下变速器侧面的油封

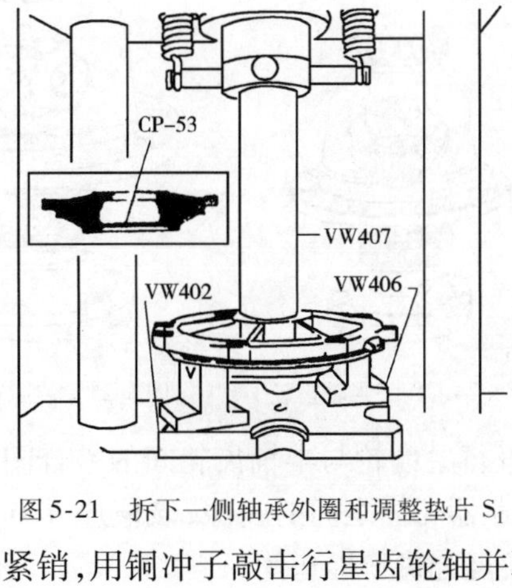

图 5-21　拆下一侧轴承外圈和调整垫片 S_1

(10)如图 5-23 所示,拆下行星齿轮轴的夹紧销,用铜冲子敲击行星齿轮轴并取出。

(11)取出行星齿轮、半轴齿轮和复合式止推垫片。

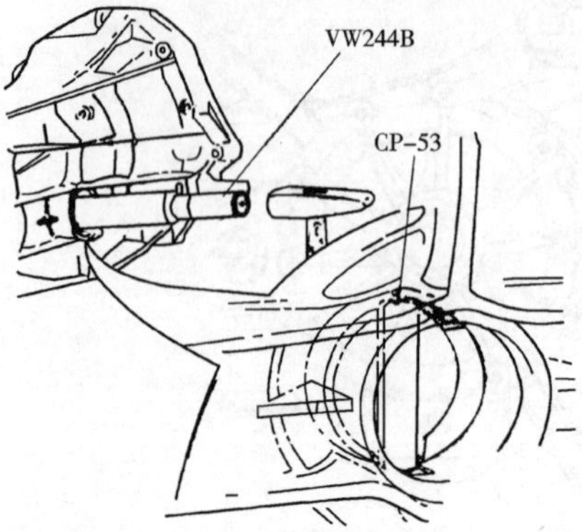

图5-22 拆下另一侧轴承外圈和调整垫片S2

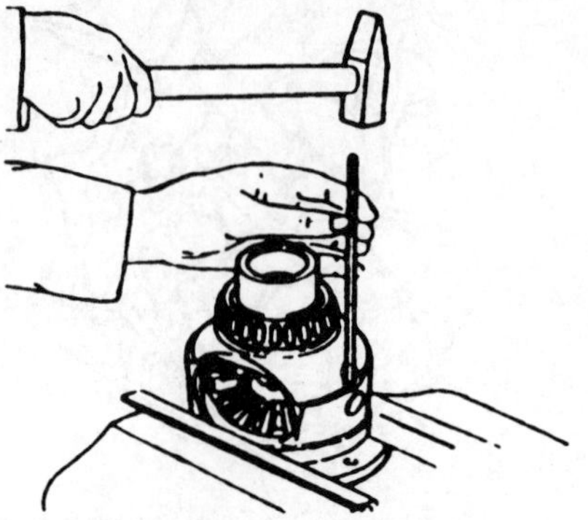

图5-23 拆下行星齿轮轴的夹紧销

十二、主减速器和差速器的装配

1. 差速器的装配

(1)在安装之前,检查复合式止推垫片有否损坏,如有损坏应进行更换。将复合式止推垫片涂上润滑油,装入差速器壳内。

(2)如图5-24所示,在半轴齿轮上装入螺纹管后,再将半轴齿轮连同螺纹管装入差速器壳内,并通过半轴凸缘将半轴齿轮固定在差速器壳中。

如图5-25所示,将两个行星齿轮错开180°放在适当的位置上,接着转动半轴凸缘使行星齿轮进入差速器壳中,并注意使行星齿轮、止推垫片和差速器壳对正。

(3)用专用冲头和锤子装入行星齿轮轴后,如图5-26所示,再在行星齿轮轴上装上夹紧销。

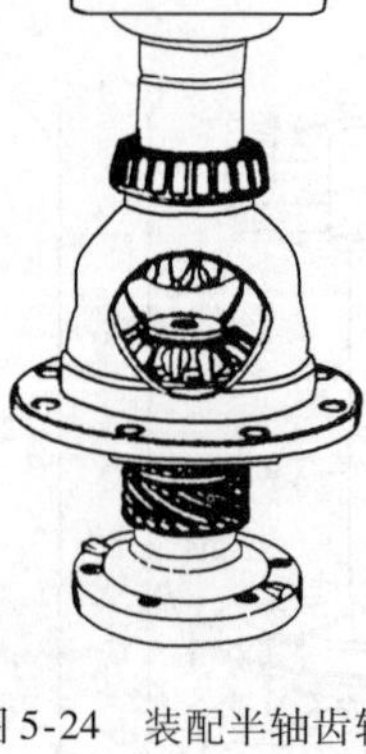

图5-24 装配半轴齿轮

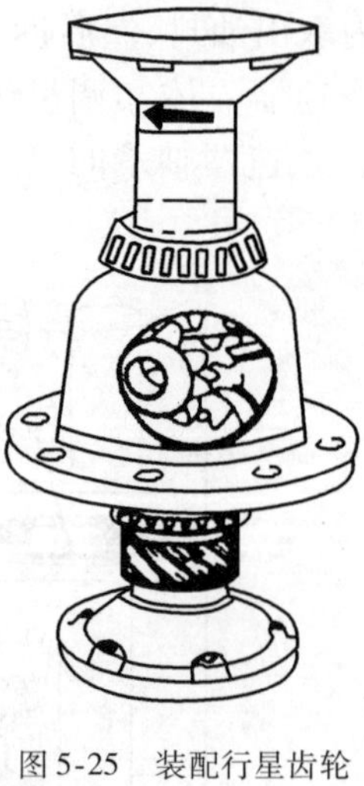

图5-25 装配行星齿轮

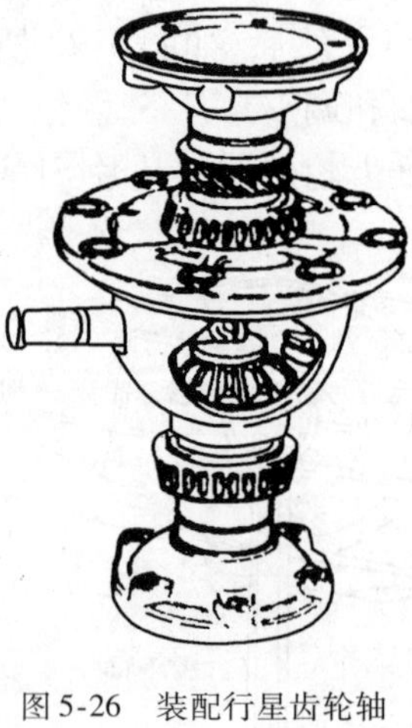

图5-26 装配行星齿轮轴

(4)检查行星齿轮与半轴齿轮间的啮合间隙应在0.05~0.20mm之间,或用塞尺检查半轴齿轮与差速器壳体之间的间隙,该值应在0.10~0.20mm之间。如果间隙不符合技术要求,则应更换复合式止推垫片。

2. 从动锥齿轮的安装

(1)如图 5-27 所示,将从动锥齿轮加热到 120℃后,用两个螺纹销作导向,将从动锥齿轮迅速装到差速器壳体上;然后,在螺纹孔中涂上齿轮油,装上螺栓,以对角 2 ~ 3 次逐渐将螺栓拧紧,拧紧力矩为 70N · m。

(2)如图 5-28、图 5-29 所示,用专用工具将调整垫片 S1、S2 和差速器轴承外圈分别装入主减速器盖和变速器壳体中。

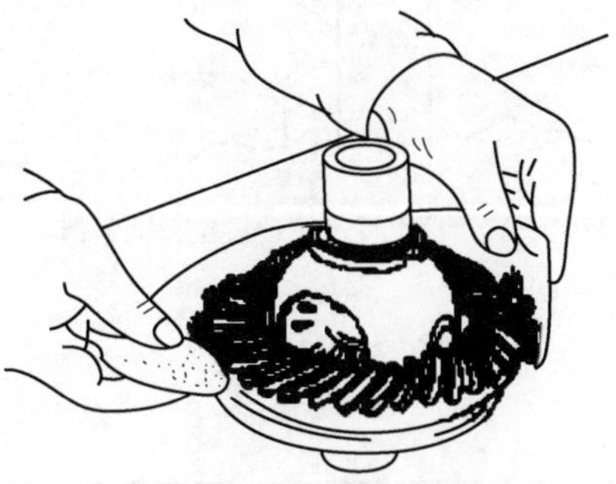

图 5-27　装配从动锥齿轮

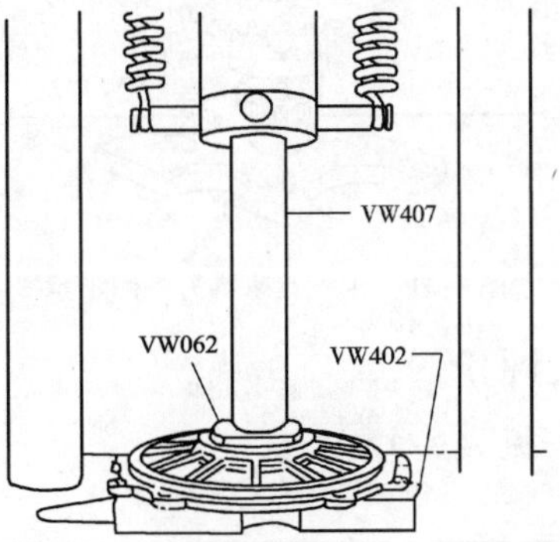

图 5-28　装配调整垫片 S1 和轴承外圈

(3)装上变速器侧面的油封。

(4)将与从动齿轮相对一面的差速器圆锥滚子轴承内圈加热到 120℃的温度,将其安装在差速器壳上,并用专用工具将差速器轴承压到位,如图 5-30 所示。然后,如图 5-31 所示,用同样的方法装入另一侧的差速器圆锥滚子轴承内圈。

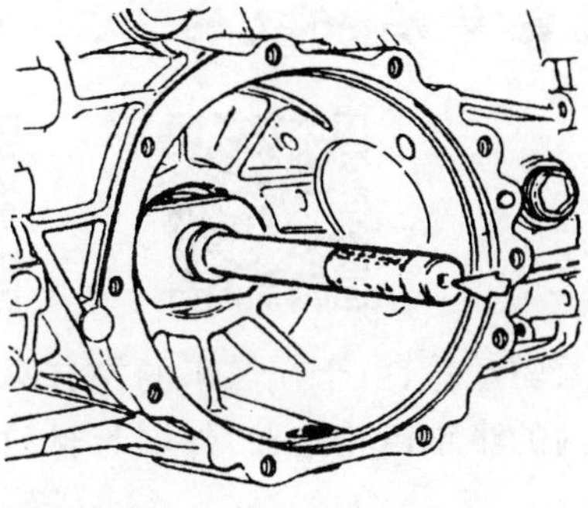

图 5-29　装配装配调整垫片 S2 和轴承外圈

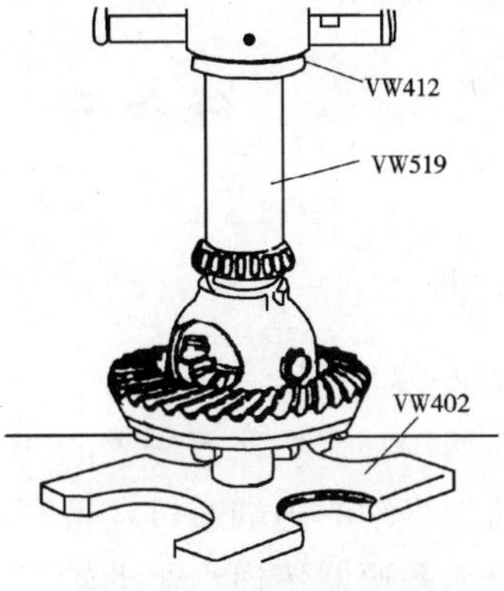

图 5-30　压入差速器一侧轴承

(5)如图 5-32 所示,装上车速里程表主动齿轮,使 $X = 1.88$mm,然后旋紧锁紧套筒。注意:专用工具 W433a 只能支承在锁紧销上,以免齿轮受损。

3. 差速器总成的装配

(1)差速器总成装入变速器壳体内,装上主减速器盖,并用 25N · m 的力矩紧固螺栓。

(2)装上车速里程表的从动齿轮和导向器,再装上车速里程表传感器。

(3)装上半轴凸缘中的一个,用錾子将其锁住;装上螺栓,用 20N · m 的力矩拧紧。

(4)装上另一个半轴凸缘。最后,加注齿轮油,安装变速器。

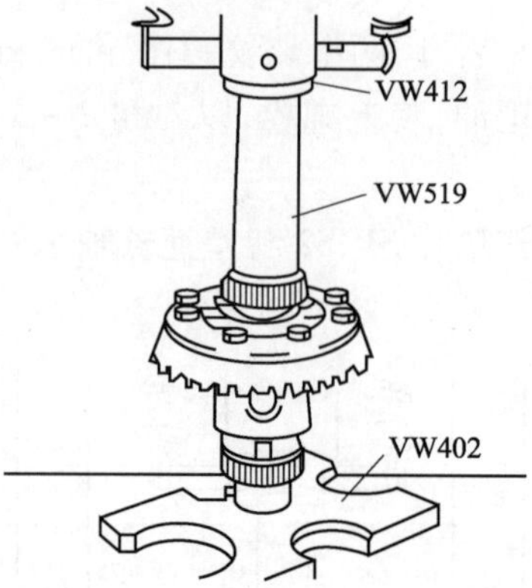

图 5-31　压入差速器另一侧轴承

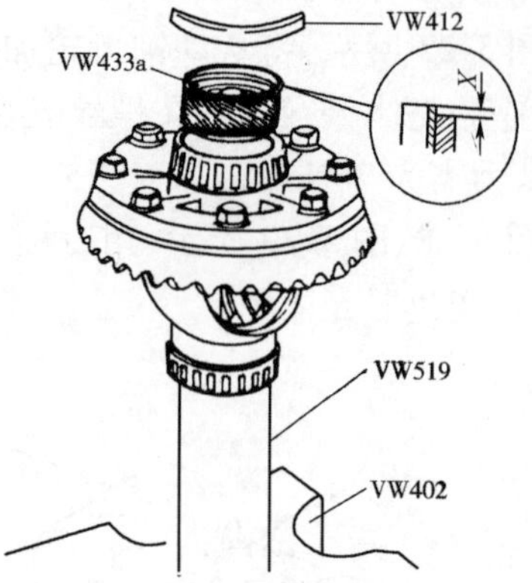

图 5-32　安装车速里程表主动齿轮和锁紧销

十三、评价

评价表见表 5-1。

评　价　表　　表 5-1

评价任务	目标	评价等级			备注
		自评	组长	教师	
(1)掌握驱动桥的功用、组成及类型					
(2)熟悉主减速器、差速器的类型和应用特点					
(3)掌握主减速器、差速器的结构,工作原理					

注:☆熟练;◇达成;△基本达成;×未达成。

任务三　半轴和桥壳的认知

一、半轴

1. 半轴的功用

半轴的功用是将差速器传来的动力传递给驱动轮,由于在汽车的左右两侧各有一根,所以称为半轴。半轴的内端通过花键与差速器内的半轴齿轮连接,外端与驱动车轮轮毂相连,从而把转矩从差速器传递给驱动轮。

2. 半轴的结构

半轴的结构因驱动桥的结构形式不同而异。整体式驱动桥中的半轴为一刚性整轴,而转向驱动桥和断开式驱动桥中的半轴则分段并用万向节连接。

整体式驱动桥半轴结构如图 5-33 所示,因其传递的转矩较大,常制成实心轴。内端用花键与差速器的半轴齿轮连接,外端用轴端直接锻造出的凸缘与驱动轮的轮毂相连(有的制成花键与单独制成的凸缘滑动配合,还有的制成锥形并通过键和螺母与轮毂固定连接),半轴齿轮的轴颈支承于差速器壳两侧轴颈的孔内,而差速器壳两侧轴颈须借助轴承直接支承在主减速器壳上。

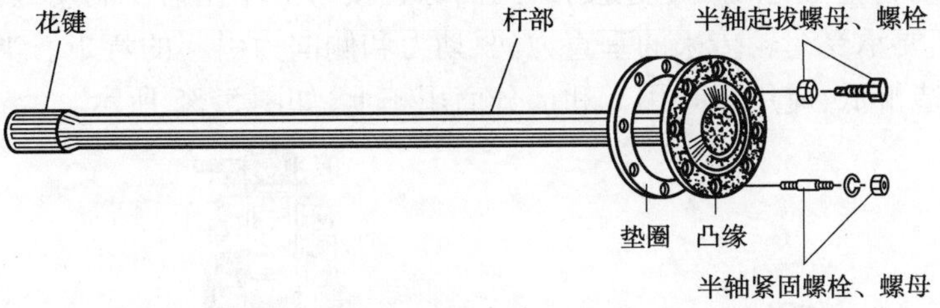

图 5-33　半轴

3. 半轴的支承形式

半轴与驱动轮的轮毂在桥壳上的支承形式,决定了半轴的受力状况。根据其外端支承形式或受力状况的不同,半轴可分为半浮式和全浮式两种。

1)全浮式半轴

工作时仅承受转矩,它的两端不承受任何力和弯矩的半轴称全浮式半轴(图 5-34)。半轴的外端凸缘用螺栓紧固到轮毂上,轮毂又通过两个相距较远的轴承装在半轴套管上。结构上全浮式半轴的内端制有花键,外端制有凸缘,凸缘上有若干孔。因工作可靠广泛应用在商用车上。

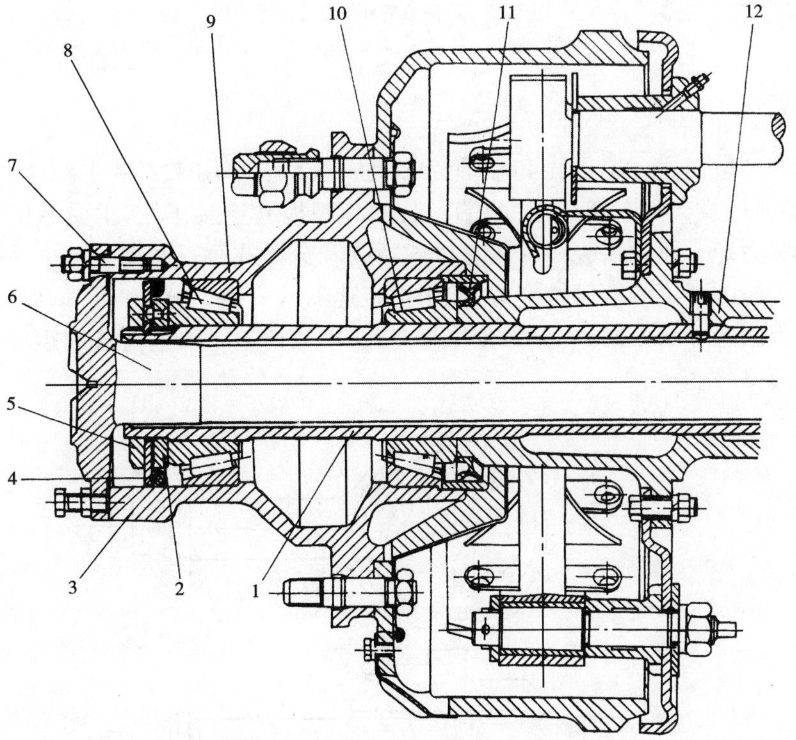

图 5-34　东方 EQ1090E 型汽车全浮式半轴支承

1-半轴套管;2-调整螺母;3、11-油封;4-锁紧垫圈;5-锁紧螺母;6-半轴;7-轮毂螺栓;8、10-圆锥滚子轴承;9-轮毂;12-驱动桥壳

2)半浮式半轴

半浮式半轴以靠近外端的轴颈直接支承在位于桥壳外端内孔中的轴承上,半轴端部以

具有锥面的轴颈及键与轮毂固定连接，或用凸缘直接与车轮轮盘及制动毂相连接。因此，除传递转矩外，还要承受车轮传来的垂直力、驱动力和侧向力引起的弯矩。半浮式半轴因结构简单、质量小、造价低，应用于乘用车和部分商用车上，如图5-35所示。

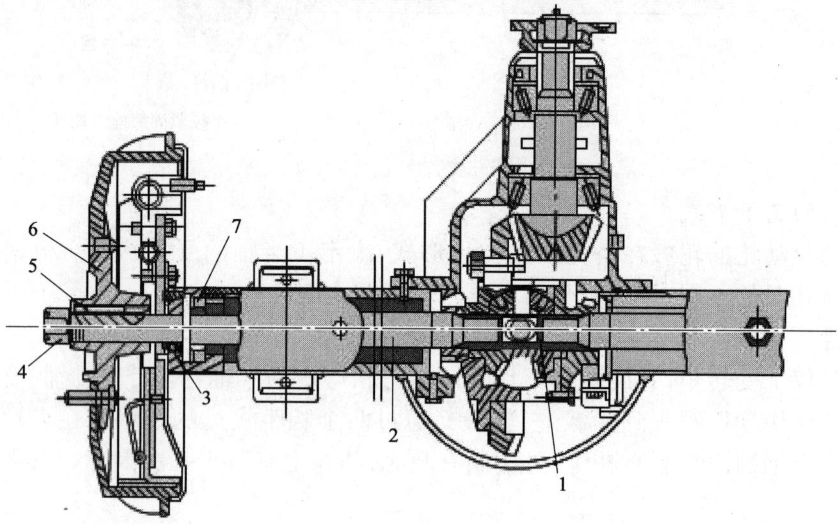

图5-35　红旗CA7560型轿车驱动桥

1-止推块；2-半轴；3-圆锥滚子轴承；4-锁紧螺母；5-键；6-轮毂；7-桥壳凸缘

二、桥壳

驱动桥壳一般由主减速器壳和半轴套管组成。其内部用来安装主减速器、差速器和半轴等；其外部通过悬架与车架相连，两端安装制动底板并连接车轮，承受悬架和车轮传来的各种作用力和力矩。驱动桥壳可分为整体式桥壳和分段式桥壳两类。

整体式桥壳因强度和刚度性能好，便于主减速器的安装、调整和维修，而得到广泛应用。整体式桥壳因制造方法不同，可分为整体铸造式、中段铸造压入钢管式和钢板冲压焊接式等（图5-36、图5-37）。

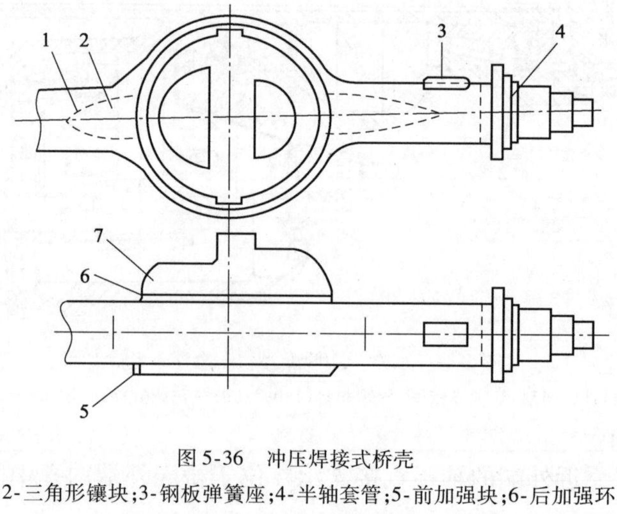

图5-36　冲压焊接式桥壳

1-桥壳主体；2-三角形镶块；3-钢板弹簧座；4-半轴套管；5-前加强块；6-后加强环；7-后盖

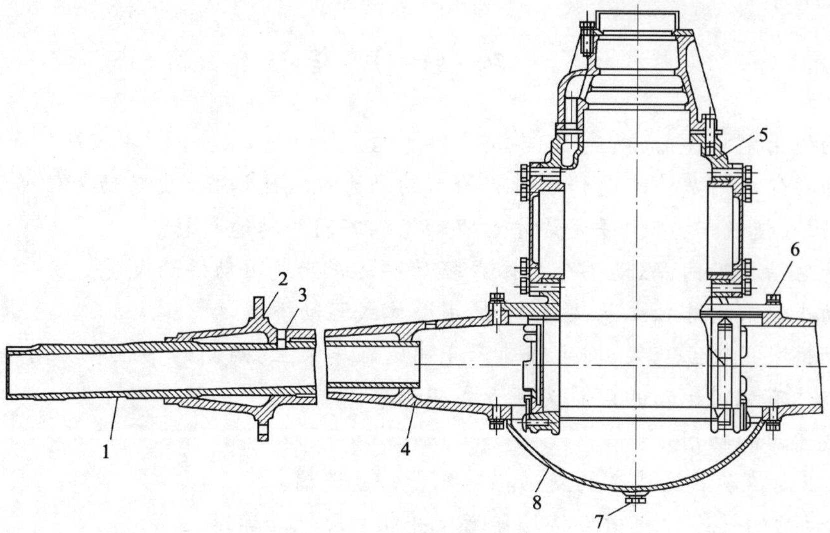

图 5-37　整体铸造式桥壳

1-半轴套管;2-凸缘盘;3-止动螺钉;4-空心梁;5-主减速器壳;6-固定螺钉;7-油面检查螺塞;8-后盖

分段式桥壳一般分为两段,由螺栓 1 将两段连成一体(图 5-38)。分段式桥壳比较易于铸造和加工,但当拆检主减速器时,必须把整个驱动桥从汽车上拆卸下来,很不方便,目前较少采用。

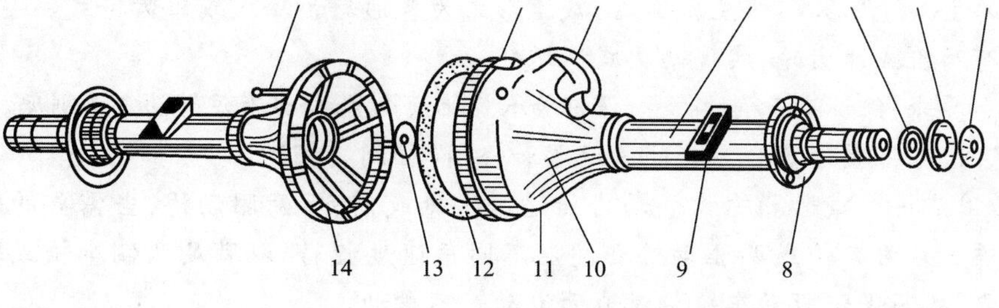

图 5-38　分段式驱动桥

1-螺栓;2-注油孔;3-主减速器颈部;4-半轴套管;5-调整螺母;6-止动垫片;7-锁紧螺栓;8-凸缘盘;9-弹簧座;10-主减速器壳;11-放油孔;12-垫片;13-油封;14-盖

在主减速器壳上设有加油孔和放油孔,以保证其内部齿轮的正常润滑。为了防止桥壳内润滑油外溢,在桥壳上设有通气塞,有的桥壳轴管处焊有挡油环或加装油封。

三、评价

评价表见表 5-2。

评　价　表　　　　表 5-2

评价任务	目标	评价等级			备注
		自评	组长	教师	
(1)了解半轴的作用、支承形式及特点					
(2)了解桥壳的作用、类型及特点					

注:☆熟练;◇达成;△基本达成;×未达成。

项目小结

1. 驱动桥由主减速器、差速器、半轴和桥壳组成。

2. 驱动桥的功用是将万向传动装置输入的动力经减速增矩、改变动力传递方向后，分配至左右驱动轮，使汽车行驶，并允许左右驱动轮以不同的转速旋转。

3. 按悬架结构不同，驱动桥分整体式驱动桥与断开式驱动桥两大类。

4. 驱动车轮采用非独立悬架时，应选用整体式驱动桥。

5. 驱动桥采用独立悬架，即主减速器壳固定在车架上，两侧的半轴和驱动轮能在横向平面相对于车体有相对运动的则称为断开式驱动桥。

6. 主减速器的功用是：

(1)将万向传动装置传来的发动机转矩传给差速器。

(2)在动力的传递过程中要将转矩增大并相应降低转速。

(3)对于纵置发动机，还要将转矩的旋转方向改变90°。

7. 主减速器按结构形式分类可分为圆柱齿轮式(又可分为定轴轮系和行星轮系)主减速器和锥齿轮式(又可分为螺旋锥齿轮式和双曲面锥齿轮式)主减速器。按主减速器传动比个数分类可分为单速式和双速式主减速器。按参加传动的齿轮副数目分类可分为单级式主减速器和双级式主减速器。

8. 大部分汽车的主减速器为单级主减速器，减速形式为普通斜齿轮式或锥齿轮式。

9. 双级减速器有两组减速齿轮，实现两次减速增矩。

10. 对主减速器的要求：保证有正确的位置、保证轴承装配预紧度、保证有足够的支承刚度。

11. 按用途的不同，可将差速器分为轮间差速器和桥间(轴间)差速器。

12. 差速器的功用是将主减速器输出的动力传递给半轴或前、后两驱动桥，当需要的时候还能使同一驱动桥的左右车轮或两驱动桥之间以不同角速度旋转，以满足两侧车轮或驱动桥之间差速的需要，从而保证驱动车轮相对地面滚动而不滑动。

13. 齿轮式差速器有锥齿轮式和圆柱齿轮式两种。按两侧的输入转矩是否相等，齿轮式差速器又分为对称式和不对称式两类。

14. 对称式锥齿轮差速器，由圆锥行星齿轮、行星齿轮轴、圆锥半轴齿轮和差速器组成。

15. 半轴的功用是将差速器传来的动力传递给驱动轮。

16. 根据其外端支承形式或受力状况的不同，半轴可分为半浮式和全浮式两种。

17. 驱动桥壳一般由主减速器壳和半轴套管组成。其内部用来安装主减速器、差速器和半轴等；其外部通过悬架与车架相连，两端安装制动底板并连接车轮，承受悬架和车轮传来的各种作用力和力矩。

18. 驱动桥壳可分为整体式桥壳和分段式桥壳两类。

思考与练习

1. 驱动桥主要由哪几部分组成，有何功用？每个功用主要由驱动桥的哪部分来实现和承担？

2. 主减速器起什么作用？主减速器具有哪几种类型？

3. 试以桑塔纳2000轿车驱动桥为例，说明单级式主减速器的结构和工作原理。

4. 差速器的作用是什么，并简述差速器的工作原理。

【教学设计能力拓展训练1】

传动系统教学目标与教学内容设计训练

简介中职学校学生学习传动系统的起点、教学设备、教学目标、教学内容、教学重点难点、学时分配等内容，以便学习者设计教学内容时参考。

1. 中职生的学情分析

（1）文化基础知识薄弱，认知、记忆、思维能力较差，对授课内容难以理解，但渴望被人接纳和爱护，渴望得到别人的认可和称赞，渴望成功，形象思维丰富，好动，喜欢动手实践。

（2）学习过初中物理，有一定的动手能力。

2. 中职学校传动系统教学环境

理论实践一体化教室：配置多媒体教学设备、学生查阅资料的计算机、课桌椅、充足的实训台架或教学整车及汽车底盘零部件等、实训工具、课程资源库教学平台（配置相关视频、动画、图片、电子教材、作业单、练习题、考核表等）。

3. 中职学校传动系统教学目标

1）知识目标

（1）能够描述传动系统的组成及各总成的作用、构造。

（2）能识别传动系统的各总成零部件，并说出它们的名称和作用。

（3）能简单叙述传动系统各总成的工作原理。

2）能力目标

（1）能对传动系统各总成按照规范操作流程和技术标准要求拆卸与装配。

（2）会查阅维修手册对传动系统总成（离合器、变速器、万向传动装置、驱动桥）进行检测。

4. 中职学校传动系统的教学内容与学时分配

任务一	离合器	6学时
任务二	变速器与分动器	6学时
任务三	万向传动装置	4学时
任务四	驱动桥的结构与拆装	6学时

5. 中职学校传动系统的教学重点、难点

1）教学重点

离合器、变速器、万向传动装置、驱动桥的组成构造、功用、工作原理以及这些总成的拆卸和装配方法，要求大部分的学生会操作。

2）教学难点

（1）变速器、驱动桥（主减速器、差速器）的工作原理；

（2）变速器、驱动桥拆装的规范操作；

(3)离合器、变速器常见故障诊断。

6. 中职学校传动系统的教学方法与教学流程

采用理论实践一体化教学，通常采用任务驱动教学法(12221 教学模式)。

12221 教学模式内容：学生完成 1 份任务引导文，学生观察老师操作 2 次，学生亲自操作 2 次，学生指导其他同学操作 2 次，学生完成 1 份作业工单。

(1)任务资讯：完成任务引导文，收集必要知识点(例如离合器、变速器的结构名称、作用，检查工具及拆装设备名称等)课前预习加上课上听老师讲解后完成(学生完成 1 份任务引导文)。

(2)布置学习任务：明确每个任务的目标和完成标准(每节课可以有多个细分的实训任务)，比如离合器可以细分为离合器的更换、离合器的解体检测，离合器踏板自由行程的检查调整 3 个子任务。

(3)教师示范和讲解：教师根据任务的难易程度作必要的示范和讲解，比如离合器的检查方法和注意事项、拆装注意事项等(学生观察老师操作 2 次)。

(4)任务实施：学生分组练习，教师巡逻指导→换组，直至完成每个细分的任务(学生亲自操作 2 次)。

(5)任务检查：学生对照任务目标和完成标准组内自我检查。

(6)任务指导：学生对照任务工单对其他学生进行指导(学生指导其他同学操作 2 次)。

(7)任务考核与评价：根据各组任务完成情况进行点评小结(可以先让小组汇报后再点评)。

(8)学生完成作业工单(学生完成 1 份作业工单)。

训练 1　传动系统教学目标设计训练

一、教学目标设计

项　　目	内　　　　容
三维教学目标	知识与技能目标：本课要使学生应知、应会的内容(知识点和技能点)； 过程与方法目标：本课要使学生经历的过程与学习的方法及其目的； 情感态度和价值观目标：本课要使学生体验的情感、价值观，建立的态度与品质
教学目标描述	教学目标的描述要尽量具体，做到“可观察的行为，可考核的表现”。 教学目标描述一般包括四个部分： 一是对象(即是学习者)； 二是行为表现(即要“做什么”，通常为动宾结构)； 三是条件(完成行为的前提，通常为介宾结构)； 四是标准(表示“做到什么程度”)
教学目标描述示例	学生能够根据餐饮服务员职业标准，在 30min 内独立完成引客入座、点菜服务等模拟餐饮接待服务。 对象：学生； 行为表现：引客入座、点菜服务等模拟餐饮接待服务； 条件：在 30min 内独立完成； 标准：根据餐饮服务员职业标准

二、单元一子任务教学目标设计任务单

全班分成 4 个设计小组，每组选择单元内的一个任务进行教学内容设计。

组别		设计任务	
设计项目	内　容		说明
教材处理			
学情分析			
三维目标			
展示评价	各组采用海报、PPT 等形式展示本组的设计成果		

三、教学目标设计训练评分标准

序号	项　目	内　容	分值	备　注
1	教材处理	教材处理得当，内容选取调整符合中职生的认知水平	15	
2	学情分析	对学生知识基础、学习特点及适宜的学习方法进行分析和引导	15	
3	知识与技能目标描述	知识点和技能点明确具体，便于落实和检查	20	
4	过程与方法目标描述	学习过程与学习方法及其目的明确具体，可观测、可考核	20	
5	情感态度与价值观目标描述	要使学生体验的情感、价值观和需要建立的态度与品质明确具体，可观测、可考核	20	
6	格式与表达	设计格式规范，表达清晰流畅	10	
总　分			100	

训练2　传动系统教学内容设计训练

一、教学内容设计

项　　目	参考依据
内容选择	(1)根据课程目标来设计教学内容,能支撑课程目标的实现; (2)不唯教材,与学生的未来职业与实际生活相联系; (3)根据学校的现有条件来设计教学内容; (4)在目前的基础实施教学,具有可行性; (5)理论与实践内容相互匹配,做到“理论为实践服务”; (6)根据“学情”情况,教师应该做学生学习的引导者,在学生易漏、易浅、易泛、易缺的地方精心选择教学内容,使学生的学习在原有的起点上有所生成; (7)主要环节详细、完整,衔接紧密,层次分明
重点、难点确定	(1)符合学习者认知规律; (2)难与易的顺序安排; (3)简单与复杂的顺序安排; (4)整体与部分的顺序安排
学时分配	学时数要依据教学内容与重点难点的分布合理分配

二、单元一子任务教学内容设计任务单

全班分成4~6个设计小组,每组选择单元内的一个任务进行教学内容设计。

<table>
<tr><td>组别</td><td></td><td>设计任务</td><td colspan="2"></td></tr>
<tr><td>设计项目</td><td colspan="3">内　　容</td><td>选取依据分析</td></tr>
<tr><td>子任务内容的选择</td><td colspan="3"></td><td></td></tr>
<tr><td>子任务重点、难点</td><td colspan="3">重点:
难点:</td><td></td></tr>
<tr><td>子任务学时分配</td><td colspan="3">任务________,________学时。</td><td></td></tr>
<tr><td>展示评价</td><td colspan="4">各组采用海报、PPT 等形式展示本组的设计成果</td></tr>
</table>

三、教学内容设计训练评分标准

序号	项　目	内　　容	分值	得　分
1	教学目标	根据课程大纲要求，教学目标明确	10	
2	学情分析	对学生知识基础、学习特点及适宜的学习方法进行分析和引导	10	
3	教学材料	教学材料的选择和组织符合教师现在所教学生实际的知识基础和能力水平，有可操作性	25	
4	教学重点、难点	重点、难点确定准确	25	
5	教学内容组织	教学内容序化合理，符合学生认知规律	10	
6	学时安排	学时安排合理	10	
7	格式与表达	设计格式规范，表达清晰流畅	10	
总　分			100	

项目六 车　　架

知识目标

1. 了解汽车车架的基本组成及功用。
2. 了解边梁式车架、中梁式车架等典型车架结构及作用。
3. 了解特殊材料车架结构。

能力目标

1. 理解车架作用及布置要求。
2. 掌握典型车架总成布置原理。
3. 涉及其他类型的车架应用。

任务一　汽车车架的认知

现代汽车绝大多数都具有作为整车骨架的车架。汽车绝大多数部件及总成都是通过车架来装配固定的,如发动机、传动系统、悬架、转向系统、驾驶室、货厢和相关操作机构。车架起到支撑连接汽车各零部件的作用,并承受来自车内外的各种载荷。

车架的结构形式首先应满足汽车总布置的要求。汽车在复杂的行驶过程中,固定在车架上的各总成和部件之间不应该发生干涉。汽车在崎岖道路上行驶时,车架在载荷作用下可能产生扭转变形以及在纵向平面内的弯曲变形;当一边车轮遇到障碍时,还可能使整个车架扭曲成菱形。这些变形将会改变安装在车架上的各部件之间的相对位置,从而影响其正常工作。因此,车架还应具有足够的强度和适当的刚度。为了提高汽车整车的轻量化水平,要求车架质量尽可能小些。此外,车架应布置得离地面近一些,以使汽车重心降低,以利于提高汽车的行驶稳定性。这一点对于客车和轿车来说尤为重要。

就像人的身体由骨架来支持一样,汽车也必须有一幅骨架,这就是车架。车架的作用是承受载荷,包括汽车自身零部件的质量和行驶时所受的冲击、扭曲、惯性力等。现有的车架的结构形式主要有三种:边梁式车架、中梁式车架(或称脊骨式车架)和综合式车架。其中,以边梁式车架应用最广泛。

早期汽车所使用的车架,大多都是由笼状的钢骨梁柱所构成的,也就是在两支平行的主梁上,以类似阶梯的方式加上许多左右相连的若干副梁制造而成。车体建构在车架之上,至于车门、沙板、引擎盖、行李厢盖等钣件,则是另外再包覆于车体开口之外,因此车体与车架其实是属于两个独立的构造。这种设计的最大好处,在于轻量化与刚性得以同时兼顾,因此受到了不少跑车制造商的青睐,早期的法拉利与兰博基尼都是采用的这种设计。

由于钢骨设计的车架必须通过许多节点来连接主梁和副梁,加之笼状构造也无法腾出较大的空间,因此除了制造上比较复杂、不利于大量生产之外,也不适合用在强调空间感的四门房车上。因此单体结构的车架在车坛上渐渐成为主流,笼状的钢骨车架也逐渐改由这种将车体与车架合二为一的单体车架所取代(如:货柜车),单体车架一般以“底盘”称之,也就是衍生自英文的“Platform”。

任务二 典型车架的认知

一、边梁式车架

边梁式车架是由两根位于两边的纵梁和若干根横梁通过铆接或焊接而连成的坚固的刚性构架。由于边梁式车架便于安装车身和布置总成,有利于改装变型车和发展多品种车型的需要,所以在商用车中被广泛采用。

1. 结构

图6-1所示为边梁式车架的典型结构,通常由两根纵梁和若干根横梁铆接而成,根据其形状特征,边梁式车架又称为梯形车架。

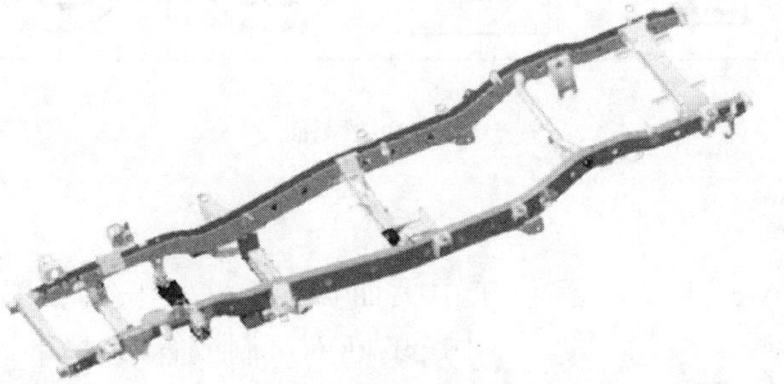

图6-1 边梁式车架

边梁式车架的纵梁通常用低合金钢板冲压而成,一般为16Mn。其断面形状有槽形断面、箱形断面、“Z”字形断面和“工”字形断面等几种(图6-2)。

根据汽车形式和结构布置的要求,纵梁可以在水平面内或纵向平面内制成弯曲的、等断面或非等断面的。纵梁的形式繁多,有前窄后宽结构、前宽后窄结构和前后等宽结构,还有平行式结构和弯曲式结构。此外,在纵梁上还制有很多装置孔,用以安装脚踏板、车身、转向器和悬架总成及其支架。

边梁式车架的横梁不仅用来保证车架的扭转刚度和承受纵向载荷,而且还用来支承汽车上的主要部件。通常载货汽车有5~8根横梁,分别布置在安装散热器、发动机、驾驶室、传动轴中间支承、备胎架和钢板弹簧的前后支点处。

2. 作用

载货汽车车架的前端和轿车车架的前后两端装有横梁式的保险杠,以防汽车突然发生碰撞时散热器和翼子板等机件受到损伤;对轿车来说,保险杠可以起到装饰作用。载货汽车的保险杠上装有挂钩,以便牵引。有些越野汽车的保险杠后面还装有铰盘,以便汽车陷入打滑路段时进行自救。载货汽车和部分大型客车有时要拖带挂车,故在车架的后端一般还装有拖钩。大多数拖钩通过螺旋弹簧与车架横梁弹性相连,并用加强梁和角撑加固。拖钩可以在车架平面内绕轴销摆动,其上装有防脱装置,牵引时拖钩具有缓冲、转向和防脱作用。

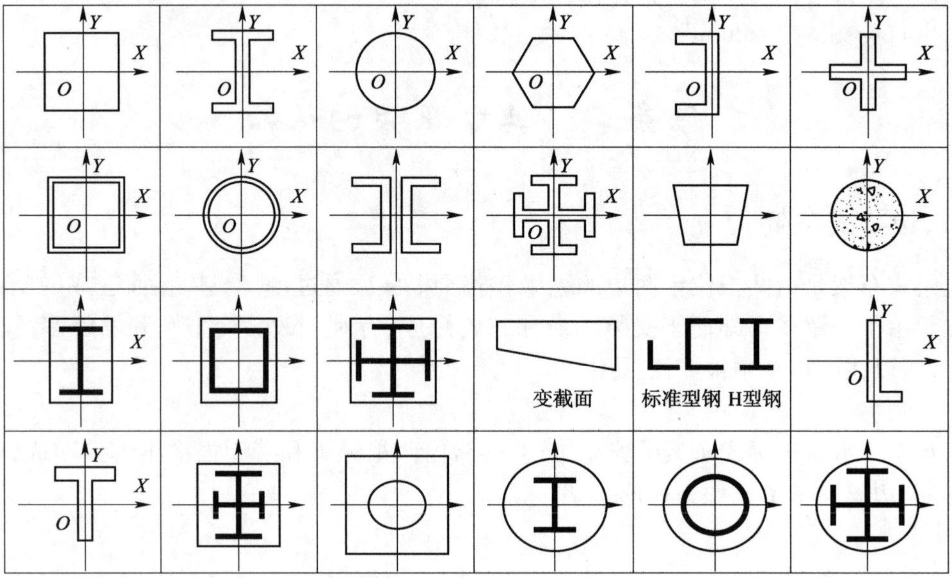

图 6-2　梁断面

二、中梁式车架

中梁式车架(图 6-3)只有一根位于中央而贯穿汽车全长的纵梁,亦称为脊骨式车架。中梁的断面可制成管形、槽形或箱形。中梁的前端制成伸出支架,用以固定发动机,而主减速器壳通常固定在中梁的尾端,形成断开式后驱动桥。中梁上悬伸的托架用以支承汽车车身和安装其他机件。若中梁是管形的,传动轴可在管内穿过。

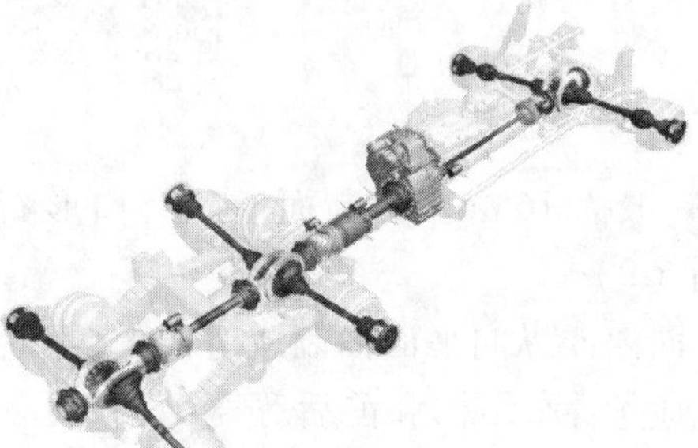

图 6-3　中梁式车架

中梁式车架有较好的抗扭转刚度和较大的前轮转向角,在结构上允许车轮有较大的跳动空间,便于装用独立悬架,从而提高了汽车的越野性;与同吨位的载货汽车相比,其车架轻,整车质量小,同时质心也较低,故行驶稳定性好;车架的强度和刚度较大;脊梁还能起封闭传动轴的防尘罩作用。中梁式车架的缺点:制造工艺复杂,精度要求高,总成安装困难,维护修理也不方便,故目前应用较少。

三、承载式车架

承载式车架(图 6-4)也称整体式或单体式车架。针对大梁式车架质量重、体积大、重心高的问题,承载式车架的思路是用金属制成坚固的车身,再将发动机、悬架等部件总成直接安装在车身上。这种车身能承受所有的载荷,充当车架,所以准确称呼应为“无车架结构的承载式车身”(采用大梁车架的汽车车身则称为“非承载式车身”)。

图 6-4 承载式车架

承载式车架由钢(较先进的是铝)经冲压、焊接而成,对设计和生产工艺的要求都很高,这也是中国目前的车身设计开发的难点。成型的承载式车架是带有坐舱、发动机舱和底板的骨架,我们所能看到的外表光滑的汽车车身则是嵌在骨架上的覆盖件。

承载式车架是目前轿车的主流,因为这种结构将车架和车身二合为一,质量轻,可利用空间大,重心低,而且冲压成型的制造方式十分适合现代化的大批量生产。但是除了开发制造难度高外,刚度(尤其是抗扭刚度)不足也是承载式车身的一大缺陷。该问题在日常用车上还不明显,但对于大功率、大扭力的高性能跑车,要求有很高的车架刚度,普通承载式车身就显得刚度不足。因此近年的高性能汽车,除了功率不断提升外,各车厂也不断致力于提高车身的刚度,目前主要采取的办法是优化车架的几何形状和采用局部增粗或补焊以提升抗扭能力。

由于承载式车架将全车所有部件,包括悬架、车身和座椅连成一体,具有良好的操控反应,而且传递的振动、噪声都较少,这是大梁式车架不可比拟的。因此不仅是轿车,就连一些针对良好道路环境设计的越野车(城市化越野车)也有弃大梁车架而改用承载式车身的趋势。另外针对大梁式车架地台高的弊病,近年还出现了采用承载式车身的大型客车(称为“无大梁车身”),诸如旅游大巴由于取消了大梁,可以在车底腾出巨大且左右贯通的行李舱空间,而用于市区的公共汽车则可以将地台降至与人行道等高以便于上下车(要配合特殊的低置车桥)。低地台是客车的一个重要发展方向。

任务三 其他形式车架

一、钢管式车架

前述承载式车架的设计开发和生产工艺都复杂,只适宜大批量生产。但是对于少量生产的轿车又如何呢?虽然可以采用共用平台策略,但所谓的“共用平台”能共用的只是悬架、传动系统等底盘部件,由于承载式车架必须与车身形状吻合,对于不同的车身造型是不能共用车架的。于是钢管式(又称“框条式”)车架便应运而生。

顾名思义,钢管式车架就是用很多钢管焊接成一个框架,再将零部件装在这个框架上。它的生产工艺简单,很适合小规模的工作坊作业,20 世纪 50 ~ 70 年代英国有很多小规模的车厂生产各式各样的汽车，都是用自行开发制造的钢管车架，是钢管车架的全盛时期。

时至今日仍采用钢管式车架（图6-5）的都是一些产量较少的跑车厂，如 LAMBORGHINI 和 TVR，原因是可以省去冲压设备的巨大投资。由于对钢管式车架进行局部加强十分容易（只需加焊钢管），在质量相等的情况下，往往可以得到比承载式车架更强的刚度，这也是很多跑车厂仍乐于用钢管式车架的原因。

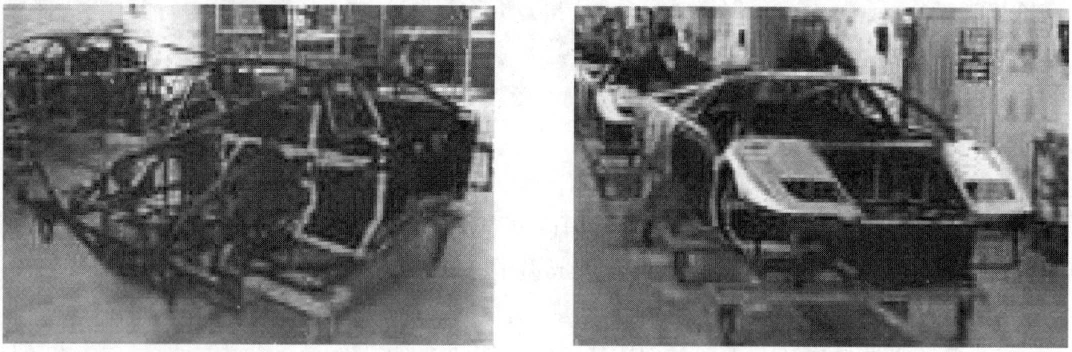

图6-5　钢管式车架

二、铝合金车架

奥迪 A8 的车架是用铝合金制成的，但那是冲压成型的结构，只是材料不同了，仍属于承载式车架。这里说的铝合金车架是另一种类型，将铝合金条梁焊接、铆接或贴合在一起组成一个框架，可以理解为钢管车架的变种，只是铝合金是方梁状而非管状。铝合金车架最大优点是轻（相同刚度的情况下）。但是成本高，不宜大量生产，而且铝合金本身的特性决定了其承载能力受限制，暂时只有少数车厂运用在小型的量产跑车上，如莲花 ELISE 和雷诺 SPIDER（图6-6）。

图6-6　铝合金车架

三、碳纤维车架

碳纤维车架即是开头所提到的"特殊材料一体成型式车架"。制造方法是用碳纤维浇铸成一体化的底板、坐舱和发动机舱结构，再装上机械零件和车身覆盖件。碳纤维车架的刚度极高，质量比其他任何车架都要轻，重心也可以制造得很低。但是制造成本是它的致命伤，因此目前都只用于不计成本的赛车和极少数量产车上。碳纤维车架在20世纪80年代首先出现一级方程式赛车上，然后延伸到C组赛车和90年代的GT赛车，至今仅有的两部采用碳纤维车架的量产车是1994年的 MCLARENF1 和1995年的 FERRARIF50。

碳纤维车架的刚度不仅有利于操控，对提高安全性也有很大的作用。典型案例是在1995年，宝马总裁驾驶的一部 MCLARENF1（街道版）满载3人在德国的公路上以280km/h 车速行驶失控，冲出公路后再翻滚数圈后才停车，车上3人居然只受了轻伤。当时全车外壳尽毁，但车架和坐舱仍保持完好的形状，这也是一级方程式赛车至今沿用它的原因之一。

项目小结

本项目介绍了汽车车架的功用、种类、结构形式及其特点。梁式车架、中梁式车架等典型车架的结构及作用,其他类型车架(包括钢管式车架、铝合金车架、碳纤维车架)的介绍。

思考与练习

1. 为什么说车架是整个汽车的基体？其功用和结构特点是什么？
2. 何谓边梁式车架？为什么这种结构的车架应用更广泛？
3. 未来车架将会发展为哪些类型？

项目七　车轮与车桥

知识目标

1. 掌握汽车的车轮和轮胎的功用。
2. 掌握汽车的车轮和轮胎的种类、结构形式和特点。
3. 了解汽车轮辋的表示方法。
4. 掌握汽车的轮胎花纹形式和其适用范围。
5. 掌握轮胎的表示方法。
6. 掌握汽车的车桥的种类、结构形式和特点。

能力目标

1. 能正确地使用车轮平衡机测量车轮的不平衡度,并对车轮进行平衡作业。
2. 能正确地应用轮胎拆卸机和工具进行轮胎拆装。

任务一　车轮的认知

一、车轮总成的组成和作用

车轮与轮胎安装在车架上,是汽车的行走部件,可以绕车轴转动并沿地面滚动,对汽车的行驶性能影响极大(图7-1)。车轮与轮胎是汽车行驶系统中的主要部件,汽车通过车轮由轮胎直接与地面接触并在道路上行驶。

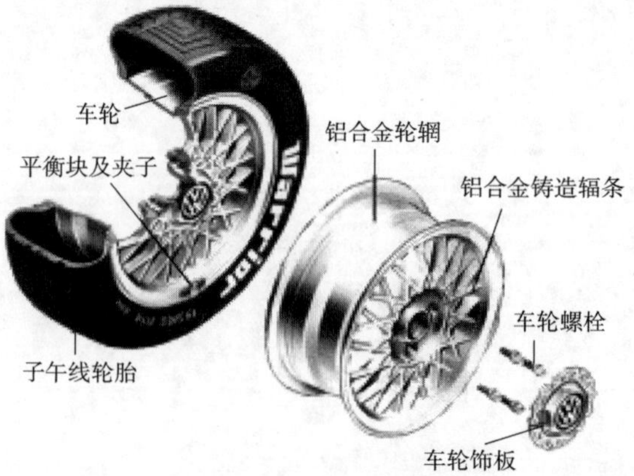

图7-1　桑塔纳2000的车轮

车轮的基本功用如下：

(1)支承整车的质量，使汽车能够承载。

(2)吸收与缓和汽车行驶时所受到的路面冲击和振动，改善承载条件。

(3)传递驱动力、制动力和转向力，使驾驶人员能够对汽车的运动进行操纵控制。

(4)减小行驶阻力和能量的消耗，提高运输效率。

(5)产生平衡汽车转向行驶时产生的离心力的侧抗力，在保证汽车正常转向行驶的同时，通过轮胎产生的自动回正力矩使汽车保持直线行驶状态。

轮胎及车轮与汽车多种性能密切相关。整车动力性、经济性、平顺性、通过性、制动性及操纵稳定性等通过轮胎及车轮的特性配合实现匹配和优化，安全性和可靠性在很大程度上取决于所用轮胎和车轮的制造质量和使用寿命。

二、车轮

车轮是安装轮胎的骨架，由轮毂、轮辋以及这两元件间的连接部分(称轮辐)所组成。

按连接形式，轮辋与轮辐可以是整体式的，也可以是可拆式的，一般为组合式结构和整体式结构。此外，还有对开式车轮、可反装式车轮、可调式车轮等。组合式结构将轮辋与辐板用焊接或铆接方式进行连接，整体式结构将轮辋与辐板用铸造成型或锻造成型进行连接。前者主要用于钢制车轮，而后者则用于合金制车轮。目前在轿车和货车上广泛采用辐板式车轮。

1. 辐板式车轮

辐板式车轮如图7-2所示，由挡圈1，轮辋2，辐板3和气门嘴伸出口4组成。

车轮中用以连接轮毂和轮辋的钢质圆盘称为辐板，大多是冲压制成的，少数是和轮毂铸成一体，后者主要用于重型汽车。轿车车轮的辐板所用材料较薄，常冲压成各种形状，以提高刚度。辐板上开有若干个孔，用以减轻质量，同时有利于制动器散热，安装时也可作为把手。

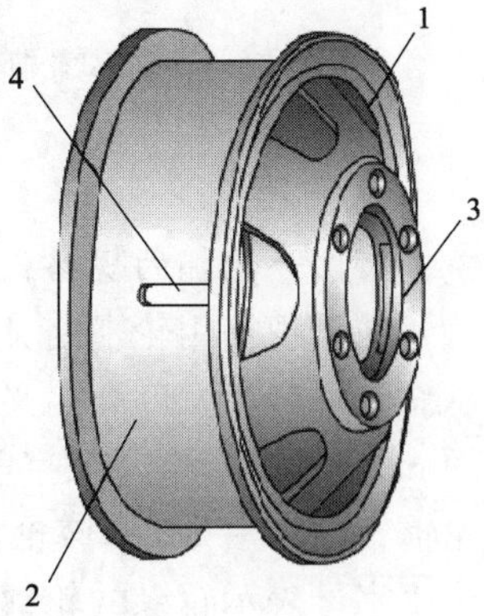

图7-2　辐板式车轮

1-挡圈；2-轮辋；3-辐板；4-气门嘴伸出口

2. 辐条式车轮

辐条式车轮的轮辐是钢丝辐条(图7-3a)，或者是和轮毂铸成一体的铸造辐条(图7-3b)。辐条式车轮一般仅用于赛车和某些高级轿车上。铸造辐条式车轮用于装载质量较大的重型汽车上。在这种结构的车轮上，轮辋1是用螺栓3和特殊形状的衬块2固定在辐条4上，为了使轮辋与辐条很好地对中，在轮辋和辐条上都加工出配合锥面5。

3. 轮辋

轮辋的作用是用以安装轮胎。按结构轮辋分为：深槽式、平底式和可拆式等。

(1)深式轮辋(图7-4a)。这种轮辋有带肩的凸缘，用以安放外胎的胎圈，其肩部通常略向中间倾斜，其倾斜角一般是5°±1°。这种轮辋结构简单、刚度大、质量小，对于尺寸小而弹性大的轮胎最适宜，故适用于轿车或轻型、微型汽车的车轮上，如红旗CA7560、天津夏利TJ7100型轿车及BJ2020N型越野汽车均装用这种类型的轮辋。

(2)平底轮辋。由于载货汽车多采用较大较硬的外胎,为使其拆装方便,一般多采用平底轮辋的结构形式,如图7-4b)所示。挡圈1是整体的,而用一个开口锁圈2来防止挡圈脱出,在安装轮胎时,先将轮胎套在轮辋上,而后套上挡圈,并将它向内推,直至越过轮辋上的环形槽,再将开口的弹性锁圈嵌入环形槽中。

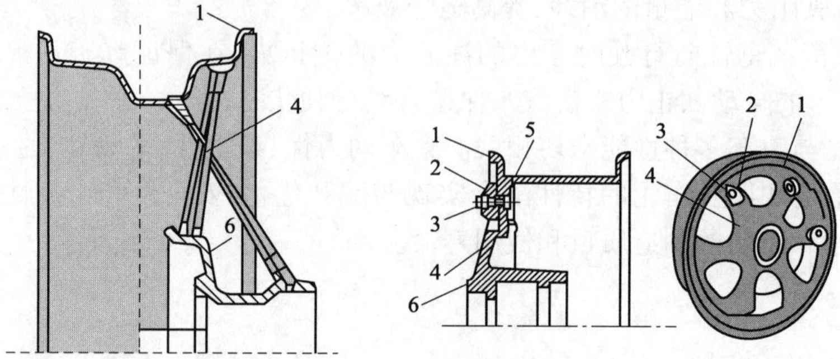

a)　　b)

图7-3　辐条式车轮

1-轮辋;2-衬块;3-螺栓;4-辐条;5-配合锥面;6-轮毂

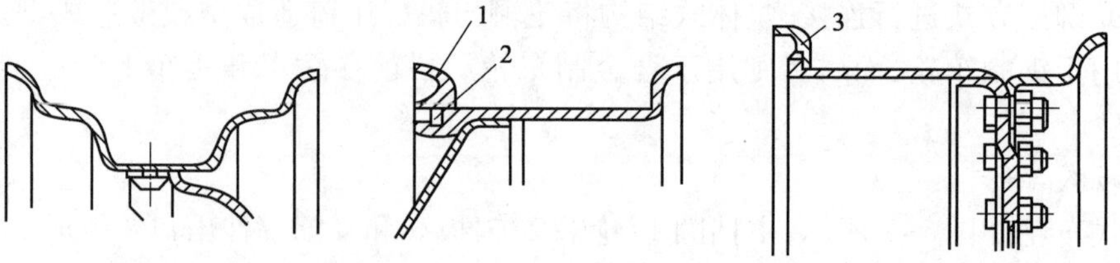

a)深式轮辋　　b)平底轮辋　　c)回拆轮辋

图7-4　轮辋断面

1、3-挡圈;2-锁圈

4. 国产轮辋的规格代号

轮辋规格用轮辋名义宽度和轮辋名义直径以及轮缘高度代号(用拉丁字母作代号)来表示。轮辋名义宽度和名义直径均以英寸数表示(当新设计轮胎以mm表示直径时,轮辋直径用mm表示)。直径数字前面的符号表示轮辋结构形式代号,符号"×"表示该轮辋为一件式轮辋,符号"-"表示该轮辋为两件或两件以上的多件式轮辋。在轮辋名义宽度代号之后的拉丁字母表示轮缘的轮廓(如E、F、JJ、KB、L、V等)。有些类型的轮辋(如平底宽轮辋),其名义宽度代号也代表了轮缘轮廓,不再用字母表示。最后面的代号表示了轮辋轮廓类型代号(图7-5)。

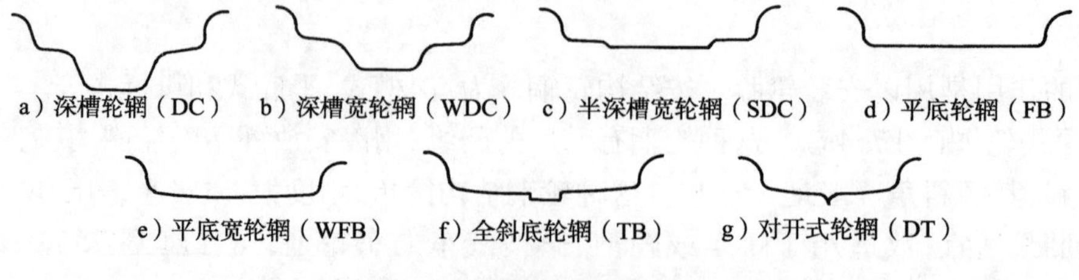
a)深槽轮辋(DC)　b)深槽宽轮辋(WDC)　c)半深槽宽轮辋(SDC)　d)平底轮辋(FB)

e)平底宽轮辋(WFB)　f)全斜底轮辋(TB)　g)对开式轮辋(DT)

图7-5　轮辋轮廓类型及代号

例如北京 BJ2020 型汽车轮辋为 4.50E × 16。表明该轮辋名义宽度 4.5in(英寸),名义直径 16in,轮缘轮廓代号为 E 的一件式深槽轮辋。对于平底式宽轮辋只有表示轮辋名义宽度和名义尺寸的数字,而没有表示轮缘轮廓的拉丁字母代号。例如,东风 EQ1090 型汽车轮辋规格为 7.0 – 20;解放 CA1091 型汽车轮辋规格为 6.5 – 20。

现有轮辋以下列方式表示:

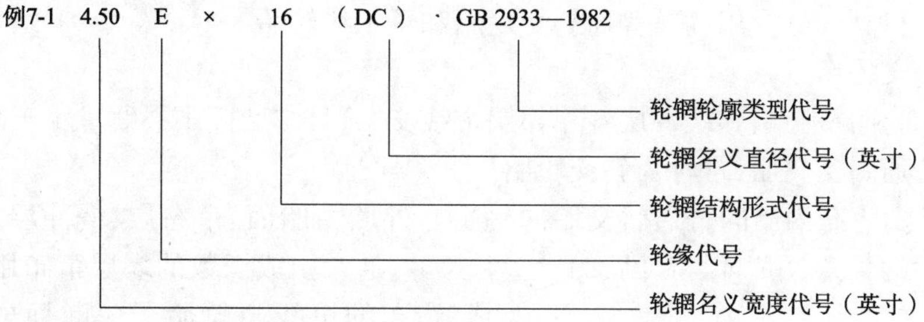

新设计的轮辋以下列方式表示:

轿车:10 ×3.50C;15 ×6JJ;

轻型货车:16.5 ×6.00;15 –5.50F(SDC);

中型、重型货车:22 –8.00V;22.5 ×8.25。

三、评价

评价表见表 7-1。

评　价　表　　　　表 7-1

评价任务	目标	评价等级			备注
		自评	组长	教师	
(1)了解不同形式轮胎的基本结构					
(2)能识别国产轮辋的规格代号					

注:☆熟练;◇达成;△基本达成;×未达成。

任务二　轮胎的认知

一、轮胎的功用

轮胎安装在汽车轮辋上,直接与路面接触,其作用是:

(1)和悬架共同来缓和汽车行驶时所受到的冲击,并衰减由此而产生的振动。

(2)保证车轮和路面有良好的附着性,以提高汽车的牵引性、制动性和通过性。

(3)承受汽车的重力。

轮胎必须具有适宜的弹性和承受载荷的能力。同时,在其与路面直接接触的胎面部分,应具有用以增强附着作用的花纹。

二、轮胎分类

汽车充气轮胎按结构可分为有内胎轮胎和无内胎轮胎。按胎体帘布层的结构不同,可分为斜交轮胎和子午线轮胎。按胎体结构可分为充气轮胎和实心轮胎。现代汽车绝大多数采用充气轮胎;而实心轮胎目前仅应用在沥青混凝土路面的干线道路上行驶的低速汽车或重型挂车上。按充气压力可分为超低压胎(0.2MPa 以下)、低压胎(0.2 ~0.5MPa)、高压胎(0.5 ~0.7MPa)。因低压胎具有弹性好、断面宽、接地面积大和壁薄散热好等优点,提高了轮胎的使用寿命,所以目前,轿车、货车几乎全都采用低压胎。

在汽车上得到广泛应用的是普通斜交轮胎和子午线轮胎。

1. 普通斜交轮胎

普通斜交轮胎帘布层和缓冲层各相邻层帘线交叉,且与胎面中心线呈小于90°角排列的充气轮胎为普通斜交轮胎,常称为斜交轮胎。

图7-6 所示为有内胎的普通斜交胎的构造。外胎由胎面、帘布层、缓冲层及胎圈组成。帘布层是外胎的骨架,用以保持外胎的形状和尺寸,通常由成双数的多层帘布用橡胶贴合而成,帘布的帘线与轮胎子午断面的交角(胎冠角)一般为52° ~54°,相邻层帘线相交排列。帘布层数越多者强度越大,但弹性降低。在外胎表面上注有帘布层数。

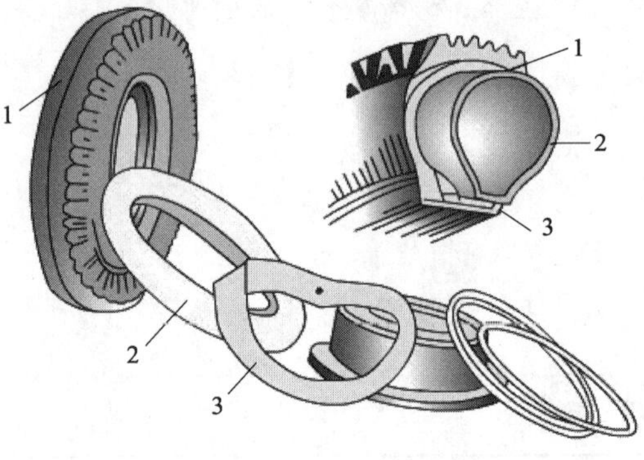

图7-6　充气轮胎的组成
1-外胎;2-内胎;3-垫带

帘布由强韧的纵向排列的经线和放在各经线之间的少数纬线织成。帘线可以是棉线、人造丝线、尼龙线和钢丝。当采用人造丝、尼龙线或钢丝帘线时,在轮胎的承载能力相同的情况下帘布层数可以减少,此时在外胎表面上标注的是层级(相当于棉线帘布层的层数,而不是实际的帘布层数)。

缓冲层位于胎面与帘布层之间,是用胶片和两层或数层橡胶帘布制成,故弹性较大,能缓和汽车在行驶时所受到的不平路面的冲击,并防止汽车在紧急制动时胎面与帘布层脱离。

胎面是外胎最外的一层,可分为胎冠、胎侧和胎肩三部分。胎冠用耐磨的橡胶制成,它直接承受摩擦和全部载荷,能减轻帘布层所受冲击,并保护帘布层和内胎免受机械损伤。为使轮胎与地面有良好的附着性能,防止纵横向滑移,在胎面上有着各种形状的凹凸花纹。主要有普通花纹、混合花纹和越野花纹等。

胎肩是较厚的胎冠与较薄的胎侧间的过渡部分,一般也制有花纹,以利于散热。

胎侧橡胶层较薄,它用以保护帘布层侧壁免受潮湿和机械损伤。

胎圈使外胎牢固地装在轮辋上,有很大的刚度和强度,由钢丝圈、帘布层包边和胎圈包布组成。

内胎是一个环形橡胶管,应具有良好的弹性,并能耐热和不漏气。为使内在充气状态下不产生皱褶,内胎的有效尺寸应稍小于外胎内壁尺寸。内胎上装有充放气用的气门嘴。

2. 子午线轮胎

图7-7 所示为子午线轮胎的构造。胎体帘布展线与胎面中心线呈90°角或接近90°角排列,以带束层箍紧胎体的充气轮胎。其优点是:

(1)滚动阻力小,节约燃料。子午线轮胎外胎面刚性大,受力后滚动变形小,因此它的滚动阻力小,节约燃料。其滚动阻力比斜交轮胎低 25% ~30% ,油耗降低 6% ~8% 。

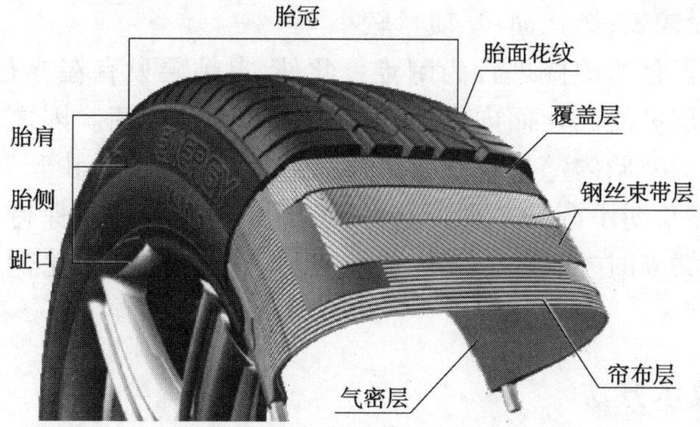

图 7-7 子午线轮胎的基本结构

(2)耐磨性好,寿命长。轮胎滚动时胎面要变形并产生滑移,从而加剧轮胎磨损,而子午线轮胎的胎冠刚度大、胎面宽,触地面积大,单位压力小,因而减小了磨损,延长了使用寿命。

(3)性能好,安全性高。子午线轮胎高速旋转时变形小、温升低,产生驻波的临界速度比斜交轮胎高,因而提高了行驶中的安全性。子午线轮胎还具有减振性好、附着性能高的特点,其承载能力高于斜交轮胎的 14% 。同时,其胎面耐穿刺,在恶劣条件下行驶,轮胎不易爆破。

子午线轮胎在现代汽车上得到了广泛的应用。但它也有缺点:胎侧薄,变形大,胎侧与胎圈受力比普通斜交轮胎大很多,容易在胎侧和与轮辋接触处产生裂纹。同时,因其胎侧变形大,其侧面稳定性较差。另外,子午线轮胎成本也较高。子午线轮胎与斜交轮胎如果混装会影响汽车的操纵稳定性,故两种轮胎不能混装于一辆车上。

3. 无内胎的充气轮胎

无内胎充气轮胎它没有内胎,空气直接压入外胎中,因此要求外胎和轮辋之间有很好的密封性。无内胎充气轮胎近年来在轿车和一些货车上的使用日渐广泛。

无内胎轮胎的外胎内壁上附加了一层厚度为 2 ~3mm 的专门用来密封压缩空气的橡胶密封层 1(图 7-8),它是用硫化的方法黏附上去的。在密封层正对着胎面下面贴着一层用未硫化橡胶的特殊混合物制成的自粘层 2。当轮胎穿孔时,自粘层能自行将刺穿的孔粘合。

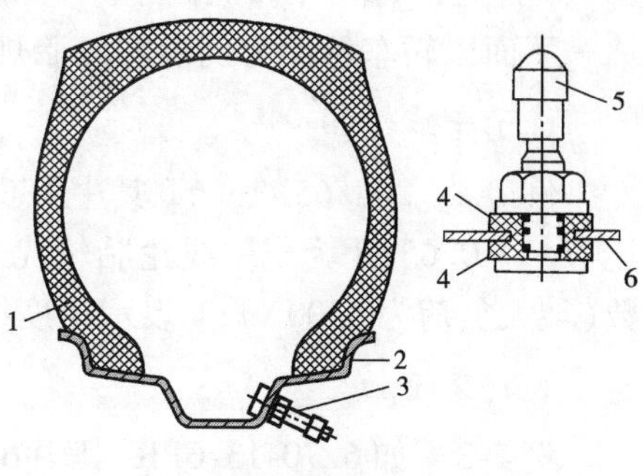

图 7-8 无内胎轮胎

1-橡胶密封层;2-胎圈橡胶密封层;3-气门嘴;4-橡胶密封垫;5-气门嘴帽;6-轮辋

在胎圈上做出若干道同心的环形槽纹 3。在轮胎内空气压力作用下,槽纹 3 能使胎圈可靠地紧贴在轮辋边上,以保证轮胎与轮辋之间的气密性。但也有的胎圈外是光滑而没有槽纹。

气门嘴 4 直接固定在轮辋 7 上,其间垫以密封用的橡胶密封衬垫 6。铆接轮辋和辐板的铆钉 5 自内侧塞入,并涂上一层橡胶。

无内胎轮胎的优点是:轮胎穿孔时,压力不会急剧下降,能安全断续行驶;无内胎轮胎中不存在因内外胎之间摩擦和卡住而引起损坏；它的气密性较好，可直接通过轮辋散热，所以工作温度低，使用寿命较长；结构简单、质量较小。

无内胎轮胎的缺点是途中修理较为困难。此外，自粘层只有在穿孔尺寸不大时方能粘合。天气炎热时自粘层可能软化而向下流动从而破坏车轮平衡。因之，一般多采用无自粘层的无内胎轮胎。它的外胎内壁只有一层密封层，当轮胎穿孔后，由于其本身处于压缩状态而紧裹着穿刺物，故能长期不漏气。即使将穿刺物拔出，亦能暂时保持胎内气压。可见，无内胎轮胎只有在轮胎爆破时才会失效。无内胎轮胎一般配用深式轮辋，目前在轿车上应用较多。

三、轮胎规格表示方法

充气轮胎尺寸的标记方法如图 7-9 所示。充气轮胎一般习惯用英制表示，但欧洲国家则常用米制。个别国家也有用字母作代号来表示轮胎规格尺寸。我国充气轮胎规格表示方法也采用的是英制表示法。

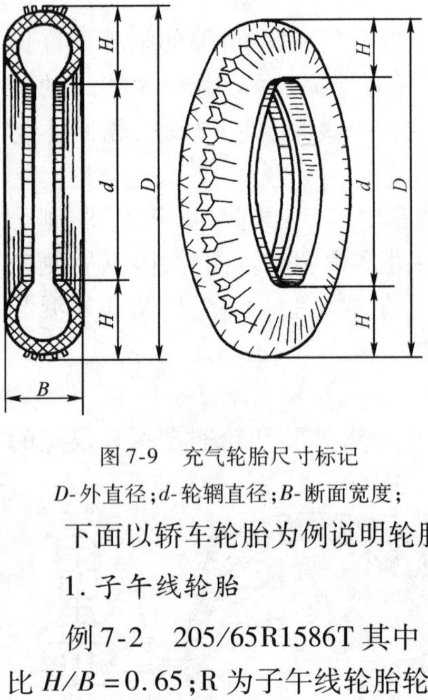

图 7-9 充气轮胎尺寸标记
D-外直径；d-轮辋直径；B-断面宽度；

高压胎一般用 $D \times B$ 来表示。其中 D 为轮胎的名义外径，B 为轮胎的断面宽度，单位均为英寸，如图 7-9 所示。“×”表示高压胎。高压胎在汽车上很少采用。

汽车上常用的是低压胎，其尺寸标记用 B-d 表示。B 为轮胎断面宽度，d 为轮辋直径，单位均为英寸；“-”表示低压胎。例如标记为 9.00-20，表示轮胎名义断面宽度 9in（英寸），轮辋名义直径 20in（英寸）的低压胎。

随着子午线轮胎和扁平形轮胎的问世，又有许多新的表示方法。对于一般的汽车轮胎，$B \approx H$，断面呈圆形。对于扁平形轮胎断面 $B < H$。通常以轮胎断面高和宽的比值 H/B 作为一个参数标注在轮胎上，称为扁平率；有的把用途标在最前面；也有的轮胎还标出所适应的车速。

下面以轿车轮胎为例说明轮胎规格表示方法。

1. 子午线轮胎

例 7-2　205/65R1586T 其中 180 表示轮胎名义断面宽度 205mm；65 表示轮胎名义高宽比 $H/B = 0.65$；R 为子午线轮胎轮代号；15 表示轮辋名义直径为 15in（英寸）；86 表示负荷指数（最大负荷为 5300N）；T 表示速度级别（最高行驶速度为 190km/h）。

2. 斜交轮胎

例 7-3　如 6.70-13-6PR，其中 6.70 表示轮胎名义断面宽度（6.7in）；13 表示轮辋名义直径（13in）。轮胎的层级数用“PR”表示，它不代表实际层数，只表示可承受载荷。6PR 表示轮胎层级（6 层级），表示可承受相当于 6 层级的棉帘线的负荷。

四、评价

评价表见表 7-2。

评 价 表 表7-2

评价任务	目标	评价等级			备注
		自评	组长	教师	
(1)了解各种轮胎的结构特点					
(2)了解不同形式轮胎规格的表示方法					

注:☆熟练;◇达成;△基本达成;×未达成。

任务三 车桥的认知

一、车桥的功能及类型

车桥位于悬架与车轮之间,其两端安装车轮,通过悬架与车架(或车身)相连,其功用是传递车架(或车身)与车轮之间各种载荷。

按悬架结构不同,车桥可分为整体式和断开式两种,如图7-10所示。整体式车桥的中部是刚性实心或空心梁,与非独立悬架配用;断开式车桥为活动关节式结构,与独立悬架配用。

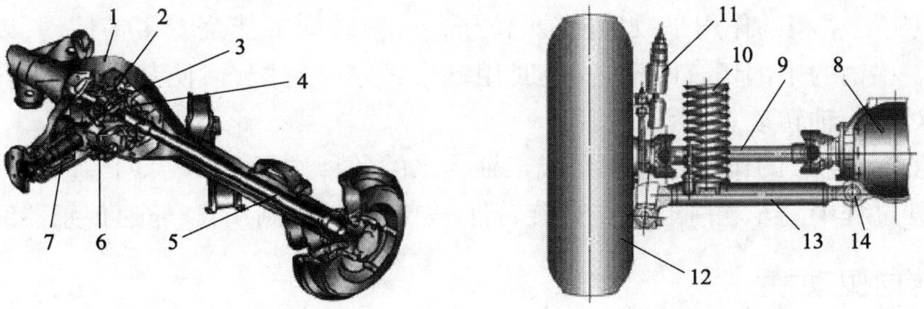

a)整体式驱动桥 b)断开式驱动桥

图7-10 整体式驱动桥和断开式驱动桥

1-后桥壳;2-差速器壳;3-差速器行星齿轮;4-差速器半轴齿轮;5-半轴;6-主减速器从动轮齿圈;7-主减速器主动小齿轮;8-主减速器;9-半轴;10-弹性元件;11-减振器;12-车轮;13-摆臂;14-摆臂轴

按车桥的作用不同,车桥可分为转向桥、驱动桥、转向驱动桥和支持桥四种类型。其中,转向桥和支持桥都属于从动桥。

在后轮驱动的汽车中,前桥不仅用于乘载,而且兼起转向作用,称为转向桥;后桥不仅用于承载,而且兼起驱动的作用,称为驱动桥。

越野汽车和前轮驱动汽车的前桥,除了承载和转向的作用外,还兼起驱动作用,所以称为转向驱动桥。

只起支承作用的车桥称为支持桥,挂车的车桥就是支持桥。支持桥除不能转向外,其他结构和功能与转向桥相同。

二、转向桥

转向桥通常位于汽车前部,故也称为前桥。转向桥的作用是支承部分质量,安装前轮和制动器，连接车架，承受车架与车轮之间的作用力及其产生的弯矩和转矩，同时还要使前轮偏转以实现转向。转向桥基本结构由前轴、转向节、主销、轮毂四部分组成，汽车转向桥的结构如图 7-11 所示。

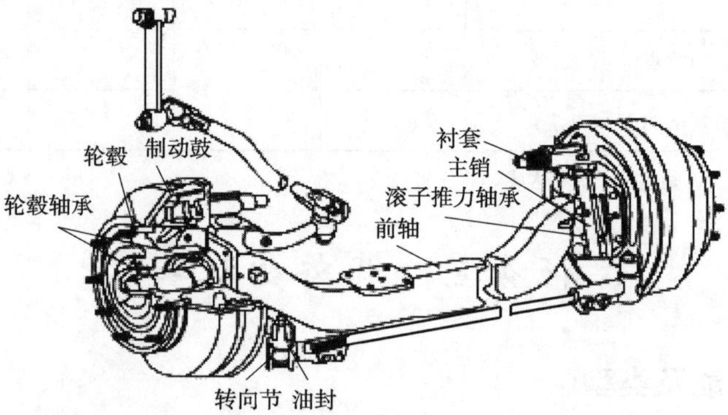

图 7-11 转向桥

（1）前轴。前轴是转向桥的主体，按断面形状分为“工”字梁式和管式两种，一般由中碳钢经模锻而成。

（2）转向节。转向节与前轴通过主销采用铰接连接，形似羊角，故又称为羊角。它是一个叉形件，由上、下两耳和支承轮毂轴承的轴颈构成。

（3）主销。主销的作用是铰接前轴与转向节，使转向节能绕着主销摆动，以使车轮偏转实现转向。主销的中部切有凹槽，安装时用锥形锁销与它配合，使其固定在前轴的销孔中，防止其相对于前轴转动。

（4）轮毂。轮毂的作用是将车身或半轴传来的各种作用力或转矩传递到整个车轮，以及在车辆行驶过程中随车轮一起旋转的旋转件（如制动鼓或制动盘、轮速传感器的齿圈等）。

三、转向驱动桥

转向驱动桥如图 7-12 和图 7-13 所示，它同一般驱动桥一样，由主减速器、差速器、半轴和桥壳组成。但由于转向时转向车轮需要绕之销偏转一个角度，故与转向轮相连的半轴必须分成内外两段（内半轴和外半轴），其间用万向节（一般多用等速万向节）连接，同时主销也因此而分制成两段（或用球头销代替）。转向节轴颈部分制成中空的，以便外半轴穿过其中。

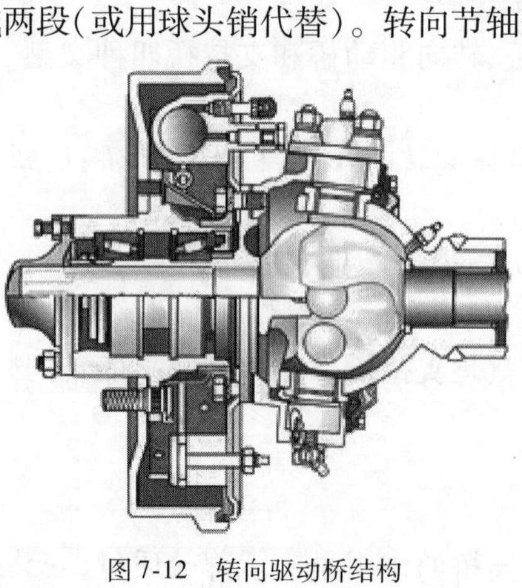

图 7-12 转向驱动桥结构

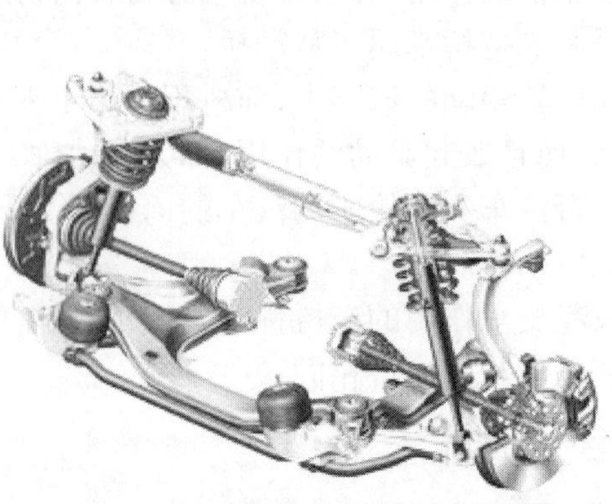

图 7-13 轿车的断开式驱动桥

四、支承桥

桑塔纳 2000GSi 轿车后桥是纵向摆臂式非驱动桥，后悬架为非独立悬架，其结构如图 7-14 所示。

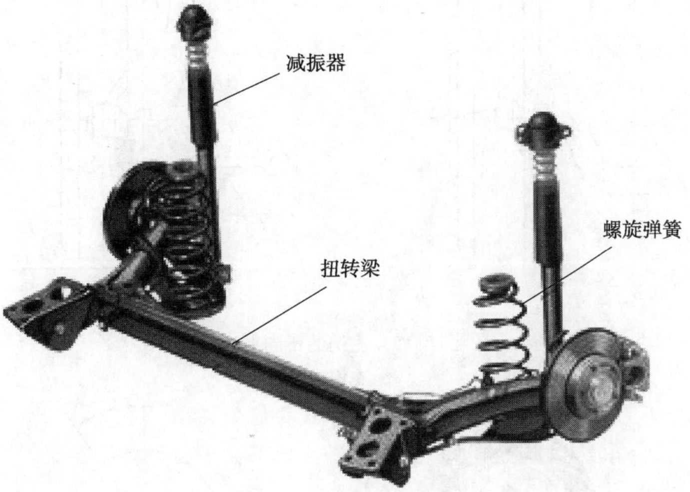

图 7-14　轿车的后桥

后桥桥架由一根 6mm 厚的 V 形冲压横梁和两根圆柱管状的悬架臂，以及内加强筋和外加强覆板焊接组成，通过安装在悬架摆臂前的金属橡胶支承的支承座和后减振器支承杆座与车身连接。后桥轮毂(制动鼓)内侧轴承压在轮毂短轴上，其上带有密封圈，防止润滑脂泄漏；外侧轴承靠自锁螺母锁紧，轮毂短轴凸缘用 4 个螺栓固定在悬架臂总成上的轴端支承面上。轮毂和车轮由轮胎螺栓紧固在一起。

车桥轮毂、制动鼓，以及车轮与车桥的连接方式与转向桥一样，通过轴承支承并进行轴向定位。车桥只向其传递横、纵向推力或拉力，不传递转矩。这一点是驱动桥和非驱动桥上车轮与车桥连接方式不同的地方。

五、车轮定位

1. 转向轮定位

为了保证汽车直线行驶的稳定性和操纵的轻便性，减少轮胎和其他机件的磨损，转向轮、转向节和前轴三者与车架的安装应保持一定的相对位置关系，这种安装位置关系称为转向车轮定位，也称前轮定位。

对于两端装有主销的转向桥，汽车转向时，转向车轮会围绕主销轴线偏转，如图 7-15a)所示。但在大多数断开式转向桥中没有主销，采用上、下球头销代替主销，上、下球头销球头中心的连心线相当于主销轴线，如图 7-15b)所示。

转向轮定位包括主销后倾、主销内倾、车轮外倾及前束 4 个参数。现以有主销的转向桥为例，说明转向车轮定位。

1)主销后倾

主销安装在前轴上，其上端略向后倾斜，这种现象称为主销后倾。在垂直于汽车支承平面的纵向平面内，主销轴线与汽车支承平面垂线之间的夹角 γ 称为主销后倾角，如图 7-16 所示。

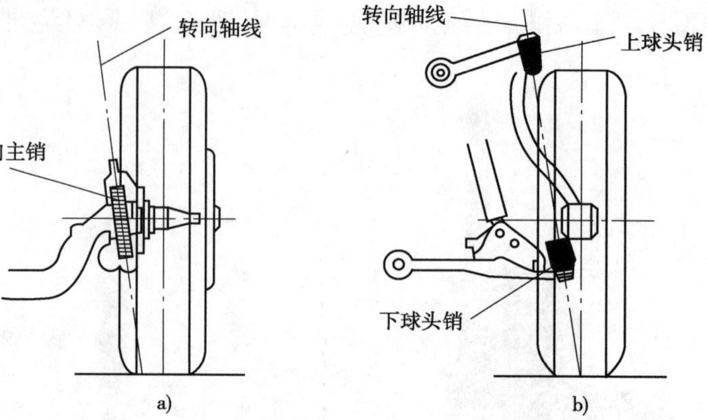

图 7-15　主销的不同形式

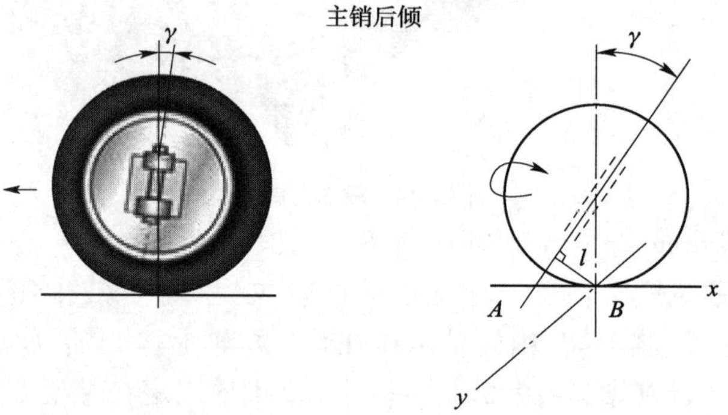

图 7-16　主销后倾角

主销后倾角的功用是形成回正力矩，保证汽车直线行驶的稳定性，并使汽车转向后回正操纵轻便。

主销后倾使主销轴线的延长线与地面的交点 A 位于车轮与路面的接触点 B 之前，A、B 两点之间的距离称为主销后倾移距。设 B 点到主销轴线延长线之间的距离为 l，汽车直线行驶时，若转向轮偶然受到外力作用而偏转（图 7-16 中所示为向右偏转），汽车将偏离行驶方向而右转弯。由于汽车本身离心力的作用，在轮胎与路面接触点 B 处将产生一个路面对车轮的侧向反作用力 F，由于反作用力 F 没有通过主销轴线，因而形成了一个使车轮绕主销轴线旋转的力矩 $F \cdot l$，其方向正好与车轮偏转方向相反。在此力矩作用下，车轮具有回复到原来中间位置的作用，从而保证了汽车直线行驶的稳定性。同理，在汽车转向后的回正过程中，此力矩具有帮助驾驶员起转向车轮回正的作用，使汽车转向后回正操纵轻便。

主销后倾角越大、车速越高，回正力矩就越大，转向轮偏转后自动回正的能力也越强。但主销后倾角也不宜过大，一般不超过 2°，否则在转向时为了克服此力矩，驾驶员需在转向盘上施加较大的力，使转向沉重。

此外，有些汽车由于采用超低压轮胎，弹性增加，转向时因轮胎弹性变形而使轮胎与路面的接触点后移，使回正力矩增加，故主销后倾角可以减小，甚至为负值（即主销前倾）。

2）主销内倾

主销安装在前轴上，其上端略向内侧倾斜，这种现象称为主销内倾。在垂直于汽车支承平面的横向平面内，主销轴线与汽车支承平面垂线之间的夹角 β 称为主销内倾角，如图 7-17a)所示。主销内倾的功用是使转向轮自动回正，并使转向操纵轻便。

主销内倾具有使转向轮转向操纵轻便的作用，如图 7-17b)所示。由于主销内倾，使主销轴线的延长线与地面的交点至车轮中心平面与地面交点之间的距离 c 缩短。转向时，路面作用在转向轮上的阻力对主销轴线产生的力矩减小，从而减少转向时驾驶员施加在转向盘上的力，使转向操纵轻便。同时，还可以减小因路面不平而从转向轮传到转向盘上的冲击力。

主销内倾具有使转向轮自动回正的作用。当转向轮在外力作用下绕主销旋转而偏离中间位置时，由于主销内倾，车轮的最低点将陷入路面以下 A 处，即车轮必须将路面压低距离 A 后才能旋转过来，但实际路面不可能被压低，车轮下边缘不可能陷入路面之下，而是车轮连同整个汽车前部被向上抬起相应高度 A。一旦外力消失，转向轮就会在汽车前部重力作用下，力图自动回正到旋转前的中间位置。主销内倾角越大、转向轮偏转角越大，汽车前部就抬起得越高，转向轮自动回正的作用就越大。

主销内倾角既不宜过大，也不宜太小。主销内倾角过大，转向时车轮在滚动的同时将与路面产生较大的滑动，增加轮胎与路面的摩擦阻力，这不仅使转向沉重，而且加速了轮胎的磨损，主销内倾角过小，汽车行驶的稳定性和制动稳定性将变差。主销内倾角一般不大于 8°，偏置一般为 40～60mm。在一些发动机前置前轮驱动的轿车上，为了使汽车具有良好的行驶稳定性，特别是制动稳定性，其主销内倾角均较大。

主销后倾和主销内倾都具有使车轮自动回正及保证汽车直线行驶稳定性的作用，但其区别在于：主销后倾角的回正作用随着车速的增高而增大，而主销内倾的回正作用几乎与车速无关。

3）车轮外倾

转向轮安装在转向节上时，其旋转平面上端向外倾斜，这种现象称为转向车轮外倾。车轮旋转平面与垂直于车辆支承面的纵向平面之间的夹角 α 称为车轮外倾角，如图 7-17c)所示。

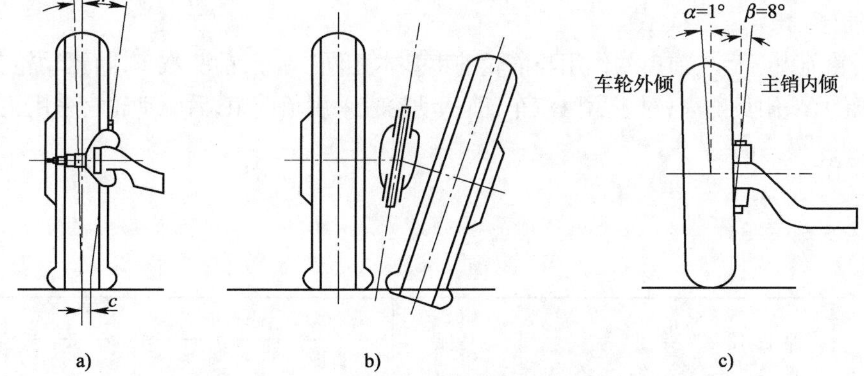

图 7-17 主销内倾角和车轮外倾

车轮外倾角的功用是提高车轮工作的安全性和转向操纵的轻便性。

由于主销与衬套之间、轮毂与轴承等处都存在着装配间隙，若空车时车轮的安装正好垂直于路面,则满载时上述间隙将发生变化,车桥也因承载而变形,从而引起车轮向内倾斜。车轮内倾将使路面对车轮的垂直反作用力的轴向分力压向轮毂外端的小轴承,使该轴承及其锁紧螺母等零件承受的载荷增大,降低了它们的使用寿命,严重时会损坏锁紧螺母而使车轮脱落。为此.安装车轮时预先留有一定的外倾角,以防止上述不良影响。车轮外倾与主销内倾相配合可进一步缩短距离 c,使汽车转向轻便。此外,车轮有一定的外倾角也可以与拱形路面相适应。但车轮外倾角不宜过大,否则会使轮胎产生偏磨。一般前轮外倾角为1°左右。

4)前轮前束

车轮安装在车桥上,两前车轮的中心平面不平行,其前端略向内收,这种现象称为前轮前束。两前轮后端距离 A 大于前端距离 B,其差值($A-B$)称为前轮前束值,如图7-18所示。

前轮前束的功用是消除因车轮外倾所造成的不良后果,保证车轮不向外滚动,防止车轮侧滑和减轻轮胎的磨损。

由于车轮外倾,汽车行驶时,两个车轮的滚动类似于两个锥体的滚动,其轨迹不再是直线而是逐渐向各自的外侧滚开。但因受车桥和转向横拉杆的约束,两侧车轮不可能向外滚开,这样,车轮在路面上滚动行驶的同时又被强制地拉向内侧,产生向内的侧滑,从而加剧轮胎的磨损。有了前束,车轮滚动的轨迹是向内侧偏斜,只要前束值与车轮外倾角配合适当,车轮向内、外侧滚动的偏斜量就会相互抵消,使车轮每一瞬间的滚动方向都朝着正前方,从而消除了侧滑,减轻了轮胎的磨损。

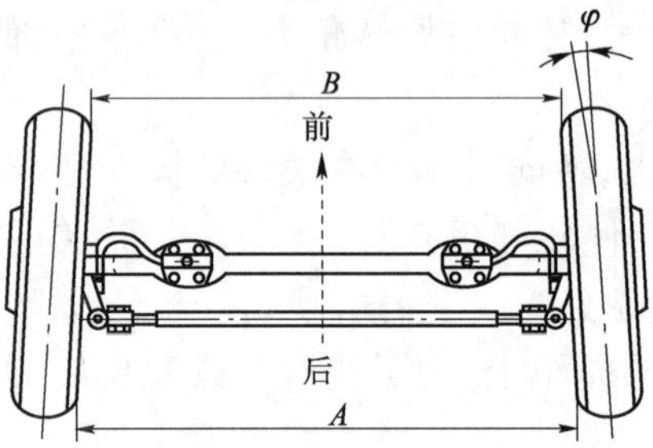

图7-18 前轮前束

前轮前束值可以通过改变转向横拉杆的长度来调整,一般前束值为0~12mm。

2.非转向轮定位

后轮与后轴之间的相对安装位置关系,称为后轮定位。随着车速的不断提高,为了提高汽车高速行驶的稳定性,在结构设计上应确保汽车具有不足转向特性。为此,转向轮定位的内容已扩展到非转向轮。后轮定位内容主要包括后轮外倾角和后轮前束。

(1)后轮外倾角。为了对载荷进行补偿,采用独立后悬架的大多数车辆常带有一个较小的正后轮外倾角。

(2)后轮前束。后轮前束的作用与前轮前束基本相同。一般前驱汽车,前驱动轮宜采用正前束,后从动轮宜采用负前束;对于后驱汽车,前从动轮宜采用负前束,后驱动轮宜采用正前束。

六、评价

评价表见表7-3。

评 价 表　　　　表7-3

评价任务	目标	评价等级			备注
		自评	组长	教师	
(1)了解车桥的功能和基本类型					
(2)掌握车轮定位角的基本概念和作用					

注:☆熟练;◇达成;△基本达成;×未达成。

任务四 轮胎拆装

一、轮胎的拆卸

(1)将轮胎内的空气充分释放。

(2)拆下气门芯。

(3)将车轮总成放到换胎器上,使狭窄的胎圈凸缘向上。

(4)将车轮总成夹到换胎器上。

(5)将拆卸铲压入轮胎和轮辋间。

(6)将轮胎棒插在轮胎和车轮之间,踩下踏板使车轮转动,会使轮胎和轮辋分开。

(7)等轮胎完全离开轮辋后,卸下轮胎,如图7-19所示。

(8)轮胎解体后,对轮辋、弹性锁圈、弹性锁圈槽、挡圈等组合件进行全面检查。

重点检查以上组件有无磨损、裂纹、变形、锈蚀,检查轮胎圈口、胎体有无损伤等现象,发现磨损超标、变形、裂纹以及损伤现象的应予以更换。不得对上述组合件进行焊接、切割等修理。

二、轮胎的组装

(1)先用钢丝刷刷掉轮辋密封处的赃物和锈迹。

(2)将橡胶混合物充足地加到新胎沿口区。

(3)将轮胎放到轮辋上并将机器臂降到组件上。

(4)踩下踏板使车轮转动时,会迫使轮胎套到轮辋上(图7-20)。

(5)轮胎完全套在轮辋上后,将胎圈套到轮辋上。

(6)重新安装气门芯。

(7)将轮胎充气到标准压力。

图7-19 轮胎与轮辋分离

图7-20 轮胎与轮辋组装

三、评价

评价表见表7-4。

评　价　表　　　　表7-4

评价任务	目标	评价等级			备注
		自评	组长	教师	
(1)掌握轮胎正确的拆解方法					
(2)掌握轮胎正确的组装方法					

注:☆熟练;◇达成;△基本达成;×未达成。

项目小结

轮胎及车轮连接车轴,接触地面,在车桥和路面之间传力。当汽车行驶时,轮胎及车轮将汽车发出的作用力传给地面,同时将地面给予的反作用力传回汽车。整车动力性、经济性、平顺性、通过性、制动性及操纵稳定性等通过轮胎及车轮的特性配合实现匹配和优化,安全性和可靠性在很大程度上取决于所用轮胎和车轮的制造质量。

车轮是由轮毂、轮辋以及这两个元件间的连接部分(称轮辐)所组成。按轮辋和辐板连接形式,车轮可分为组合式结构和整体式结构。此外,还有对开式车轮、可反装式车轮、可调式车轮等。

子午线轮胎与普通斜交轮胎相比,具有弹性大、耐磨性好(可提高轮胎使用命)、滚动阻力小、附着性能好、缓冲性能好、承载能力大、不易穿刺等优点。其缺点是:胎侧容易裂口;制造技术要求高;成本高。

本项目主要介绍了轮胎功用、类型、表示方法、车轮平衡的检测和车轮的拆装方法。

思考与练习

1. 常见的车轮有哪几种?为什么辐板式车轮应用比较广泛?

2. 轮辋轮廓类型及代号有哪些?其结构形式又有几种?轮辋的规格是如何表示的?

3. 普通斜交轮胎与子午线轮胎相比,有什么区别和特点?为什么子午线轮胎使用越来越广泛?

4. 无内胎轮胎是如何实现密封的?有自粘层和无自粘层的无内胎轮胎有什么不同的应用?

5. 常见的轮胎规格表示方法是什么?

项目八　汽车悬架

知识目标

1. 掌握汽车悬架的功用。
2. 了解汽车悬架的工作原理。
3. 掌握汽车悬架的种类、结构形式和特点。
4. 掌握汽车减振器的结构和工作原理。

能力目标

1. 能根据相关技术规定，制定悬架减振器的更换方案。
2. 能对前、后悬架进行拆装。

任务一　悬架基础知识的认知

汽车悬架是车架（或承载式车身）与车桥（或车轮）之间弹性连接的部件（图 8-1）。汽车悬架主要由弹性元件、减振器和导向机构三个基本部分组成。弹性元件使车架（或车身）与车桥（或车轮）之间实现弹性连接，用来承受并传递垂直载荷，缓和不平路面、紧急制动、加速和转弯引起的冲击。减振器用来衰减由于弹性系统受到冲击后引起的振动，很多汽车在悬架中设有专门的减振器。导向机构是用来使车轮（特别是转向轮）按一定运动轨迹相对于车身运动，同时以上三者兼有传递力的作用。

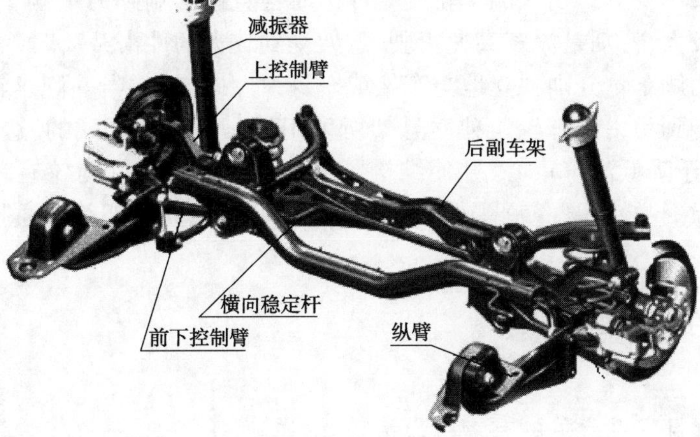

图 8-1　独立悬架

若钢板弹簧作为弹性元件时,它本身兼有导向作用可不另设导向机构。在多数的轿车和客车上,为防止车身的转向等情况发生过大的横向倾斜,在悬架中还设有辅助弹性元件横向稳定器,用以提高侧倾的刚度,使汽车具有不足转向特性,改善汽车的操纵稳定性和行驶的平顺性。

一、汽车悬架的功用和类型

1. 汽车悬架的功用

汽车悬架的功用如下:

(1)抑制、缓和由不平路面引起的振动和冲击。

(2)传递汽车垂直力以外,还传递其他方向的力和力矩。

(3)保证车轮和车身(或车架)之间有确定的运动关系,使汽车具有良好的驾驶性能。

2. 汽车悬架的分类

按照控制形式不同,悬架可分为被动式悬架和主动式悬架两大类。

目前多数汽车上采用被动式悬架。被动式悬架的含义是汽车姿态(状态)只能被动地取决于路面、行驶状况和汽车的弹性元件、导向装置以及减振器这些机械零件。主动悬架可以根据路面和行驶工况自动调整悬架刚度和阻尼,从而使车辆能主动地控制垂直振动及其车身或车架的姿态。

根据汽车导向装置的不同,悬架又可分为独立悬架和非独立悬架。如图 8-2 所示。

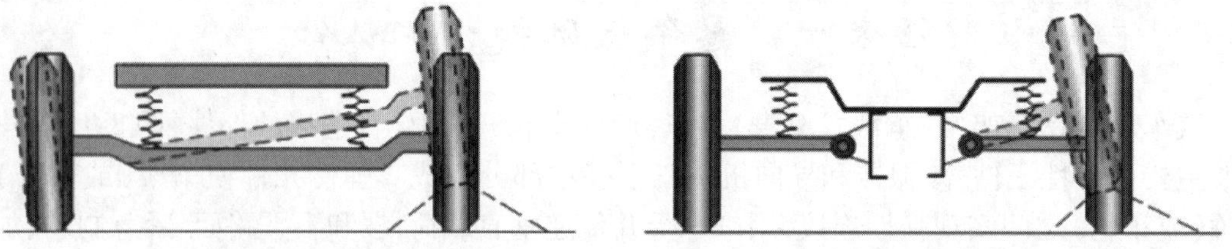

a)独立悬架　　b)非独立悬架

图 8-2　悬架的分类

非独立悬架的特点是两侧车轮安装于一根整体式车桥上,车轮连同车桥一起通过弹性元件悬挂在车架或车身上。当一侧车轮受到冲击时会直接影响到另一侧车轮。非独立悬架由于簧载质量比较大,特别是汽车高速行驶、悬架受到较大的冲击载荷时,汽车平顺性较差。

独立悬架的两侧车轮分别独立地与车架或车身弹性地连接,当一侧车轮受到冲击时,其运动不会直接影响到另一侧车轮。独立悬架所采用的车桥是断开式的,这样可使发动机降低安装位置,有利于降低汽车重心,并使结构紧凑。独立悬架允许前轮有较大的跳动空间,这样便于选择较软的弹性元件使平顺性得到改善。同时,独立悬架簧载质量小,可提高汽车车轮的附着性能。

二、弹性元件及典型悬架

1. 钢板弹簧

汽车悬架的弹性元件常见的有钢板弹簧、螺旋弹簧、扭杆弹簧、气体弹簧和橡胶弹簧,其中钢板弹簧使用得最为广泛。

钢板弹簧一般构造如图 8-3 所示。它是由若干片等宽但不等长(厚度可以相等,也可以不相等)的合金弹簧片组合而成的一根近似等强度的弹性梁。

钢板弹簧的第一片(最长的一片)称为主片,其两端弯成卷耳 1,内装青铜或塑料、橡胶、粉末冶金制成的衬套,以便用弹簧销与固定在车架上的支架或吊耳作铰链连接。钢板弹簧的中部一般用 U 形螺栓与车桥固定。

中心螺栓 4 用以连接各弹簧片,并保证装配时各片的相对位置。中心螺栓距两端卷耳中心的距离可以相等,也可以不相等(称为非对称式钢板弹簧)。

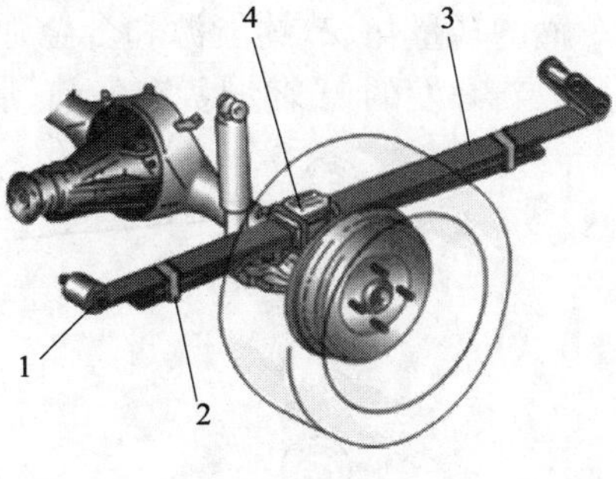

图 8-3　钢板弹簧

1-卷耳;2-弹簧夹;3-弹簧钢板;4-中心螺栓

当钢板弹簧安装在汽车悬架中,所承受的垂直载荷为正向时,各弹簧片都受力变形,有向上拱弯的趋势。这时,车桥和车架便互相靠近。当车桥与车架互相远离时,钢板弹簧所受的正向垂直载荷和变形便逐渐减小,有时甚至会反向。

为了增加主片卷耳的强度,通常将第二片末端也变成卷耳,包在主片的外面(亦称包耳),且留有较大的间隙,使得弹簧变形时各片有相对滑动。有些悬架中的钢板弹簧两端不做成卷耳,而采用其他的支承连接方式。

连接各片的构件,除中心螺栓以外,还有若干个弹簧夹(亦称回弹夹),其主要作用是当钢板弹簧反向变形(即反跳)时,使各片不致互相分开,以免主片单独承载、此外,还可防止各片横向错动。弹簧夹用铆钉铆接在与之相连的最下面弹簧片的端部。弹簧夹的两边用螺栓连接,在螺栓上有套管顶住弹簧夹的两边,以免将弹簧片夹得过紧。

在螺栓套管与弹簧片之间有一定间隙(不小于 1.5mm)。以保证弹簧变形时,各弹簧片可以相互滑移。

钢板弹簧在载荷作用下变形时,各弹簧片之间有相对滑动而产生摩擦,弹簧片间的摩擦力可以促进车架振动的衰减。但各弹簧片间的干摩擦使弹簧片加速磨损,这是不利的。为减少弹簧片间的磨损,在装合钢板弹簧时,各弹簧片间须涂上较稠的润滑剂(石墨润滑脂),并应定期进行维护。有时将钢板弹簧装在护套内,使用期间内长期储存润滑脂和防止污染。

为了保证在弹簧片间产生定值摩擦力以及消除噪声,也可在弹簧片之间夹入塑料垫片。如某些高级轿车(例如红旗牌轿车)的后悬架钢板弹簧,即采用此种结构。

钢板弹簧的断面形状除采用对称断面外,还有采用上下对称的特殊断面,如图 8-4 所示。这样可改变弹簧的受力情况,不仅提高其疲劳强度,还节约了金属材料。

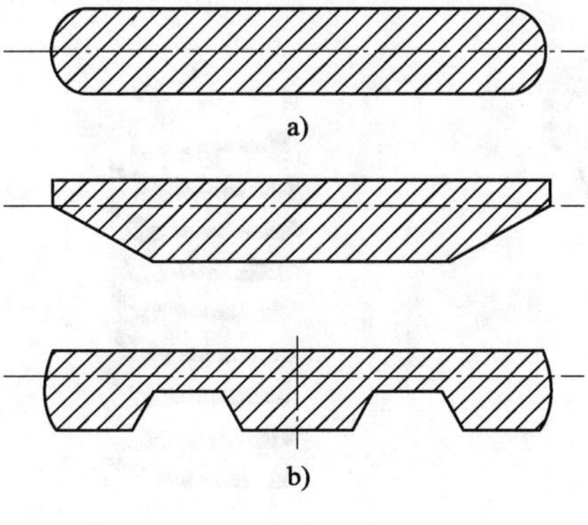

图 8-4　钢板弹簧断面形状

目前,在汽车上采用了一种由单片或 2 ~ 3 片变厚度断面的弹簧片构成的少片变断面钢板弹簧,其弹簧片的断面尺寸沿长度方向是变化的,片宽保持不变,如图 8-5 所示。这种少片变断面钢板弹簧克服了多片钢板弹簧质量大、性能差(由于片间摩擦的存在,影响了汽车的行驶平顺性)的缺点。在两种弹簧寿命相等的情况下,少片变断面钢板弹簧可减少质量40%～50%。因此,这种弹簧对实现车辆的轻量化、节约能源和合金弹簧钢材大为有利,故应用日渐广泛。例如我国第一汽车制造厂新开发的2t轻型货车的前、后钢板弹簧均采用了这种少片变断面钢板弹簧。

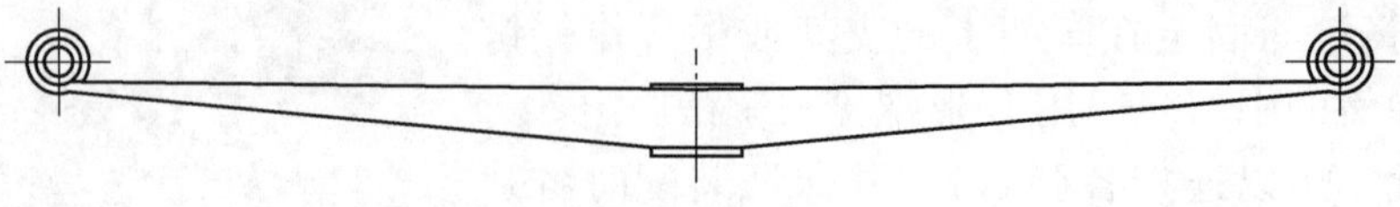

a)单片弹簧

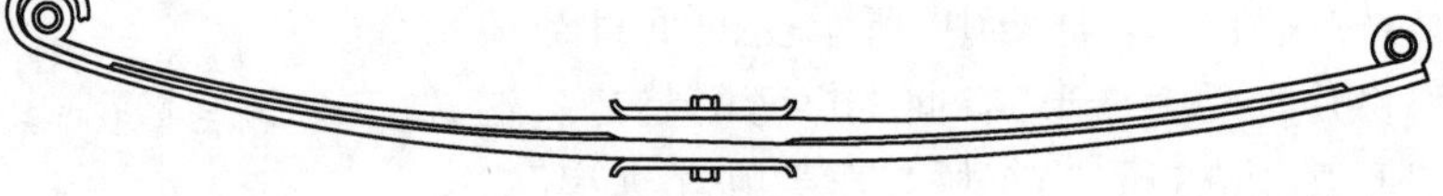

b)少片弹簧

图8-5　单片和少片变断面钢板弹簧

2. 钢板弹簧的平衡悬架

多轴的驱动(多于两桥)车辆的全部车轮如果都是单独地刚性悬挂在车架上,则在不平道路上行驶时将不能保证所有车轮同时接触地面(图8-6)。为了保证所有车轮与地面的良好接触,通常采用平衡悬架。平衡悬架的原理是将两个车桥(如三轴汽车的中桥与后桥)装在平衡杆的两端,而将平衡杆中部与车架作铰链式的连接。这样,一个车桥抬高将使另一车桥下降。而且,由于平衡杆两臂等长,则两个车桥上的垂直载荷在任何情况下都相等,这种能保证中后桥车轮垂直载荷相等的悬架称为平衡悬架。

3. 螺旋弹簧

螺旋弹簧通常应用于独立悬架,特别是前轮独立悬架中(图8-7)。在有些轿车的后轮非独立悬架中,其弹性元件也采用螺旋弹簧。螺旋弹簧用弹簧钢棒料卷制而成,可制成等螺距或变螺距。前者刚度不变,后者刚度是可变的。螺旋弹簧与钢板弹簧比较,具有以下优点:无需润滑,不忌泥污;安置它所需的纵向空间不大;弹簧本身质量小。

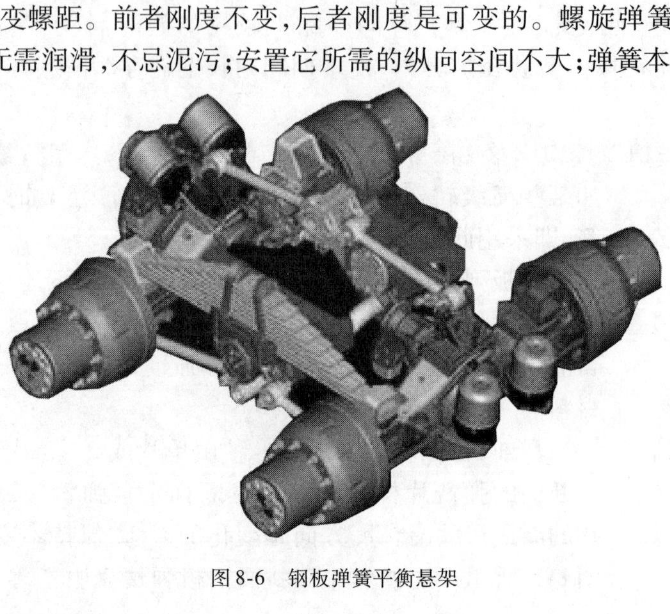

图8-6　钢板弹簧平衡悬架

图8-7　螺旋弹簧

螺旋弹簧本身没有减振和导向作用,因此在螺旋弹簧悬架中必须另装减振器和导向机构。

4. 扭杆弹簧

扭杆弹簧是用铬钒合金弹簧钢制成,其表面经过加工后很光滑。使用中必须对扭杆表面很好保护,通常在扭杆弹簧表面上涂有环氧树脂,包一层玻璃纤维布,再涂一层环氧树脂,最后涂以沥青和防锈油漆,以防碰撞、刮伤和腐蚀,从而可提高扭杆弹簧的使用寿命。

扭杆弹簧本身是一根由弹簧钢制成的杆(图 8-8)。扭杆断面通常为圆形,少数为矩形或管形。其两端形状可以做成花键、方形、六角形或带平面的圆柱形等,以便一端固定在车架上,另一端固定在悬架的摆臂上。摆臂则与车轮相连。当车轮跳动时,摆臂便绕着扭杆轴线而摆动,使扭杆产生扭转弹性变形,借以保证车轮与车架的弹性联系。有的扭杆由一些矩形断面的薄条(扭片)组合而成,这样,弹簧更为柔软。

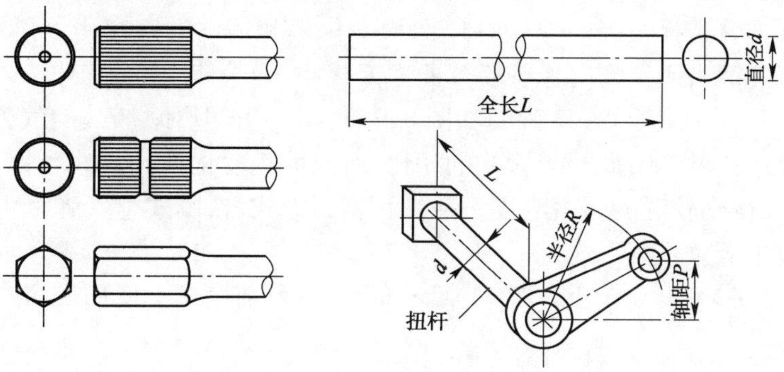

图 8-8 扭杆弹簧

扭杆本身的扭转刚度虽然是常数,但采用扭杆的悬架刚度却是可变的。若将扭杆的固定端转过一个角度,则摆臂的初始位置将改变,借此可调节车架与车轮之间的距离,即调节车身高度。

扭杆弹簧在制造时,经热处理后预先施加一定的扭转力矩载荷,使之产生一个永久的扭转变形,从而使其具有一定的预应力。左、右扭杆的预加扭转的方向都与扭杆安装在车上后承受工作载荷时扭转的方向相同。其目的是减小工作时的实际应力,以延长扭杆弹簧的使用寿命。如果左、右扭杆换位安装,则将使扭杆弹簧的预先扭转方向与工作时扭转方向相反,导致扭杆弹簧的实际工作应力加大,而使用寿命缩短,因此左、有扭杆弹簧不能互换。为此,左、右扭杆刻有不同的标记。扭杆弹簧与钢板弹簧相比较,具有质量小、不需润滑、维修简便等优点,使用于小型车及厢式车。

5. 气体弹簧

气体弹簧分为空气弹簧和油气弹簧两种。气体弹簧是在一个密封的容器中充入压缩气体(气压为 0.5 ~ 1MPa),利用气体的可压缩性实现其弹簧作用的。空气弹簧的刚度是可变的。空气具有较理想的非线性弹性特性,加装高度调节装置后,车身高度不随载荷的增减而变化,弹簧钢度可设计得较低,乘坐的舒适性好。但空气弹簧结构复杂、制造成本高。

1)空气弹簧

空气弹簧分为囊式、膜式和复合式三种,如图 8-9 所示。

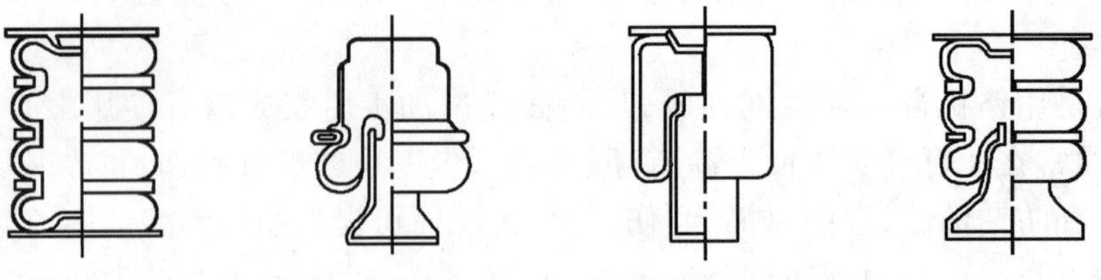

图 8-9　空气弹簧

（1）囊式空气弹簧。囊式空气弹簧如图 8-9a）所示，有单曲、双曲和多曲式三种。若气室容积相同时，气囊曲数越多弹簧刚度越小，但曲数太多，弹簧横向稳定性不好。囊式空气弹簧有效面积变化率较大，弹簧刚度较高，因此，通常采用增加辅助气室办法减少弹簧的刚度。若囊式空气弹簧选择适当的弹簧有效面积变化率和辅助气室容积，可得到适当的弹簧刚度。囊式空气弹簧由于工作时橡胶膜片曲率变化小，弹簧使用寿命较长。

（2）膜式空气弹簧。膜式空气弹簧如图 8-9b）、图 8-9c）所示，膜式空气弹簧的密闭气囊由橡胶膜片和金属压制件组成。与囊式的相比，有效面积变化率比囊式小，因此在没有辅助气室情况下，可以得到较低的弹簧刚度。从弹簧密封形式看，膜式空气弹簧可采用压力自封式，结构简单、成本低。

由于膜式空气弹簧尺寸较小，在车上便于布置，故目前汽车上使用较多。但是制造较困难，寿命也较短。

（3）复合式空气弹簧。从结构上看，复合式空气弹簧如图 8-9d）所示，是介于囊式和膜式之间的一种形式，它综合了上述两种空气弹簧的优点，具有较低的弹簧刚度，但制造工艺复杂。

2）油气弹簧

油气弹簧是空气弹簧的一种特例，它仍以气体（一般是氮气）作为弹性介质，在气体与活塞之间引入油液作为传力介质。油气弹簧主要由气体弹簧和相当于液力减振器的液压缸所组成（图 8-10）。

油气弹簧有单气室、双气室（带反压气室）及两级压力式等类型。

单气室油气弹簧又分为油气分隔式和油气不分隔式两种。前者可防止油液乳化，且便于充气。

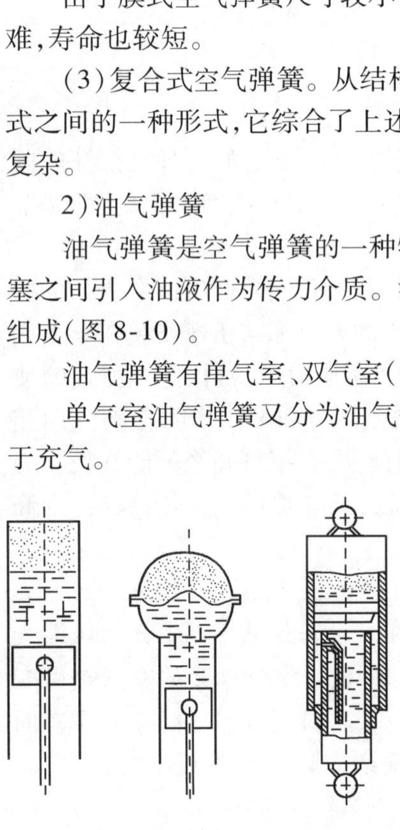

图 8-10　油气弹簧

空气弹簧和油气弹簧都有减振器。空气弹簧和油气弹簧都同螺旋弹簧一样，只能承受轴向载荷，故气体弹簧悬架中必须设置纵向和横向推力杆的导向机构。空气弹簧悬架中还必须有减振器。

气体弹簧可以借专门的控制阀（高度阀）自动调节气囊或气室的原始充气压力，以使车身离地高度保持一定。空气弹簧的质量比任何弹簧的质量都小，且寿命也较长，但高度尺寸较大，在布置上有一定困难，此外，其密封环节多，容易漏气。

油气弹簧应用于重型汽车上时，其体积和质量都较钢板弹簧小（质量可减小50%以上）。但油气弹簧对气体和油液的密封要求很高，因而对加工和装配的精度要求和对相对滑动的工作表面的粗糙度和耐磨性要求都很高。此外，油气弹簧的维护也较麻烦。

6. 橡胶弹簧

橡胶弹簧是利用橡胶本身的弹性来起弹性元件的作用（图8-11）。它可以承受压缩载荷与扭转载荷。其优点是单位质量的储存能量较金属弹簧多，隔音性能好，橡胶弹簧多用作悬架的副簧和缓冲块。在有些汽车的悬架中也有用它作主簧的。

图8-11　橡胶弹簧

三、减振器

功能：减振器是产生阻尼力的主要元件，其作用是迅速衰减汽车振动，改善汽车行驶平顺性，增强车轮与路面附着性能，减少汽车因惯性力引起的车身倾角变化，提高汽车操纵性和稳定性。此外，减振器能够降低车身部分载荷，延长汽车使用寿命。

原理：减振器其作用原理是当车架与车桥作往复相对运动，而活塞在缸筒内往复移动时，减振器壳体内的油液便反复地从一个内腔通过一些窄小的孔隙流入另一内腔。此时，孔壁与油液间的摩擦及液体分子内摩擦便形成对振动的阻尼力，使车身和车架的振动能量转化为热能，而被油液和减振器壳体所吸收，然后散到大气中。减振器的阻尼力的大小随车架与车桥（或车轮）的相对速度的增减而增减，并且与油液黏度有关。要求减振器所用油液的黏度受温度变化的影响尽可能小；同时还具有抗汽化、抗氧化以及对各种金属和非金属零件不起腐蚀作用等性能。

减振器的阻尼力越大，振动消除得越快，但阻尼力过大将导致弹性元件的作用不能充分发挥，甚至过大的阻尼力还可能导致一些连接零件及车架损坏。为了协调弹性元件与减振器工作，对减振器提出如下要求：

（1）当车桥（或车轮）与车架的相对速度过大时，减振器应当能自动加大液流通道截面积，使阻尼力始终保持在一定限度之内，以避免承受过大的冲击载荷。

（2）在悬架压缩行程（车桥与车架相互移近的行程）内，减振器阻尼力应较小，以便充分利用弹性元件的弹性，以缓和冲击。

（3）在悬架伸张行程（车桥与车架相对远离的行程）内，减振器的阻尼力应大，以求迅速减振。

汽车上广泛采用双向作用筒式减振器，既在压缩和伸张两行程内均能起减振作用的减振器称为双向作用式减振器。另有一种减振器仅在伸张行程内起作用，称为单向作用式减振器。

1. 双向作用筒式减振器

双向作用筒式减振器（又称双筒式减振器）一般都具有4个阀（图8-12），即压缩阀6、伸张阀4、流通阀8和补偿阀7。流通阀和补偿阀是一般的止回阀，其弹簧很弱，当阀上的油压作用力与弹簧力同向时,阀处于关闭状态,完全不通液流;而当油压作用力与弹簧力反向时,只要有很小的油压,阀便能开启。压缩阀和伸张阀是卸载阀,其弹簧较强,预紧力较大,只有当油压增高到一定程度时,阀才能开启;而当油压减低到一定程度时,阀即自行关闭。

双向作用筒式减振器的工作原理分为压缩和伸张两个行程,以图 8-12 为例加以说明。

1)压缩行程

当汽车车轮滚上凸起或滚出凹坑时,车轮移近车架(车身),减振器受压缩,减振器活塞 3 下移。活塞下面的腔室(下腔)容积减小,油压升高,油液经流通阀 8 流到活塞上面的腔室(上腔)。由于上腔被活塞杆 1 占去一部分,上腔内增加的容积小于下腔减小的容积,故还有一部分油液推开压缩阀 6,流会储液缸 5。这些阀对油液的节流便造成对悬架压缩运动的阻尼力。

2)伸张行程

当车轮滚进凹坑或滚离凸起时,车轮相对车身移开,减振器受拉伸。此时减振器活塞向上移动。活塞上腔油压升高,流通阀 8 关闭。上腔内的油液便推开伸张阀 4 流入下腔。同样,由于活塞杆的存在,自上腔流来的油液还不足以充满下腔所增加的容积,下腔内产生一定的真空度,这时储油缸中的油液便推开补偿阀 7 流入下腔进行补充。此时,这些阀的节流作用即造成对悬架伸张运动的阻尼力。

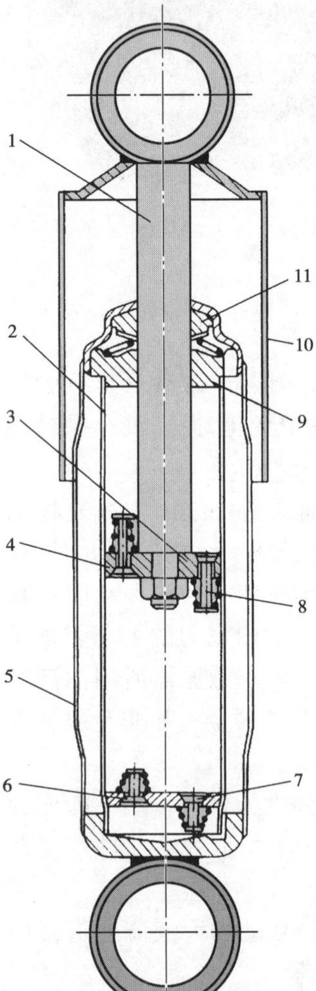

图 8-12 减振器

1-活塞杆;2-工作缸;3-活塞;4-伸张阀;5-储液缸;6-压缩阀;7-补偿阀;8-流通阀 9-导向座;10-防尘罩;11-油封

压缩阀和伸张阀的节流阻力都应设计成随活塞运动速度而变化。

当车架或车身振动缓慢(即活塞向下的运动速度低)时,油压不足以克服压缩阀弹簧的预紧力而推开阀门。此时多余部分的油液便经一些常通的缝隙(图上未画出)流回储油腔。当车身振动剧烈,即活塞向下运动的速度高时,则活塞下腔油压骤增,达到能克服压缩阀弹簧的预紧力时,便推开压缩阀,使油液在很短的时间内,通过较大的通道流回储油缸。

当车轮向下运动速度不大(即活塞向上的运动速度不大)时,油液经伸张阀的常通孔隙(图上未画出)流入下腔,由于通道截面积很小,便产生较大的阻尼力,从而消耗了振动能量,使振动迅速衰减。当车身振动剧烈时,活塞上移速度增大到使油压足以克服伸张阀弹簧的预紧力时,伸张阀开启,通道截面积增大,使油压和阻尼力保持在一定限度以内。

这样,油压和阻尼力都不致超过一定限度,保证了压缩行程中弹性元件的缓冲作用得到充分发挥,同时也使减振器及悬架系统的某些零件不会因超载而损坏。

由于伸张阀弹簧的刚度和预紧力比压缩阀的大,在同样的油压力作用下,伸张阀及相应的常通缝隙的通道截面积总和小于压缩阀及相应的常通缝隙的通道截面积和。这就保证了减振器在伸张行程内产生的阻尼力比压缩行程内产生的阻尼力大得多。

2. 充气式减振器

图 8-13 所示为一种轿车上用的充气式减振器。活塞杆的进出而引起的缸筒容积的变化,则由浮动活塞的上下运动来补偿。因此这种成振器不需储液缸筒,所以亦称单筒式减振器。其结构特点是在缸筒的下部装有一个浮动活塞,在浮动活塞与缸筒一端形成的密闭气室中,充有高压(2 ~3MPa)的氮气。在浮动活塞的上面是减振器油液。浮动活塞上装有大断面的 O 形密封圈,它把油和气完全分开,故此活塞亦称封气活塞。工作活塞上装有随其运动速度大小而改变通道截面积的压缩阀和伸张阀。此两阀均由一组厚度相同、直径不等、由大到小而排列的弹簧钢片组成。

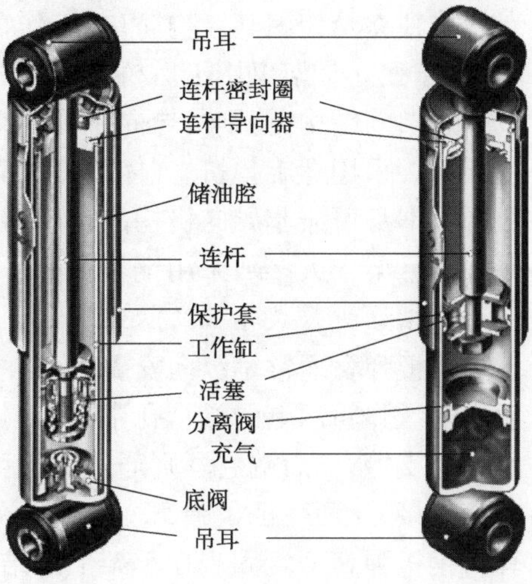

图 8-13 充气式减振器

当车轮上下跳动时,减振器的工作活塞在油液中作往复运动。使工作活塞的上腔和下腔之产生油压差,压力油便推开压缩阀或伸张阀而来回流动。由于阀对压力油产生较大的阻尼力,使振动衰减。

充气式减振器与双向作用筒式减振器相比较,具有以下优点;

(1)充气式减振器减少了一套阀门系统,使结构大为减化。

(2)在防尘罩直径相同的情况下,充气式减振器的工作缸和活塞直径比双筒式减振器大,所在每厘米行程中流经阀的流量较双筒式减振器大几倍,故在同样泄流的不利工作条件下,它比双筒式减振器能更可靠地保证产生足够的阻尼力。

(3)减振器内充有高压气体,能有效地减少车轮受到突然冲击时产生的高频振动,并有助于消除噪声。实践证明,充气式减振器能改善汽车的行驶平顺性和轮胎的接地性。

(4)充气式减振器由于内部具有高压气体和油气被浮动活塞隔开,消除了油的乳化现象。

充气式减振器的缺点:对油封要求高;充气工艺复杂,不能修理;以及当缸筒受到外界物体的冲击而产生变形时,减振器就不能工作。

四、评价

评价表见表 8-1。

评 价 表 表 8-1

评价任务	目标	评价等级			备注
		自评	组长	教师	
(1)了解悬架的功能					
(2)了解各种悬架的分类					
(3)了解各类弹簧的性能和用途					
(4)了解各类减振器的结构和特点					

注:☆熟练;◇达成;△基本达成;×未达成。

任务二　非独立悬架与独立悬架的认知

一、非独立悬架

非独立悬架因其结构简单,工作可靠,而被广泛应用于货车和客车的前、后悬架。在轿车中,非独立悬架仅用于后桥。

悬架的结构,特别是导向机构的结构,随所采用的弹性元件不同而有差异,而且有时差别很大。采用螺旋弹簧、气体弹簧时需要有较复杂的导向机构。而采用钢板弹簧时,由于钢板弹簧本身可兼起导向机构的作用,并有一定的减振作用,使得悬架结构大为简化。因而在非独立悬架中大多数采用钢板弹簧作为弹性元件。

1. 纵置板簧式非独立悬架

钢板弹簧通常是纵向安置的,如图 8-14 所示。钢板弹簧 1 中部用两个 U 形螺栓固定在后桥上。弹簧两端的卷耳孔中压入衬套。前端卷耳用钢板弹簧销与前支架相连,形成固定的铰链支点;而后端卷耳则通过钢板弹簧吊耳销与用铰链挂在后支架上可以自由摆动的吊耳相连接,从而保证了弹簧变形时两卷耳中心线间的距离有改变的可能。这种用铰链和吊耳将钢板弹簧两端固定在车架上的结构是目前广泛采用的一种连接形式。

2. 螺旋弹簧非独立悬架

螺旋弹簧非独立悬架常用于轿车的后悬架。用螺旋弹簧作为弹性元件时,必须在悬架系统中安装导向装置和减振器。图 8-15 所示为速腾轿车后悬架装置。扭转梁式后悬架是将车辆的左右两个后轮同时固定在一根横向钢梁上,通过硬性连接将车轮的跳动限制在一定的范围内,这样就会产生一个明显的弊端:由于左右两个车轮是同时固定在一根扭力梁上,所以一侧车轮的跳动必然会影响到另一侧车轮,从而就会使车身的整体跳动更为明显,舒适性降低;而且由于后轮被牢牢地固定死,所以后轮的运动显得十分被动,与使用多连杆的车型相比,驾驶员可以明显感觉到在过弯时车尾不够灵活,过井盖时上下整体跳动。不过这种结构的承载力很强,经久耐用,货车越野车用得也多。

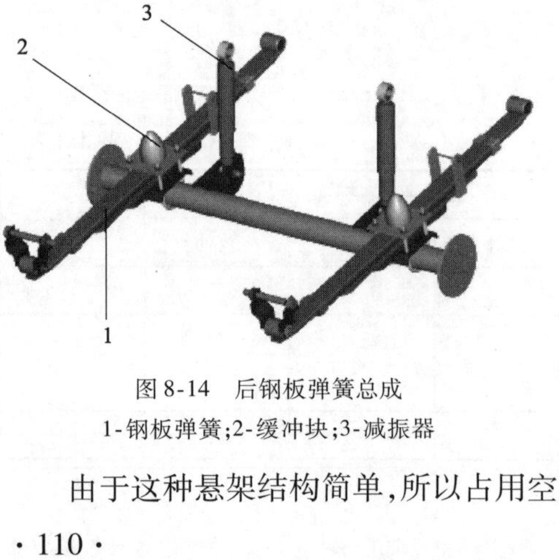

图 8-14　后钢板弹簧总成

1-钢板弹簧;2-缓冲块;3-减振器

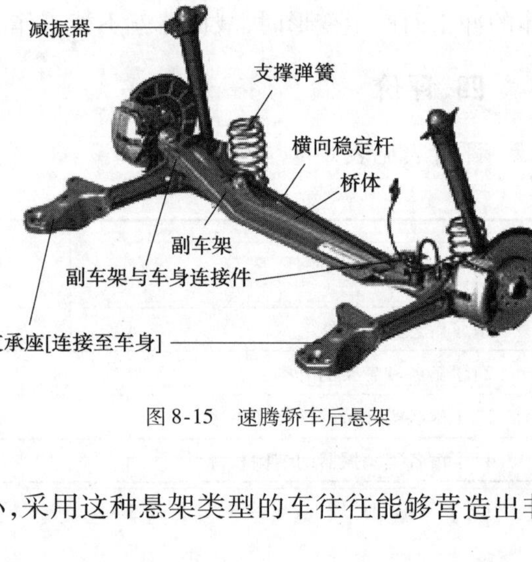

图 8-15　速腾轿车后悬架

由于这种悬架结构简单,所以占用空间很小,采用这种悬架类型的车往往能够营造出非常理想的后排腿部空间，故障率也极低，说它成本低不仅仅是指厂商，对于用户来讲日后的维护费用也很低。

3. 空气弹簧非独立悬架

采用空气弹簧悬架时，容易实现车身高度的自动调节。在装有压气机的汽车上，一般用随载荷的不同而改变空气弹簧内的空气压力的方法来达到这个目的，如图 8-16 所示。

空气弹簧工作原理如图 8-17 所示，囊式空气弹簧 5 的上下端分别固定在车架和车桥上。经压气机 1 产生的压缩空气经油水分离器 10 和压力调节器 9 进入储气筒 8。压力调节器可使储气筒中的压缩空气保持一定压力。储气罐 8 通过管路与 2 个空气弹簧相通。储气罐和空气弹簧中的空气压力由车身高度调节阀 3 控制，空气弹簧只承受垂直载荷，因而必加设减振器，其纵向力和横向力及其力矩由悬架中的纵向推力杆和横向推力杆来传递。

图 8-16 空气弹簧悬架

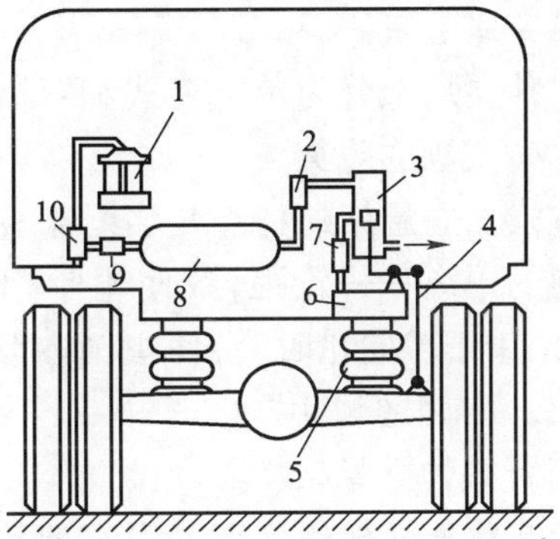

图 8-17 空气弹簧非独立悬架

1-压气机；2、7-空气滤清器；3-车身高度控制阀；4-控制杆；5-空气弹簧；6-储气罐；8-储气筒；9-压力调节器；10-油水分离器

4. 油气弹簧非独立悬架

油气弹簧装于汽车上，可以构成独立悬架或非独立悬架。油气弹簧悬架广泛地被运用在大型工矿用自卸汽车上。

油气弹簧悬架具有变刚度特性，可显著地缓和冲击，减少颠簸，从而改善驾驶员的劳动条件和提高平均车速；油气弹簧纵向尺寸小，对整车总布置有利，有利于减小汽车转弯半径；还可以在不同吨位的汽车上通用。

二、独立悬架

独立悬架中多采用螺旋弹簧和扭杆弹簧作为弹性元件。其结构特点是两侧的车轮各自独立地与车架或车身弹性连接，因而具有以下优点：

(1) 在悬架弹性元件一定的变形范围内，两侧车轮可以单独运动，而互不影响，这样在不平道路上行驶时可减少车架和车身的振动，同时有助于消除转向轮不断偏摆的不良现象。

(2) 独立悬架比用非独立悬架减少了汽车的非簧载质量（即不由弹簧支承的质量）。若道路条件和车速相同，非簧载质量越小，则悬架所受到的冲击载荷也越小。故采用独立悬架可以提高汽车的平均行驶速度。

(3) 采用断开式车桥，发动机总成的位置便可以降低和前移，降低了汽车重心，提高了汽车行驶稳定性。采用独立悬架时车轮有较大的上下运动空间,可使悬架刚度设计得较小,从而降低汽车振动频率,以改善行驶平顺性。

轿车的转向轮普遍地采用了独立悬架。独立悬架结构复杂,制造成本高;维修不便;在一般情况下,车轮跳动时,由于车轮外倾角与轮距变化较大,轮胎磨损较严重。某些越野汽车全部车轮采用独立悬架。

独立悬架的结构类型很多,可按车轮运动形式分成以下三类(图 8-18):

(1)车轮在汽车横向平面内摆动的悬架(横臂式独立悬架,图 8-18a)。

(2)车轮在汽车纵向平面内摆动的悬架(纵臂式独立是架,图 8-18b)。

(3)车轮沿主销移动的悬架,其中包括:烛式悬架(图 8-18c)和麦弗逊式悬架(滑柱连杆式悬架,图 8-18d)。

1. 横臂独立悬架

横臂式独立悬架分为单横臂式和双横臂式两种。

1)单横臂式独立悬架

单横臂式独立悬架的特点是当悬架变形时,车轮平面将产生倾斜而改变两侧车轮与路面接触点间的距离——轮距,致使轮胎相对于地面测向滑移,破坏轮胎和地面的附着。此外,这种悬架用于转向轮时,会使主销内倾角和车轮外倾角发生较大的变化,对于转向操纵有一定影响,目前很少采用。

2)双横臂式独立悬架

双横臂式独立悬架的优点是设定前轮定位参数的变化及侧倾中心位置的自由度大,若很好的设定汽车顺从转向性,可以得到最佳的操纵性和平顺性;发动机罩高度低、干摩擦小。但其结构复杂、造价高。故不等长的双横臂式独立悬架在轿车的前轮上应用得较广泛。

双横臂是用上下摆臂分别将左、右车轮和车架(或车身)连接起来的悬架形式,如图 8-19所示。

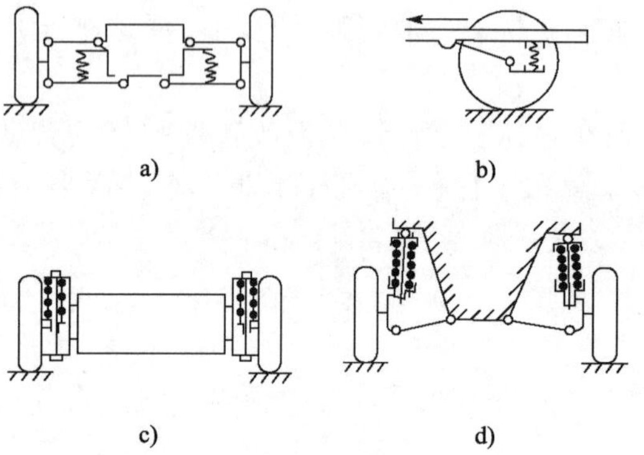

图 8-18　三种基本类型的独立悬架示意图

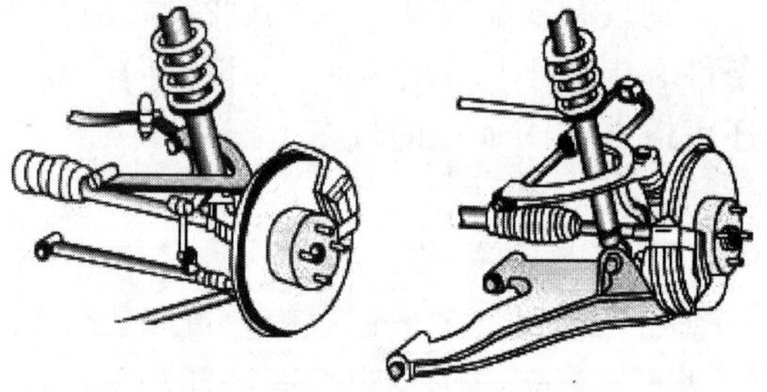
图 8-19　双横臂式独立悬架

其弹性元件一般都是螺旋弹簧,但也有采用横置钢板弹簧或扭杆弹簧作为弹性元件的,如南京依维柯 S 系列轻型货车的前悬架属于不等长双横臂式扭杆弹簧独立悬架。车轮所受的纵向力、侧向力及其力矩由上、下横臂和上、下支撑杆承受并传递给车架。

2. 纵臂式独立悬架

纵臂式独立悬架有单纵臂和双纵臂两种。

1）单纵臂式独立悬架

转向轮采用单纵臂独立悬架时，车轮上下跳动将使主销后倾角产生很大变化。因此，单纵臂式独立悬架一般多用于不转向的后轮。如图8-20所示。它是用偏心轮转动扭杆弹簧的方法而实现高度调节的。

图8-20 单纵臂式独立悬架

2）双纵臂式独立悬架

这种悬架的两个纵臂长度一般制成相等，形成平行四连杆机构。这样，在车轮上下跳动时，主销的后倾角保持不变，故这种类型的悬架适用于转向轮。

3. 车轮沿主销移动的悬架

目前车轮沿主销移动的悬架大致可分为两种类型，一种是烛式悬架，另一种是麦弗逊式悬架。

1）烛式悬架

图8-21所示为车轮的转向节沿着刚性地固定在车架上的主销上下移动的烛式独立悬架。当悬架变形时，主销的定位角不会发生变化，仅轮距、轴距稍有改变。因此有利于汽车的转向操纵和行驶稳定性。但是，侧向力全部由套在主销上的长套筒和主销承受，则套筒与主销之间的摩擦阻力大，磨损严重。

2）麦弗逊式悬架

这种悬架主要由减振器、螺旋弹簧、横摆臂和横向稳定杆等零件组成。如图8-22所示，麦弗逊式悬架是将螺旋弹簧和减振器装于一体，用减振器作滑动立柱同时兼起转向主销作用，减振器并与下摆臂组成的悬架。

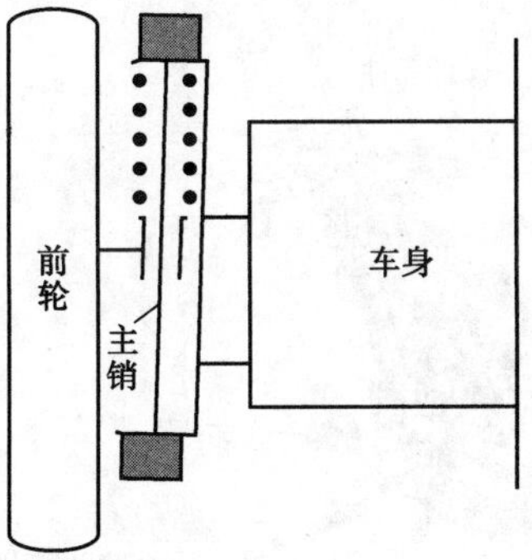

图8-21 烛式独立悬架

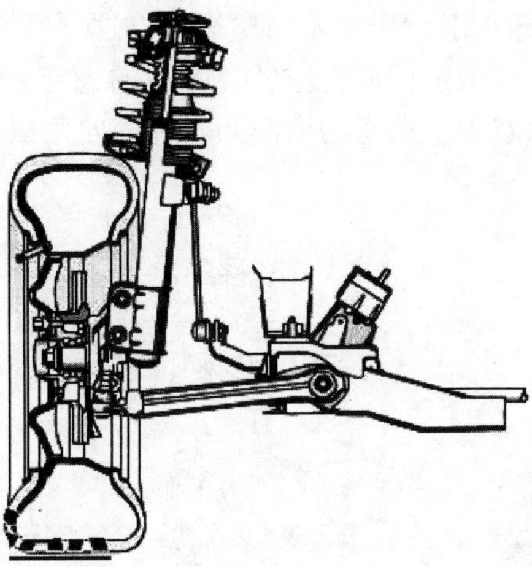

图8-22 麦弗逊式独立悬架

采用这种悬架的优点是：汽车前端空间大，有利于发动机布置，并可降低整车的重心；由于减振器在车厢上的安装点位置较高，制造中容易保证主销定位角的位置精度。另外，由于滑柱中摩擦阻力较大，影响汽车的平顺性。为减少作用于滑柱的附加弯矩产生的摩擦，通常设计成螺旋弹簧和滑柱的中心不重合而偏离一个角度。也有的将减振器导向座和活塞的摩擦表面用耐磨材料制成。由于麦弗逊式悬架性能好，结构简单、制造成本低，广泛应用于发动机前置前轮驱动轿车的前悬架中。

4. 多连杆悬架

独立悬架中多采用螺旋弹簧，因而对于侧向力、垂直力以及纵向力需加设导向装置即采用杆件来承受和传递这些力。因而一些轿车上为减轻车重和简化结构采用多连杆式悬架。

如图 8-23 所示，上连杆 9 用支架 11 与车身（或车架）相连，上连杆 9 外端与第三连杆 7 相连。上连杆 9 的两端都装有橡胶隔振套。第三连杆 7 的下端通过重型止推轴承与转向节连接。下连杆 5 与普通的下摆臂相同，下连杆 5 的内端通过橡胶隔振套与前横梁相连接。球铰将下连杆 5 的外端与转向节相连。多连杆前悬架系统的主销轴线从下球铰延伸到上面的轴承，它与上连杆和第三连杆无关。多杆悬架系统具有良好操纵稳定性，可减小轮胎磨损。这种悬架减振器和螺旋弹簧不像麦弗逊悬架那样沿转向节转动。

三、横向稳定器

现代轿车的悬架一般都很软，即自然振动频率（固有频率）很低。这样在汽车高速行驶中转向时，车身会产生很大的横向倾斜和横向角振动。为减少这种横向倾斜，常在悬架中加设横向稳定器。用得最多的是杆式横向稳定器，如图 8-24 所示。由弹簧钢制成的横向稳定杆横向地安装在汽车的前端或后端（也有的轿车前后均有）。杆的中部的两端自由地支承在两个橡胶套筒内，而套筒则固定在车架上。横向稳定杆的两侧纵向部分的末端通过支杆与悬架下摆臂上的弹簧支座相连。当车身只作垂直移动而两侧悬架变形相等时，横向稳定杆在套筒内自由转动，横向稳定杆不起作用。当两侧悬架变形不等而车身相对于路面横向倾斜时，车架的一侧移近弹簧支座，稳定杆的该侧末端就相对于车架向上移，而车架的另一侧远离弹簧支座，相应的稳定杆的末端则相对于车架向下移，然而在车身和车架倾斜时，横向稳定杆的中部对于车架并无相对运动。这样在车身倾斜时，稳定杆两边的纵向部分向不同方向偏转，于是稳定杆便被扭转。弹性的稳定杆所产生的扭转的内力矩就妨碍了悬架弹簧的变形，因而减小了车身的横向倾斜和横向角振动。

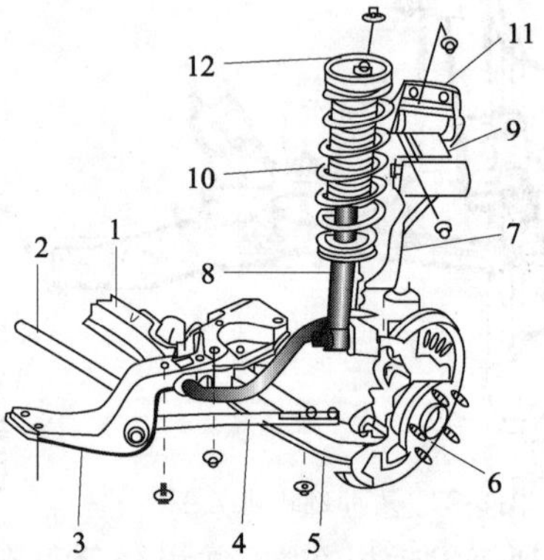

图 8-23 多连杆式独立悬架

1-前悬架横梁；2-前稳定杆；3-拉杆支架；4-黏滞式拉杆；5-下连杆；6-轮毂转向节总成；7-第三连杆；8-减振器；9-上连杆；10-螺旋弹簧；11-上连杆支架；12-减振器隔振块

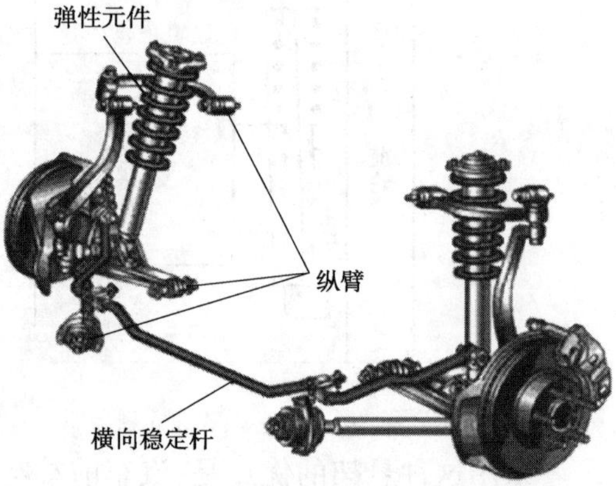

图 8-24 杆式横向稳定器

四、电控车身高度自动调节和空气悬架装置的原理

随着电子技术的发展,出现了电控汽车悬架。它是通过电子控制单元(ECU)来控制相应的执行元件,改变悬架特性以适应各种复杂的行驶工况对悬架系统的不同要求,从而使舒适性、平顺性和操纵稳定性同时得到改善。电控悬架可以调节悬架刚度和阻尼系数,突破被动悬架的局限区域,因此,电控悬架是一种主动悬架。

悬架根据调节悬架的刚度和阻尼系数分为半主动悬架系统和全主动悬架系统。

1. 半主动悬架系统

半主动悬架是对悬架的刚度和阻尼系数其中之一能进行实时调节控制的悬架。为了减少执行机构需要的功率,半主动悬架系统通常不考虑调节悬架刚度,而只对悬架的阻尼系数进行调节。半主动悬架系统又根据调节阻尼系数的特点分为:有级式半主动悬架和无级式半主动悬架两种。因半主动悬架控制系统较简单,而且又能达到与全主动悬架相近的性能,因此使用较广泛。

悬架系统的传感器将速度、位移、加速度等信号,经过输入电路进行转换后,以数字的形式送入系统的微处理器,微处理器经过计算处理后发出指令,经输出电路控制步进电动机动作,经阀杆调节阀门,从而调节阻尼系数,达到控制车身振动的目的。

2. 全主动悬架系统

全主动悬架系统是对悬架的刚度和阻尼系数均能进行实时调节。其系统的示意图如图8-25 所示。它采用油气悬架和空气悬架取代被动悬架的弹性元件和减振器。

目前,全主动悬架系统根据控制的介质可分为:主动空气悬架、主动油气悬架和主动液力悬架三种。全主动悬架一般包括控制机构和执行机构。控制机构是由 ECU 和传感器等组成的闭环控制系统,通过传感器监测道路条件、汽车的运行状态和驾驶员的需求,按照设定的控制规律向执行机构(空气弹簧、动力源等)适时地发出控制信号,以调节悬架刚度和阻尼系数。

全主动悬架与被动悬架相比,全主动悬架驱动执行机构需要的功率较大。目前常见的电控悬架实际上是介于全主动悬架与被动悬架之间的半主动悬架。

该类装置分为油压式和气压式两种。气压式是利用压缩空气冲入减振柱中,作为减振介质,改变车身高度。第三代主动悬架系统如图 8-26 所示。

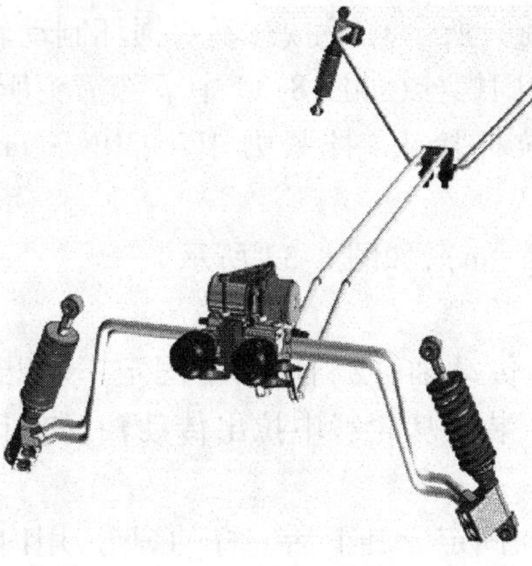

图 8-25 主动悬架系统图

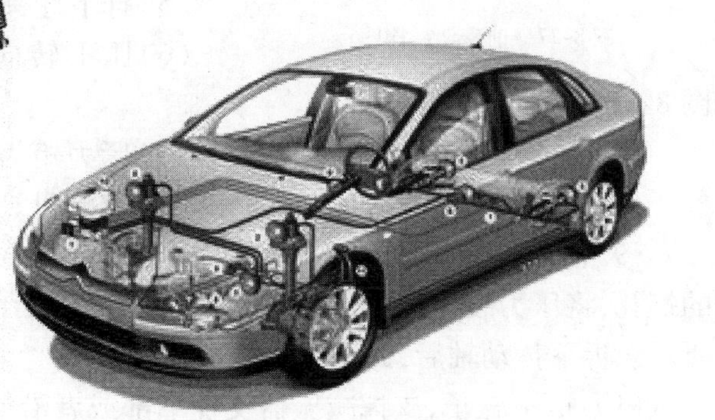

图 8-26 第三代主动悬架系统

五、评价

评价表见表8-2。

评 价 表　　表8-2

评价任务	目标	评价等级			备注
		自评	组长	教师	
(1)了解各种非独立悬架的结构特点和应用范围					
(2)了解各种独立悬架的结构特点和应用范围					

注:☆熟练;◇达成;△基本达成;×未达成。

任务三　前悬架总成的拆装

一、前悬架总成的分解图

前悬架结构图如图8-27所示,前悬架分解图如图8-28所示。

图8-27　前悬架结构图

(1)取下车轮装饰罩;旋下轮毂与传动轴的紧固螺母(拧紧力矩为230N·m),如图8-29所示。注意:车轮必须着地。

(2)卸下垫圈,拧松车轮紧固螺母(拧紧力矩为110N·m),拆下车轮。

(3)旋下制动钳紧固螺栓(拧紧力矩为70N·m),如图8-30所示。取下制动盘。

(4)取下制动软管支架,并用铁丝将制动钳固定在车身上(如图8-30中上部箭头所示)。注意:不要损坏制动软管。

(5)拧下球头销紧固螺栓(如图8-30中下部箭头所示)。

(6)压下转向横拉杆接头(拧紧力矩为30N·m),如图8-31所示。

(7)拧下横向稳定杆的紧固螺栓(拧紧力矩为25N·m),如图8-32所示。

(8)拆下传动轴(VL节)与轮毂的固定螺母。

(9)向下拆卸前悬架下摇臂,从车轮轴承壳内拉出传动轴;或利用两个固定车轮凸缘上的螺孔,将压力装置V. A. G1389固定在轮毂上,用液压装置从轮毂中拉出传动轴,如图8-33所示。拆下传动轴后,卸下压力装置。

(10)取下盖子,支撑减振器支柱下部或者沿反方向固定。旋下活塞杆的螺母,用内六角扳手阻止活塞杆的转动,如图8-34所示。

前悬架总成安装的顺序与拆卸时相反。但在安装时应注意以下事项：

(1)不允许对前悬架总成进行焊接或整形处理，不合格的零部件总成应予更换。

(2)安装传动轴时，应擦净传动轴与花键齿面上的油污，去除防护剂的残留物。在外万向节花键齿面上涂上一圈5mm宽的防护剂，然后进行传动轴装配。涂防护剂的传动轴安装后应停车60min，然后才可使用。

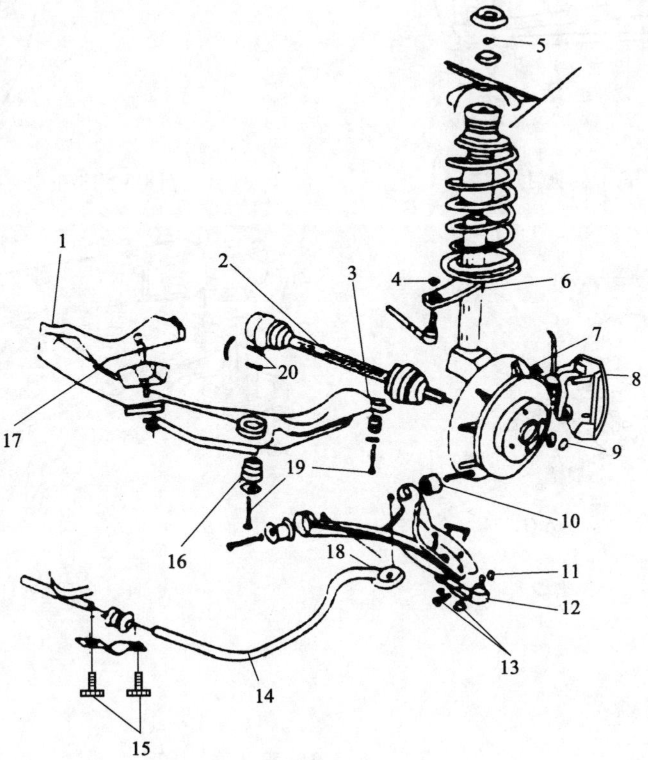

图8-28 前悬架分解图

1-副车架；2-传动轴；3-副车架后橡胶支承；4-螺母(拧紧力矩30N·m)；5-自锁螺母(拧紧力矩60N·m)；6-减振器支柱；7-螺栓(拧紧力矩70N·m)；8-制动钳；9-自锁螺母(拧紧力矩230N·m)；10-下摇臂下支座；11-自锁螺母(拧紧力矩50N·m)；12-球头销；13-自锁螺母(拧紧力矩65N·m)；14-横向稳定杆；15-螺栓(拧紧力矩25N·m)；16-副车架前橡胶支承；17-自锁螺母(拧紧力矩40N·m)；18-自锁螺母(拧紧力矩60N·m)；19-螺栓(拧紧力矩70N·m)；20-螺栓(拧紧力矩45N·m)

图8-29 拆下轮毂与传动轴紧固螺母

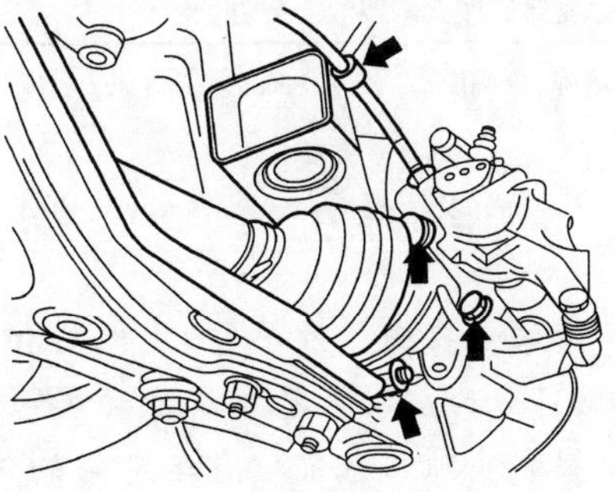

图8-30 拧下制动钳紧固螺栓

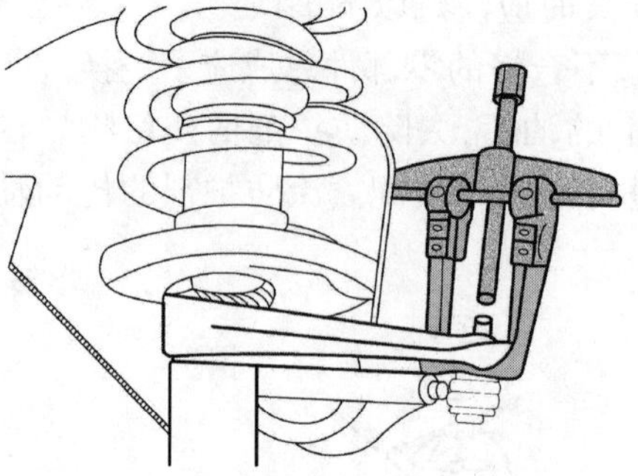

图 8-31　压出转向横拉杆接头

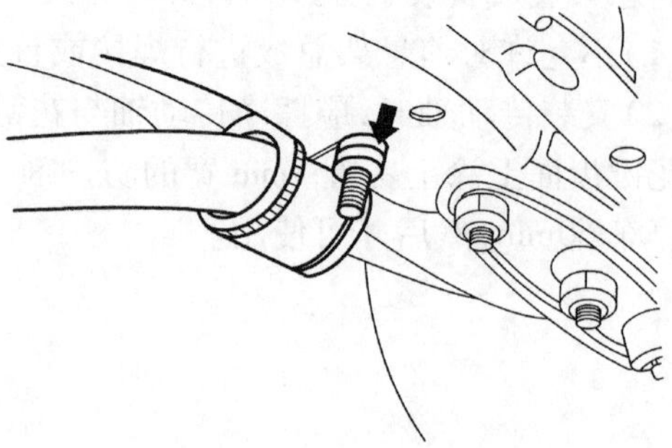

图 8-32　拆下横向稳定杆

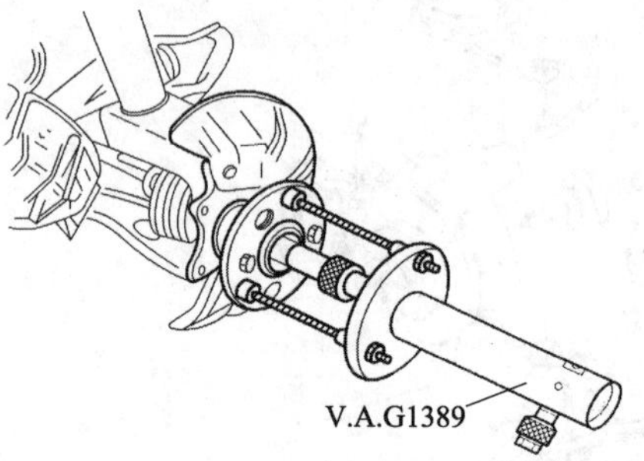

图 8-33　拉出传动轴

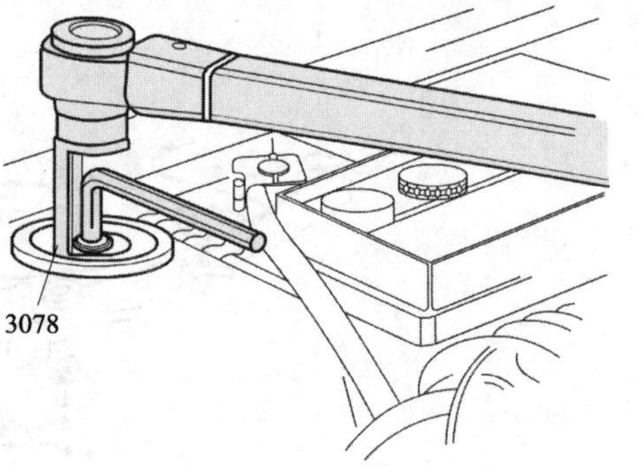

图 8-34　旋下活塞杆螺母

二、评价

评价表见表 8-3。

评 价 表　　表 8-3

评价任务	目标	评价等级			备注
		自评	组长	教师	
(1)了解麦弗逊独立悬架的基本结构					
(2)掌握麦弗逊独立悬架的拆卸方法					
(3)掌握麦弗逊独立悬架的安装方法					

注:☆熟练;◇达成;△基本达成;×未达成。

项目小结

汽车悬架主要由弹性元件、减振器和导向机构三个基本部分组成。汽车悬架按照控制形式不同,可分为被动式悬架和主动式悬架两大类。根据汽车导向装置的不同,悬架又可分为独立悬架和非独立悬架。汽车悬架的弹性元件常见的有钢板弹簧、螺旋弹簧、扭杆弹簧、气体弹簧和橡胶弹簧,其中钢板弹簧使用得最为广泛。

独立悬架的结构类型很多,可按车轮运动形式分成以下三类:

(1)车轮在汽车横向平面内摆动的悬架(横臂式独立悬架)。

(2)车轮在汽车纵向平面内摆动的悬架(纵臂式独立悬架)。

(3)车轮沿主销移动的悬架,其中包括:烛式悬架和麦弗逊式悬架(滑柱连杆式悬架)。在有的独立悬架中,车轮是在汽车的斜向平面内摆动的。

电控悬架可以调节悬架刚度和阻尼系数,因此,电控悬架是一种主动悬架。电控悬架根据调节悬架的刚度和阻尼系数分为半主动悬架系统和全主动悬架系统。

重点对汽车悬架的功用、分类、弹性元件及典型悬架、非独立悬架与独立悬架等方面进行了介绍。同时简要介绍了电控车身高度自动调节和空气悬架装置的原理。

思考与练习

1. 一般汽车的悬架由哪些主要部件组成?各自的功用是什么?
2. 汽车的悬架固有频率与哪些因素有关?
3. 减振器的作用是什么?与弹性元件是如何安装的?
4. 常用的弹性元件有哪几种?试比较各自的优缺点是什么?
5. 独立悬架与非独立悬架相比,各自的特点是什么?
6. 独立悬架常采用的弹性元件是什么?
7. 试述钢板弹簧能否与独立悬架配合使用。

【教学设计能力拓展训练2】

行驶系统教法与学法设计训练

一、任务引导

简介中职学校学生学习行驶系统的起点、教学设备、教学目标、教学内容、教学重点难点、学时分配等内容,以便学习者设计教学内容时参考。

1. 中职生的学情分析

(1)文化基础知识薄弱,认知、记忆、思维能力较差,对授课内容难以理解,但渴望被人接纳和爱护,渴望得到别人的认可和称赞,渴望成功,形象思维丰富,好动,喜欢动手实践。

(2)学习过初中物理,有一定的动手能力。

2. 中职学校汽车行驶系统教学环境

理论实践一体化教室:配置多媒体教学设备、学生查阅资料的计算机、课桌椅、充足的实训台架或教学整车及汽车底盘零部件等、实训工具、课程资源库教学平台(配置相关视频、动画、图片、电子教材、作业单、练习题、考核表等)。

3. 中职学校汽车行驶系统教学目标

1)知识目标

(1)能够描述行驶系统的作用、组成。

(2)能识别行驶系统的各总成零部件,并说出它们的名称和作用。

(3)了解四轮定位参数的意义。

(4)了解轮胎规格表示方法。

2)能力目标

(1)能对悬架总成按照规范操作流程和技术标准要求拆卸与装配。

(2)能正确拆装轮胎。

(3)能掌握轮胎动不平衡的检测操作。

(4)能通过四轮定位仪检测四轮定位参数并会准确调整定位参数。

4. 中职学校行驶系统的教学内容与学时分配

任务一	车架	2 学时
任务二	车桥	2 学时
任务三	车轮与轮胎	3 学时
任务四	悬架	4 学时
任务五	轮胎的拆装与动平衡检测	4 学时
任务六	四轮定位	4 学时

5. 中职学校行驶系统的教学重点、难点

1)教学重点

车架、车桥、悬架组成构造、功用、工作原理,轮胎动平衡检测方法,轮胎拆卸和装配方法,四轮定位操作方法,要求大部分的学生会操作。

2)教学难点

轮胎动平衡检测方法;轮胎拆卸和装配方法;四轮定位操作方法。

6. 中职学校行驶系统的教学方法与教学流程

采用理论实践一体化教学,通常采用任务驱动教学法(12221 教学模式)。

12221 教学模式内容:学生完成 1 份任务引导文,学生观察老师操作两次,学生亲自操作两次,学生指导其他同学操作两次,学生完成 1 份作业工单。

(1)任务资讯:完成任务引导文,收集必要知识点(例如悬架的结构名称、作用,检查工具及拆装设备名称等)课前预习并结合课上听老师讲解后完成(学生完成 1 份任务引导文)。

(2)布置学习任务:明确每个任务的目标和完成标准。

(3)教师示范和讲解:教师根据任务的难易程度作必要的示范和讲解,比如轮胎的检查方法和注意事项、拆装注意事项等(学生观察老师操作两次)。

(4)任务实施:学生分组练习,教师巡逻指导→换组,直至完成每个细分的任务(学生亲自操作 2 次)。

(5)任务检查:学生对照任务目标和完成标准组内自我检查。

(6)任务指导:学生对照任务工单对其他学生进行指导(学生指导其他同学操作 2 次)。

(7)任务考核与评价:根据各组任务完成情况进行点评小结(可以先让小组汇报后再点评)。

(8)学生完成作业工单(学生完成 1 份作业工单)。

二、教法与学法设计任务单(请在□中打"√")

全班分成 4 ~6 个设计小组,每组选择单元内的一个任务进行教学方法设计。

<table>
<tr><td>组别</td><td></td><td>设计任务</td><td colspan="2"></td></tr>
<tr><td>教学内容</td><td colspan="4"></td></tr>
<tr><td>学生基础</td><td colspan="4"></td></tr>
<tr><td>教学设备</td><td colspan="4"></td></tr>
<tr><td colspan="5">教学方法</td></tr>
<tr><td>教师教法</td><td colspan="2">(1)项目教学法(宏观) □
(2)引导文教学法(宏观) □
(3)模拟教学法(宏观) □
(4)案例教学法(宏观) □
(5)任务驱动法(微观) □
(6)张贴板教学法(微观) □
(7)鱼骨图教学法(微观) □
(6)头脑风暴教学法(微观) □
(8)其他教学法 □</td><td>学生学法</td><td>(1)讨论法 □
(2)阅读法 □
(3)笔记法 □
(4)观察法 □
(5)角色扮演法 □
(6)实操法 □
(7)练习法 □
(8)分析研究法 □
(9)小组合作法 □
(10)探究法 □
(11)张贴法 □
(12)鱼骨图法 □
(13)其他学习法 □</td></tr>
<tr><td>选取理由</td><td colspan="2"></td><td colspan="2"></td></tr>
<tr><td>展示评价</td><td colspan="4">各组采用海报、PPT等形式展示本组的设计成果</td></tr>
</table>

三、教法与学法设计训练评分标准

序号	项　目	内　容	分值	备　注
1	教学内容	教学内容序化合理,符合学生认知规律	15	
2	学情分析	对学生知识基础、学习特点及适宜的学习方法进行分析和引导	15	
3	教学设备	根据学校现有情况合理选择设备,满足教学的需要	25	
4	教法方法	教法学法合理,符合学生认知规律	35	
5	格式与表达	设计格式规范,表达清晰流畅	10	
总分			100	

项目九 转向系统

知识目标

1. 理解汽车转向运动分析。
2. 理解对转向系统的要求及影响参数。
3. 掌握机械转向器(齿轮齿条式、循环球式、蜗杆曲柄指销式)结构与工作原理。
4. 掌握动力转向系统构造与工作原理。
5. 理解四轮转向系统构造与工作原理。

能力目标

1. 掌握转向器的工作原理。
2. 掌握机械转向系统的构造及工作原理。
3. 掌握整体式液压动力转向器结构与工作原理。
4. 掌握电控转向系统构造与工作原理。

任务一 转向系统的认知

汽车在行驶过程中,驾驶员通过一套专设机构控制汽车行驶方向。目前,广泛采用的转向系统有机械转向系统、动力转向系统两种。机械转向系统以驾驶员的体力作为转向能源,动力转向系统是指汽车转向所需的能量,只有一小部分由驾驶员提供,而大部分是由发动机通过动力转向装置提供的。

一、转向系统的功用

汽车上用来改变汽车行驶方向的机构称为汽车转向系统。汽车行驶方向的改变是由驾驶员通过操纵转向系统来改变转向轮(一般是前轮)的偏转角度实现的。转向系统不仅可以改变汽车的行驶方向,使其按驾驶员规定的方向行驶,还可以克服由于路面侧向干扰力使车轮自行产生的转向,恢复汽车原来的行驶方向。

二、转向系统的组成及转向原理

1. 机械转向系统

1)机械转向系统的组成

机械转向系统主要由转向操纵机构、机械转向器和转向传动机构三大部分组成,如

图 9-1 所示,所有传力件都是机械的。

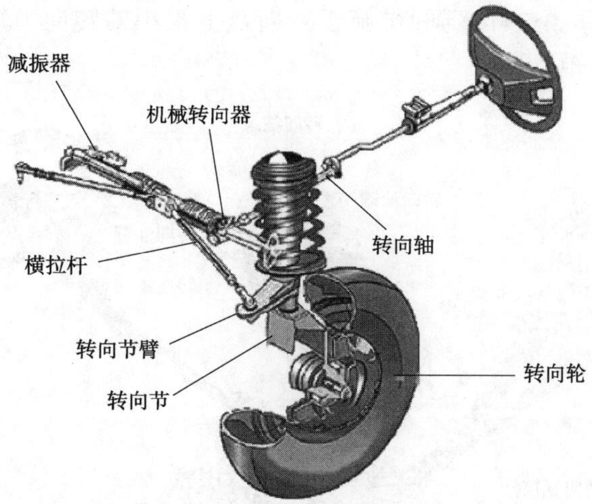

图 9-1　机械转向系统

2)机械转向系统的转向原理

汽车转向时,驾驶员对转向盘施加一个力矩,施加到转向盘上的力矩则以一定的角速度通过转向轴输入到转向器。转向器则将转向盘的力矩放大,角速度成比例减小。然后再传给横拉杆,使其沿相同的方向运动。横拉杆的外端与左、右转向节臂相连,推动转向节臂转动。由于转向节臂和转向节固定在一起,于是转向节也随之转动。而车轮装在左、右转向节上,所以车轮也随着转向节偏转一个角度,达到汽车改变行驶方向的目的。

转向结束后,在前轮定位的主销内倾、主销后倾的作用下使车轮自动恢复直线行驶状态。为了提高转向性能,一些轿车机械转向系统使用了转向减振器。应用转向减振器后,轿车的平顺性和安全性得到了明显提高。通常它在整个范围内均能有效地进行调节,从而使转向轻便。当左、右两前轮上突然出现不等的侧向力时,它能抑制不可控制的车轮转向。此时减速器内会产生适当的力来阻止出现很高的活塞运动速度。

2. 动力转向系统

1)动力转向系统的组成

动力转向系统是兼用驾驶员体力和发动机动力为转向能源的转向系统。在正常情况下,汽车转向所需能量,只有一小部分由驾驶员提供,而大部分是由发动机通过动力转向装置提供的。

但在动力转向装置失效时,一般还应当能由驾驶员独立承担汽车转向任务。因此,动力转向系统是在机械转向系统基础上加设一套动力转向装置而形成的。图 9-2 所示为动力转向系统在汽车上的布置。主要由转向油罐、油管、转向油泵、伺服动力转向器等组成,其中伺服动力转向器是在机械转向器基础上加设转向控制阀、转向动力缸构成的。

2)动力转向原理

当驾驶员逆时针转动转向盘(左转向)时,转向摇臂带动转向直拉杆前移。直拉杆的拉力作用于转向节臂,并依次传到梯形臂和转向横拉杆,使之右移。与此同时,转向直拉杆还带动转向控制阀中的滑阀,使转向动力缸的右腔接通液面压力为零的转向油罐。油泵的高压油进入转向动力缸的左腔,于是转向动力缸的活塞受到向右的液压作用力便经推杆施加在横拉杆上,也使之右移。这样,驾驶员施于转向盘上很小的转向力矩,便可克服地面作用于转向轮上的转向阻力矩。

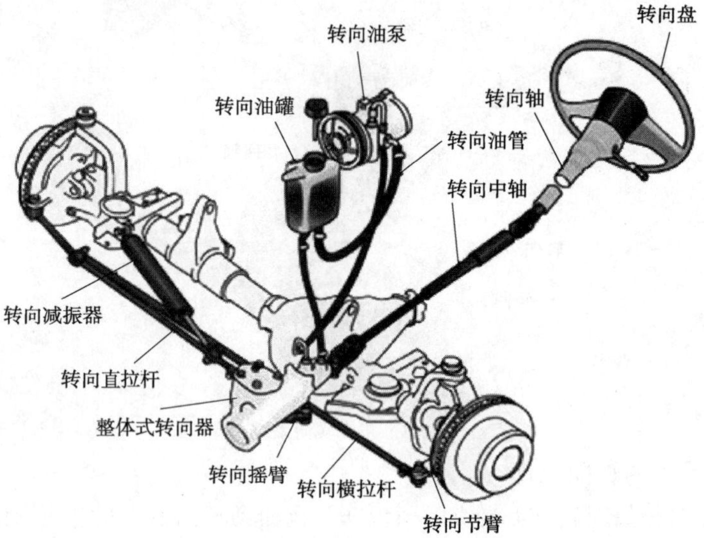

图 9-2　动力转向系统

三、转向系统参数

1. 汽车转向时,车轮处于纯滚动的条件及汽车的转弯半径

1)纯滚动的条件

汽车在转向行驶时,要求车轮相对于地面作纯滚动,否则如果有滑动的成分,车轮边滚边滑会导致转向行驶阻力增大,动力损耗,油耗增加,也会导致轮胎磨损增加。

汽车转向时,内侧车轮和外侧车轮滚过的距离是不等的。对于一般汽车而言,后桥左右两侧的驱动轮由于差速器的作用,能够以不同的转速滚过不同的距离。但前桥左右两侧的转向轮要滚过不同的距离,保证车轮作纯滚动就要求所有车轮的轴线都交于一点方能实现。

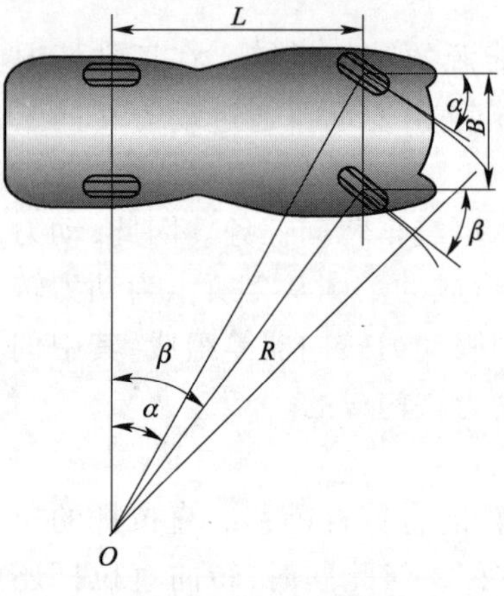

图 9-3　转向轮偏转角

此交点 O 称为汽车的转向中心,如图 9-3 所示。由图 9-3 可见,汽车转向时内侧转向轮偏转角 β 大于外侧转向轮偏转角 α。α 与 β 的关系是:

$$\cot\alpha = \cot\beta + \frac{B}{L}$$

式中:B——两侧主销中心距(可近似认为是转向轮轮距);

L——汽车轴距。

这一关系是由转向梯形保证的。从式中可以看出,每对应一个内轮偏转角 β,就有一个对应的外轮偏转角 α。为此必须精心确定转向传动机构中转向梯形的几何参数。

2)汽车转弯半径

从转向中心 O 到外侧转向轮与地面接触点的距离 R

称为汽车转弯半径。转弯半径 R 越小，则汽车转向所需要的场地面积就越小，汽车的机动性也越好。从图 9-3 可以看出，当外侧转向轮偏转角达到最大值 α_{max} 时，转弯半径 R 最小。

2. 转向系统角传动比

1）转向器角传动比

转向盘的转角增量与转向摇臂转角的相应增量之比 $i_{\omega 1}$，称为转向器角传动比。

2）转向传动机构角传动比

转向摇臂转角增量与转向盘所在一侧的转向节的转角相应增量之比 $i_{\omega 2}$，称为转向传动机构角传动比。

3）转向系统角传动比

转向盘转角增量与同侧转向节相应转角增量之比称为转向系统角传动比，以 i_ω 表示。显然有 $i_\omega = i_{\omega 1} i_{\omega 2}$。

转向系统角传动比越大，则为了克服一定的地面转向阻力矩所需的转向盘上的转向力矩便越小，从而在转向盘直径一定时，驾驶员应加于转向盘上的手力也越小。但转向系统角传动比过大，将导致转向操纵不够灵敏。所以，选取转向系统角传动比时，应适当兼顾转向省力和转向灵敏的要求。

一般轿车的转向系统的角传动比为 12～20，载货汽车的为转向系统的角传动比为 16～32。

3. 转向盘自由行程

在汽车转向系统中，各传动件间存在着装配间隙，这些间隙随着零件的磨损而增大。因而转向盘转动的开始阶段，驾驶员对转向盘所施加的转向力矩只是用来克服转向系统内摩擦及消除各传动件的装配间隙，此时转向盘转过的角度称为转向盘自由行程。合适的自由行程对缓和路面的冲击、减轻驾驶员过度紧张是有利的，一般汽车转向盘的自由行程应不超过 10°，否则应进行调整。

自由行程的检查：汽车每行驶 12000km 左右，应检查转向盘的自由行程。

任务二 转向器的拆装

想一想：根据我们的感性认识，汽车转向时，驾驶员操纵转向盘的力并不大，但汽车却能够轻松转向，用什么方式，是哪个部件将转向力增大了？其次，又是哪个部件将转向盘转动转换为转向摇臂的前后摆动？回顾我们以前学过的机械基础知识，依靠什么样的机械传动能实现减速增力和改变力的方向呢？

一、转向器的功用和类型

转向器是转向系统中减速增矩传力装置。即增大转向盘传到转向盘传到转向节上的力，并改变力的传递方向。

（1）转向器按照转向动力源的不同分为机械转向器和动力转向器。

（2）按转向器中传动副的结构形式分为齿轮齿条式、循环球式和蜗杆曲柄指销式等几种。蜗杆曲柄指销式转向器其应用面不广，有逐渐被淘汰的趋势。

（3）按照传动效率不同分为可逆式转向器、极限可逆式转向器。

1. 齿轮齿条式转向器

齿轮齿条式转向系统如图 9-4 所示。

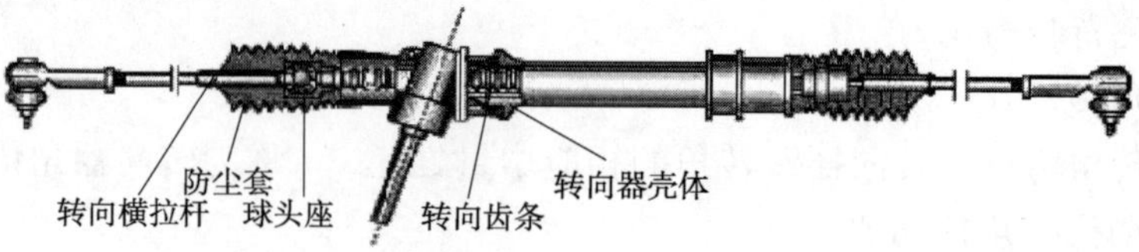

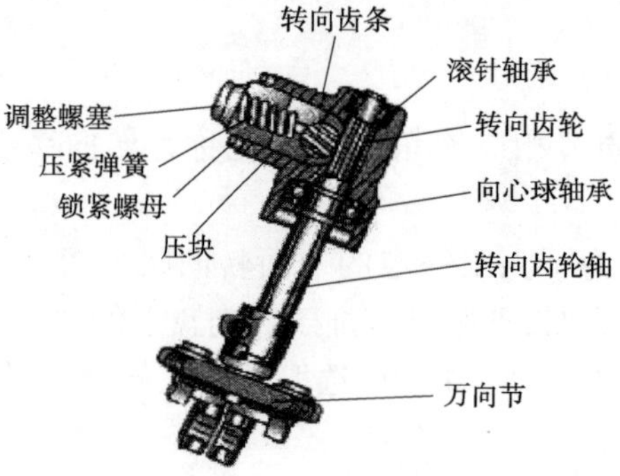

图 9-4　齿轮齿条式转向系统

如图 9-5 所示,转向器壳体两端借支架用螺栓与车身连接,作为传动副主动件的转向主动齿轮垂直地安装,通过轴承支承在转向器壳体中,其上端通过花键与转向轴上的柔性万向节连接,下端轮齿与转向齿条啮合。弹簧通过压块将齿条压靠在齿轮上,保证无间隙啮合。弹簧的预紧力可用调整螺钉调整。在转向齿条的左端有两个连接孔,用螺钉与转向拉杆托架连接(图中未示出),借此与转向左右横拉杆相连。当转动转向盘时,转向器主动齿轮转动,使与之啮合的齿条沿轴向移动,从而使左右横拉杆带动转向节左右转动,使转向车轮偏转,以实现汽车转向。为了避免转向轮的摆振,在转向系统中装有转向减振器。采用齿轮齿条式转向器可以使转向传动机构简化(不需转向摇臂和转向主拉杆等)。齿轮齿条式转向器多用于前轮为独立悬架的轻型及微型轿车和货车上。

2. 循环球式转向器

循环球式转向器与其他形式的转向器相比,其在结构上的主要特点是有两级转动副。第一级是螺杆螺母传动副,第二级是齿条齿扇传动副或滑块曲柄销传动副。其主要性能优点是传动效率高(正效率最高可达 90% ~95%),操纵轻便,转向结束后自动回正能力强,使用寿命长。循环球式转向器属于可逆式转向器,广泛用于各类各级汽车,是目前国内外应用最广泛的一种结构形式。

如图 9-6 所示,循环球式转向器由两级传动副组成,第一级传动副是转向螺杆和转向螺母;第二级传动副是齿条齿扇传动,螺母的下平面加工成齿条,与齿扇相啮合。转向螺母是第一级传动副的从动件,也是第二级传动副的主动件。

图 9-7 所示为循环球-齿条齿扇式转向器结构。转向螺杆 5 的轴颈支承在两个推力球轴承 4、8 上,并用可调轴承盖 9 固定。可调轴承盖 9 可以调整推力球轴承 4、8 的预紧度,最后用锁紧螺母 10 锁紧,防止可调轴承盖 9 的松动。转向螺母 3 的一面上加工成齿条,与齿扇轴(即摇臂轴)1 的齿扇 2 啮合。转向螺母 3 既是第一级传动副的从动件,也是第二级传动

副(齿条齿扇传动副)的主动件(齿条)。通过转向盘和转向轴转动转向螺杆时,转向螺母不能转动,只能轴向移动,并驱使齿扇轴转动。

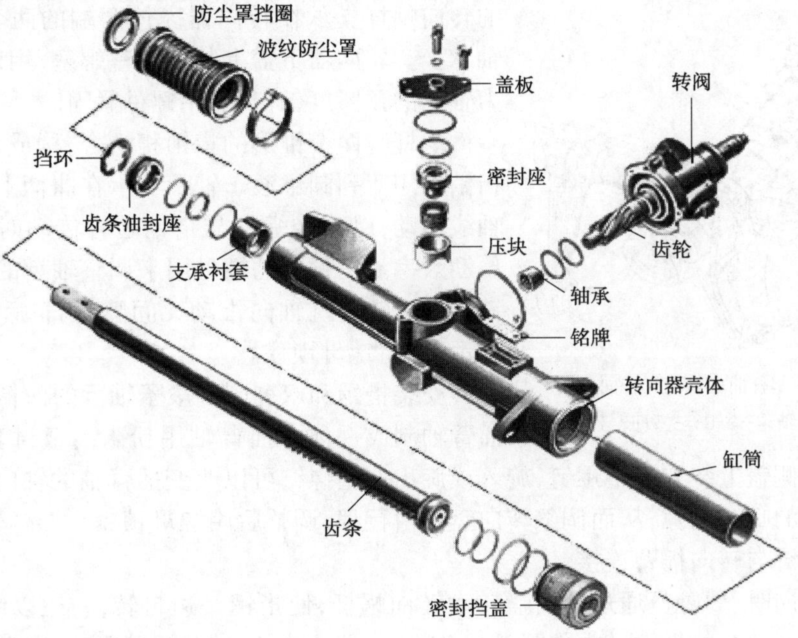

图 9-5 齿轮齿条式转向器分解图

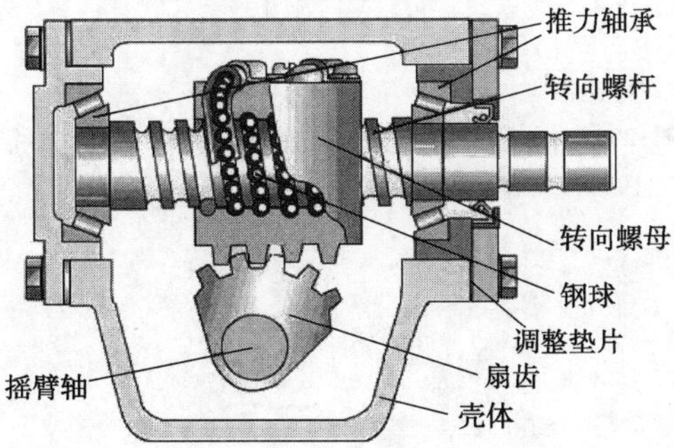

图 9-6 循环球式转向器

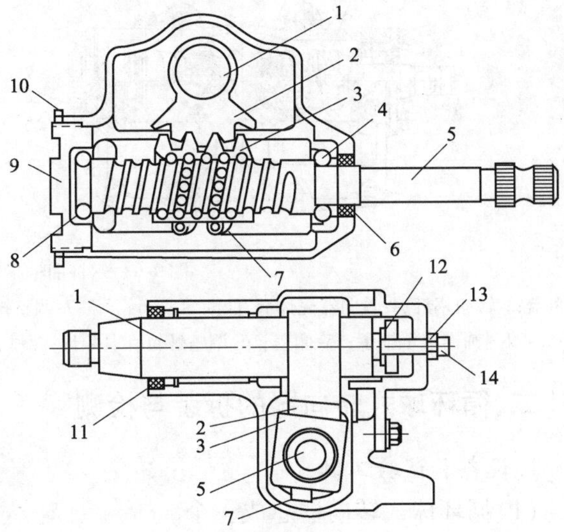

图 9-7 循环球式转向器

1-转向摇臂轴(输出轴);2-齿扇;3-转向螺母;4、8-轴承;5-转向螺杆(输入轴);6、11-油封;7-钢球导管;9-可调轴承盖;10-锁紧螺母;12-调整垫片;13-锁紧螺母;14-调整螺钉

3. 蜗杆曲柄指销式转向器

如图 9-8 和图 9-9 所示为东风 EQ1090E 型汽车所用的蜗杆曲柄指销式转向器,它主要由转向器壳体、转向蜗杆、转向摇臂轴、曲柄和指销、上下盖、调整螺塞和螺钉、侧盖等组成。

转向器壳体固定在车架的转向器支架上。壳体内装有传动副，其主动件是转向蜗杆，从动件是装在摇臂曲柄端部的指销。具有梯形断面螺纹的转向蜗杆支承在转向器壳体两端的两个向心推力球轴承上。转向器下盖上装有调整螺塞，用以调整向心推力轴承的预紧度，调整后用螺母紧固。

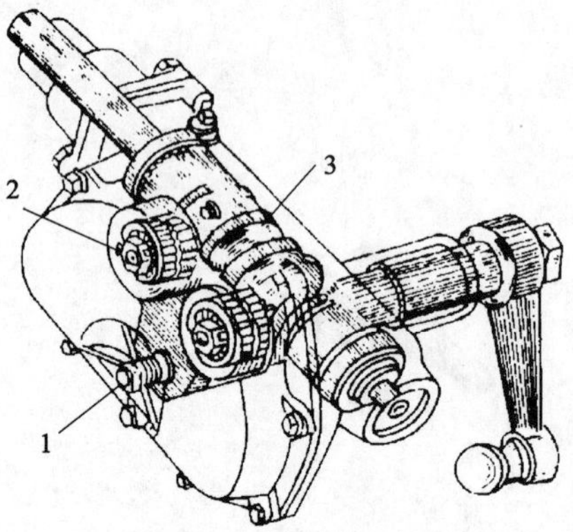

图 9-8　蜗杆曲柄指销式转向器

1-摇臂轴；2-指销；3-转向蜗杆

蜗杆与两个锥形的指销相啮合，构成传动副。两个指销均用双列圆锥滚子轴承支承在曲柄上，并可绕自身轴线转动，以减轻蜗杆与指销啮合传动时的磨损，提高传动效率。销颈上的螺母用来调整轴承的预紧度，使指销能自由转动且轴向推动无间隙，调整后用锁片(图中未示出)将螺母锁住。

安装指销和双列圆锥滚子轴承的曲柄制成叉形，与摇臂轴制成一体。摇臂轴用粉末冶金衬套支承在壳体中。转向器侧盖上装有调整螺钉，旋入或旋出调整螺钉可以改变摇臂轴的轴向位置，以调整指销与蜗杆的啮合间隙，从而调整转向盘自由行程，调整后用螺母锁紧。摇臂轴伸出壳体的一端通过花键与转向摇臂连接。

汽车转向时，驾驶员通过转向盘转动转向蜗杆，使指销一边自转，一边以曲柄为半径绕摇臂轴轴线在蜗杆的螺纹槽内作圆弧运动，从而带动曲柄、转向摇臂摆动，实现汽车转向。

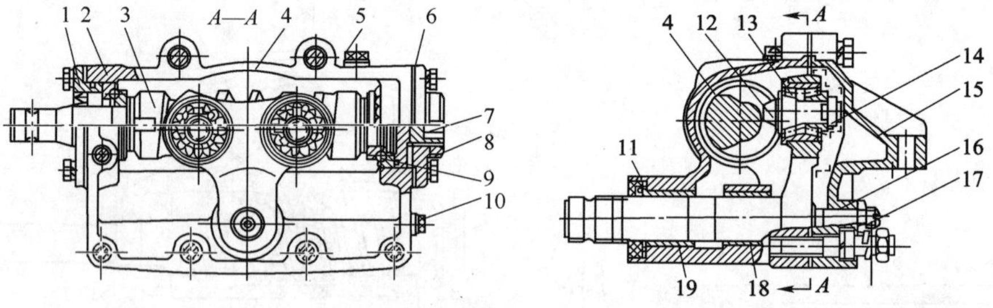

图 9-9　蜗杆曲柄指销式转向器

1-上盖；3-转向蜗杆；4-转向器壳体；5-加油螺塞；6-下盖；7-调整螺塞；2、9-向心推力球轴承；10-放油螺塞；11-油封；12-指销；13-双列圆锥滚子轴承；15-侧盖；16-调整螺钉；8、14、17-螺母；18、19-衬套(滑动轴承)

二、循环球式转向器的拆装与检测

1. 设备和试验工具

(1)循环球式转向器总成一个。

(2)工作台架一个。

(3)常用专用工具全套。

(4)各式量具全套。

2. 试验步骤

1)循环球式转向器的拆卸

(1)转动螺杆至中央位置，标出螺杆与壳体的相对位置。

(2)旋下固定螺钉,拆下扇形齿轮轴和端盖,如图9-10所示。

(3)松开锁紧螺母,抽出螺杆齿轮组件,如图9-11所示。

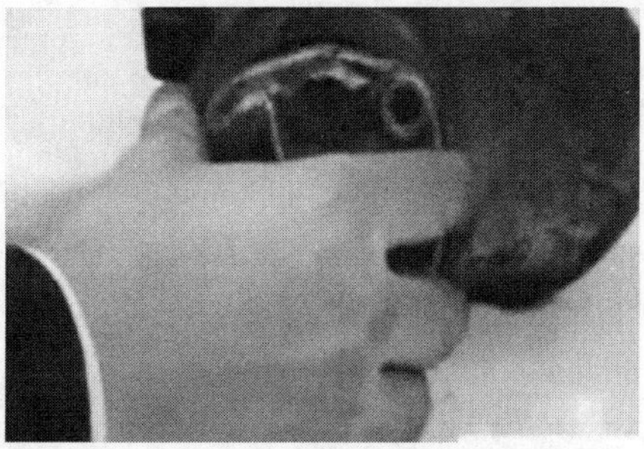

图9-10 拆下扇形齿轮轴和端盖

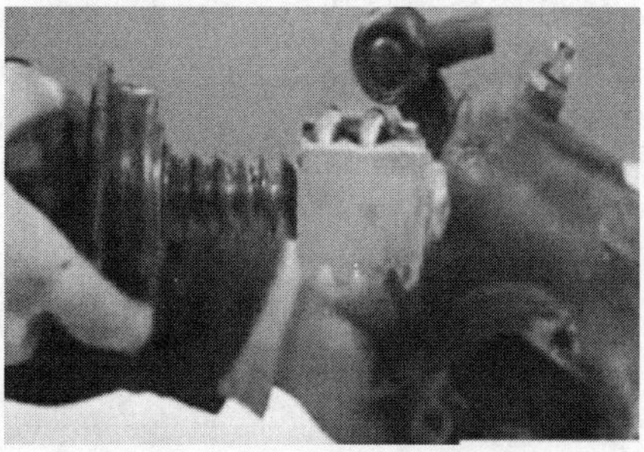

图9-11 抽出螺杆齿轮组件

(4)分解螺杆齿轮组件,如图9-12所示。

2)检修

(1)壳体与盖。直观检查壳体与盖上应无裂纹,否则应换用新件。用塞尺检测壳体与盖结合平面的平面度误差为0.1mm,若大于此规定值,应进行磨修。

(2)摇臂轴。必须用磁力探伤法进行检测,若有裂纹,一律更换。用检视法检查齿扇,若有轻微剥落麻点腐蚀时,可用油石磨平,继续使用。齿面若严重剥落,磨损变形,应予以更换。检查摇臂轴端部花键,不得有明显扭曲,端部螺纹的损伤,不得超过两牙,否则进行修理或更换。检查摇臂轴与其轴承的配合间隙,摇臂轴承与壳体及侧盖的配合间隙,均不得大于技术标准。更换摇臂轴衬套时,必须使两衬套的同轴度达到技术标准。

图9-12 分解螺杆齿轮组件

(3)转向螺杆螺母总成。用检视法检查转向螺杆螺母上的钢球滚道应无金属剥落,若有脱层剥落、刻痕或压坑,应予以更换。检查转向杆轴颈对其中心的跳动量时应把转向杆轴颈用V形铁支起,再用百分表进行检测。一般跳动量不得大于0.08mm。检测钢球直径误差不得大于0.01mm,钢球与轨道配合间隙不得大于0.05mm。若钢球磨损,配合间隙超过0.10mm或钢球剥落破碎,则钢球一律更换。更换钢球时,钢球的规格、数量、材质等必须符合原技术标准。检查转向螺母上的钢球导管,若破裂、凹陷等应予以更换。

(4)转向螺杆轴承。检查轴承滚道表面,若有裂痕、压坑或金属剥落,钢球碎裂或凹陷、金属剥落,保持架扭曲变形、断裂等,若以上检查有其中现象之一者,一律更换轴承总成。

3)循环球式转向器的安装

(1)安装转向螺杆组件。

(2)调整螺杆轴承预紧度,用扭力扳手拧动蜗杆轴,转矩为0.3~0.5N·m。

(3)装配锁紧螺母。

(4)安装摇臂轴。

(5)装上端盖垫和端盖。

(6)对准装备记号。

(7)总预紧度的调整,要求蜗杆螺母在中间位置时的力矩为0.8~1.1N·m。

(8)拧紧锁紧螺母。

(9)装配转向摇臂,要求摆动角度不大于5°。

(10)安装转向器总成,并加注润滑油。

三、评价

评价表见表9-1。

评 价 表 表9-1

评价任务	目标	评价等级			备注
		自评	组长	教师	
(1)能识别不同形式转向器的结构					
(2)理解转向器的作用及工作原理					
(3)掌握循环球式转向器的拆装					
(4)掌握循环球式转向器的检修					

注:☆熟练;◇达成;△基本达成;×未达成。

任务三 转向操纵机构与转向传动机构的拆装

前面我们学习的转向器一般安装在车辆的什么位置?它一般安装在车架(或车身)上,而我们驾驶员是坐在驾驶室内,所以,要想操纵转向器,中间还必须要经过一系列传动,这就是转向操纵机构。同时,由于驾驶员的体型不同,最佳操纵位置也不同,转向盘最好具有调节装置。还应有安全保护装置等。

转向盘控制的转向器的运动最终可实现转向车轮的偏转,并且转向时内外侧车轮的偏转角是不相等的。那么,转向器的力和运动是如何传给转向车轮的?内、外侧车轮偏转角的关系又是如何保证的?这个任务是由转向传动机构所完成的。

一、转向操纵机构

转向操纵机构如图9-13、图9-14所示。

1. 转向操纵机构的组成

汽车转向操纵机构主要由转向盘、转向轴及转向管柱等机件组成。有些转向系统考虑车架变形的影响,在转向操纵机构中增加了一个挠性万向节。还有一些转向系统,由于总布置的要求,转向盘与转向器的轴线相交成一定的角度,在结构中采用了万向节和传动轴。

2. 转向盘

转向盘的构造如图9-15所示,主要由轮圈1、轮辐2和轮毂3组成。轮辐和轮圈都有由钢、铝或镁合金制成的骨架,外表面通过注塑方法包裹一定形状的塑料外层或合成橡胶,以改善操纵转向盘的手感并提高驾驶室的安全性。转向盘与转向轴一般是通过花键或带锥度的细花键连接,端部通过螺母轴向压紧固定,转向盘上装有喇叭的按钮。

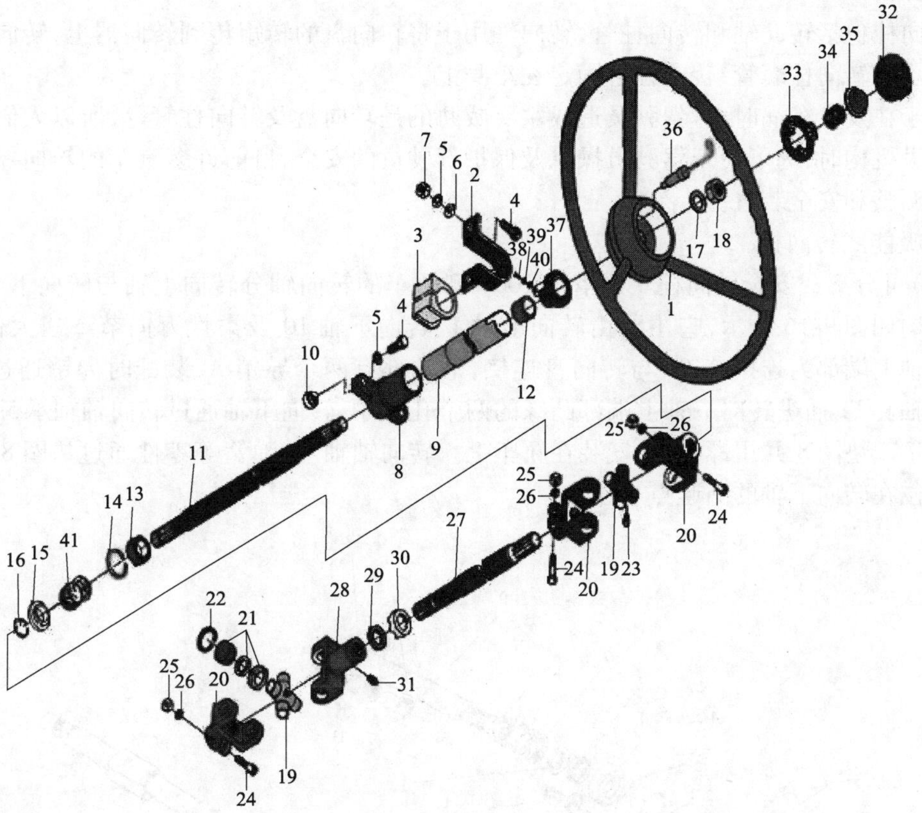

图 9-13 CA1091 型汽车转向操纵机构

1-转向盘总成;2-盖板;3-橡胶套;4、24-螺栓;5、26、40-弹簧垫圈;6、39-垫圈;7、18、25-螺母;8-下固定支架;9-转向管柱;10-楔形螺母;11-上转向轴;12-衬套;13-球轴承;14、22-孔用弹性挡圈;15-轴承挡圈;16-轴用钢丝挡圈;17-平垫圈;19-十字轴;20-转向万向节叉;21-滚针轴承总成;23、31-滑脂嘴总成;27-转向传动轴;28-转向万向节滑动叉;29-油封;30-防尘套;32-喇叭按钮盖;33-搭铁接触板总成;34-接触弹簧;35-接触罩;36-电刷总成;37-集电环总成;38-螺钉;41-弹簧

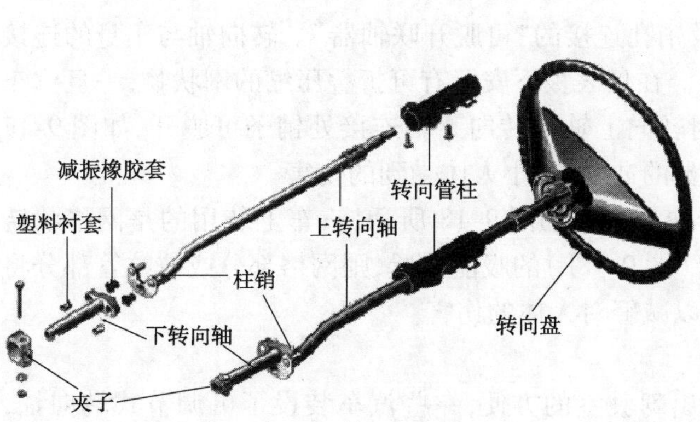

图 9-14 转向操纵机构结构图

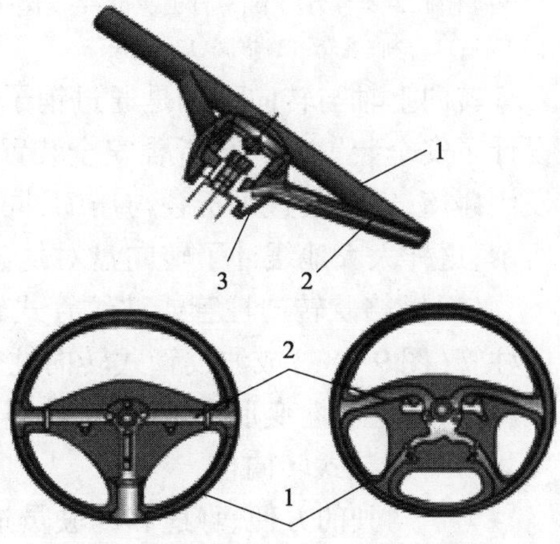

图 9-15 转向盘构造

1-轮圈;2-轮辐;3-轮毂

3. 转向柱

转向柱包括转向轴和转向柱管,转向轴用于将转向盘的转矩传到转向器上,转向轴通过轴承支承于转向柱套管,转向柱管固定在车身上。

由于在发生车祸时,对驾驶员造成主要威胁的是转向盘及转向柱管等,所以人们在设计转向操纵机构时,为了便于驾驶员操纵及保护驾驶员的安全,目前许多汽车的转向操纵机构都带有调整和安全装置。

1)吸能式转向柱

(1)可分离式安全转向柱。桑塔纳 2000 型轿车的转向轴分转向上轴与转向下轴,转向轴的结构如图 9-16 所示,它主要由转向上轴 1、转向下轴 10 及柔性万向节 2 三大件组成。转向上轴上端部为连接花键,与转向盘连接,下端部有两个导销 A,装配时导销通过套管 9 及橡胶轴套 11 插进转向下轴上端部凸缘的两个孔 B 中,转向下轴通过转向轴轴承 5、支承环 6 及弹簧 7、垫圈 8 并用螺栓 13 安装在轿车上。转向轴轴承、弹簧等零件通过垫圈 8 将支座凸缘定位在转向下轴的凸起点 C 上。

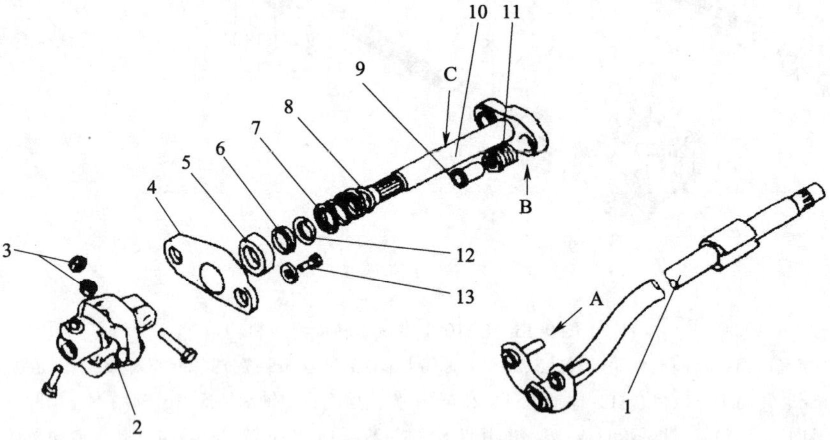

图 9-16　桑塔纳 2000 型转向轴

1-转向上轴;2-柔性万向节;3-自锁螺母;4-支座凸缘;5-转向轴轴承;6-支承环;7-弹簧;8-垫圈;9-聚四氟乙烯套管;10-转向下轴;11-橡胶轴套;12-垫圈;13-螺栓

转向上轴与转向下轴是通过销子及销孔连接的“可脱开联轴器”。转向轴与车身的连接设计了安全装置,称为“折叠安全装置”。在仪表板下安置有可折叠压缩的网状物,一旦汽车发生碰撞,安全装置可折叠与压缩,同时转向上轴与转向下轴连接处销子可脱开,如图 9-17 所示,这样大大地缓冲了转向盘对驾驶员的冲击,减小人体受到的伤害。

(2)网格状转向柱管或波纹管式转向柱管。如图 9-18 所示,汽车上装用的是网格状转向柱管(图 9-18a)或波纹管式转向柱管(图 9-18b)的吸能装置,则网格部分或波纹管部分将被压缩,产生塑性变形,吸收冲击能量,以减轻对人体的伤害。

2)可调节式转向柱

为了驾驶的方便、舒适和驾驶员进出驾驶室的方便,一些汽车装设了可调节式转向柱,使驾驶员可以在一定的范围内调节转向盘和转向柱的位置。

转向柱调节的形式分为角度调节和轴向位置调节两种。如图 9-19 所示为转向轴角度调节机构。转向轴套管的上段和下段分别通过调节支架和下托架与车身相连,而且转向轴套管由调节支架夹持并固定。锁紧螺栓穿过调节支架上的长孔和转向轴套管,螺栓的左端为左旋螺纹,调节手柄拧在该螺纹上。当向下扳动手柄时,锁紧螺栓的螺纹放松,转向轴套管以下托架上的枢轴为中心在装有螺栓的支架长孔范围内上下移动。确定了转向轴套管的合适位置后,向上扳动调节手柄,从而将转向轴套管定位。

图 9-20 所示为转向轴伸缩机构。转向轴分为上下两段,两者通过花键连接。上转向轴 2 由调节螺栓 4 通过楔状限位块夹紧定位。调节螺栓 4 的一端拧有调节手柄 3。当需要调整转向轴的轴向位置时,先向下推调节手柄,使限位块松开,再轴向移动转向盘,调到合适的位置后,向上拉调节手柄,将上转向轴 2 锁紧定位。

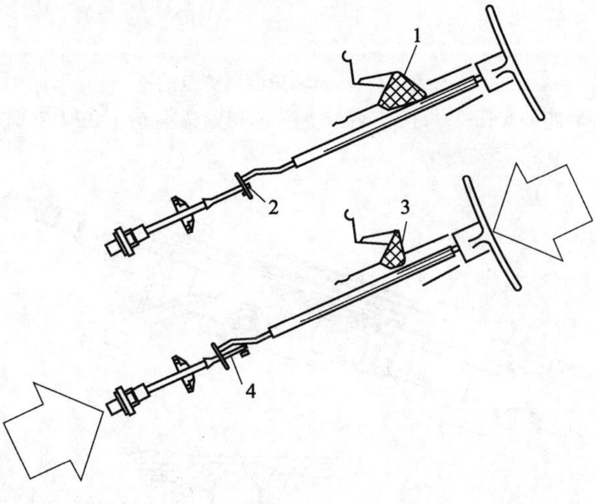

图 9-17 转向安全装置原理图

1-仪表板下安装的折叠式安全装置;2-转向轴可脱开的销子连接;3-受冲击时的安全装置折叠与压缩;4-受冲击时转向轴脱开

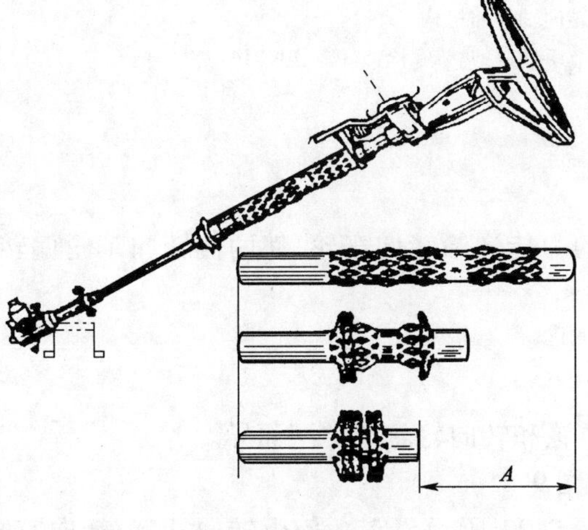

a)网格状转向柱管

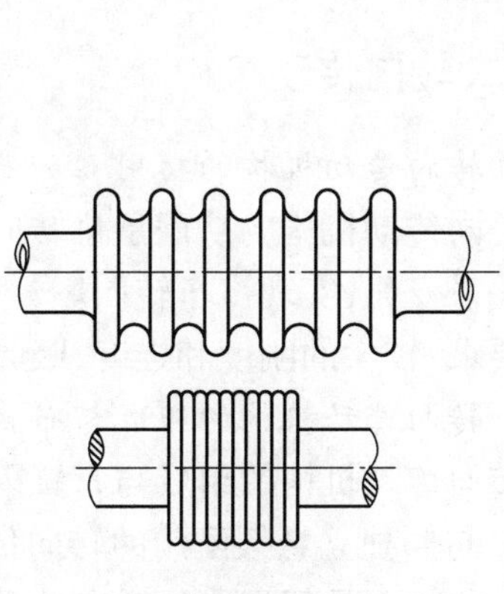

b)波纹管式转向柱管

图 9-18 网格状和波纹管式转向柱管吸能装置示意图

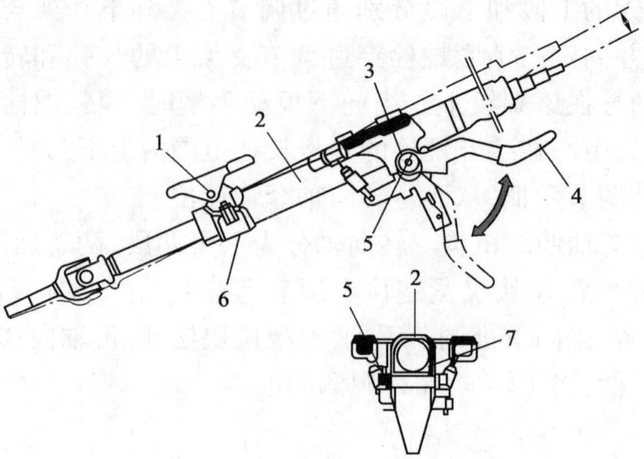

图 9-19　转向轴角度调节机构

1-枢轴;2-转向轴套管;3-长孔;4-调节手柄;5-锁紧螺栓;6-下托架;7-调节支架

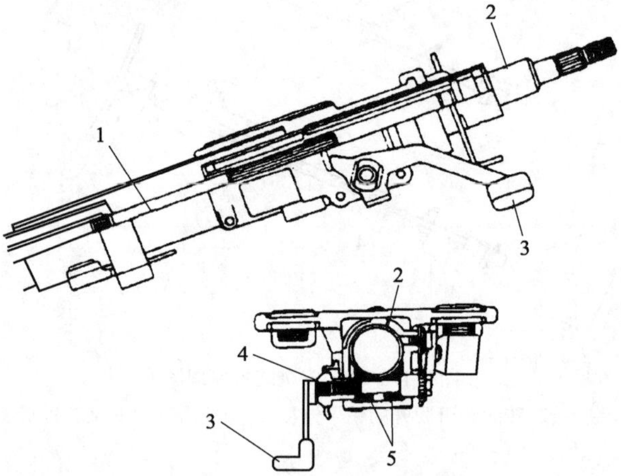

图 9-20　转向轴伸缩机构

1-下转向轴;2-上转向轴;3-调节手柄;4-调节螺栓;5-楔状限位块

二、转向传动机构

1. 转向传动机构的功用

转向传动机构的功用是将转向器输出的力传递给转向车轮,使两侧转向车轮偏转角按一定关系变化,实现汽车转向。

要求:较大的刚度和强度,吸收振动、缓冲。

2. 转向传动机构的组成与布置

转向传动机构的组成与布置因转向器位置和转向轮悬架类型而异。

1)与非独立悬架配用的转向传动机构(图 9-21)

与非独立悬架配用的转向传动机构如图 9-22 所示。它一般由转向摇臂、转向直拉杆、转向节臂、两个梯形臂和转向横拉杆等组成。各杆件之间都采用球形铰链连接,并设有防止松动、缓冲吸振、自动消除磨损后的间隙等的结构。

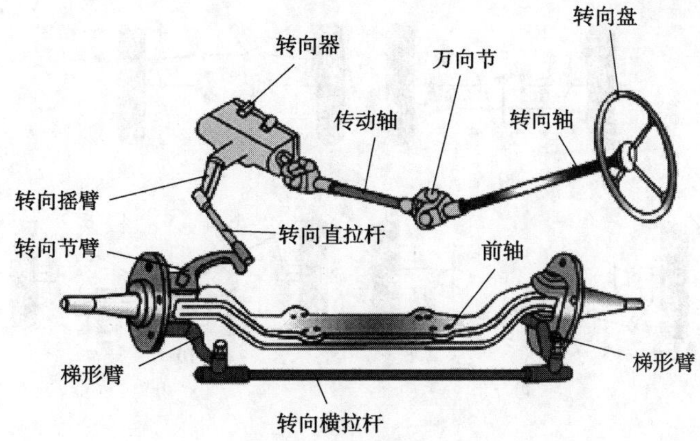

图 9-21　转向传动机构

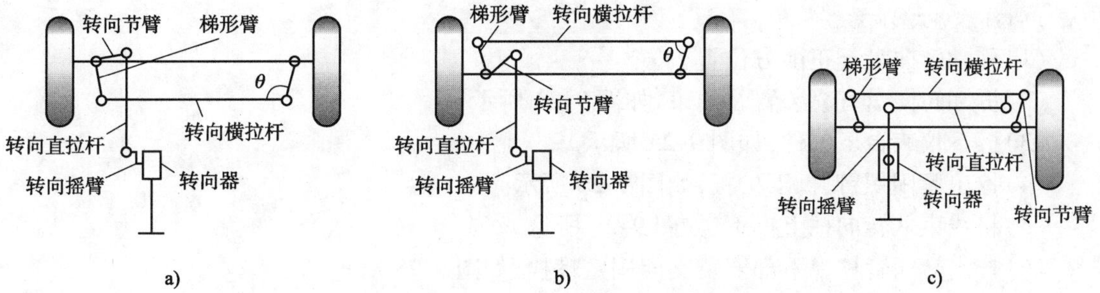

图 9-22　与非独立悬架配用的转向传动机构示意图

当前桥仅为转向桥时,由左、右梯形臂和转向横拉杆组成的转向梯形一般布置在前桥之后,如图 9-22a)所示,称为后置式;这种布置简单方便,且后置的转向横拉杆有前面的车桥做保护,可避免直接与路面障碍物相碰撞而损坏。当发动机位置较低或前桥为转向驱动桥时,往往将转向梯形布置在前桥之前,如图 9-22b)所示,称为前置式。若转向摇臂不是在汽车纵向平面内前后摆动而是在与路面平行的平面内左右摆动,则可将转向直拉杆横向布置,并借球头销直接带动转向横拉杆,从而推动左右梯形臂转动,如图 9-22c)所示。

2)与独立悬架配用的转向传动机构

当转向轮采用独立悬架时,由于每个转向轮都需要相对于车架(或车身)作独立运动,所以,转向桥必须是断开式的。与此同时,转向传动机构中的转向梯形也必须分成两段或三段。图 9-23 所示为几种独立悬架配用的转向传动机构示意图。其中图 9-23a)、b)所示机构与循环球式转向器配用,图 9-23c)、d)所示机构与齿轮齿条式转向器配用。

三、转向盘及转向柱的拆装

1. 设备和试验工具

(1)专用拆装工具。

(2)转向操纵机构总成。

2. 试验步骤

1)转向盘及转向柱的拆卸

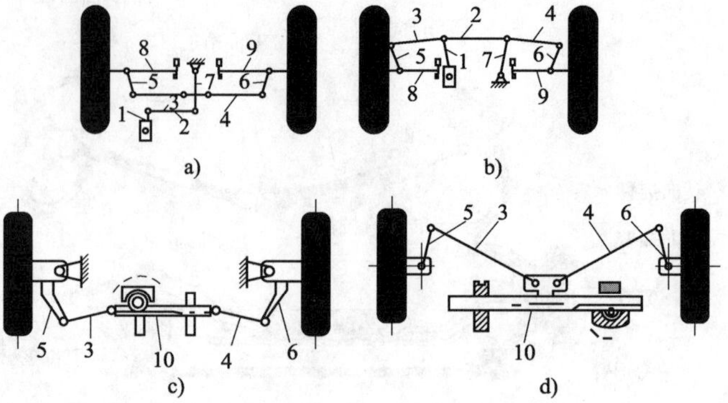

图 9-23　与独立悬架配用的转向传动机构示意图

1-转向摇臂;2-转向直拉杆;3-左转向横拉杆;4-右转向横拉杆;5-左梯形臂;6-右梯形臂;7-摇杆;8-悬架左摆臂;9-悬架右摆臂;10-齿轮齿条式转向器

(1)移动转向盘至正前方位置。

(2)拆卸转向盘气囊装置及线束,如图 9-24 所示。

(3)拆下仪表台下部件,如图 9-25 所示。

(4)拧出紧固螺钉,拆下护板,如图 9-26 所示。

(5)将线束从转向柱上拆下,如图 9-27 所示。

(6)拧出转向管柱上下部安装支架固定螺栓,如图 9-28 所示。

(7)拆下转向管柱,如图 9-29 所示。

图 9-24　拆卸转向盘气囊及线束

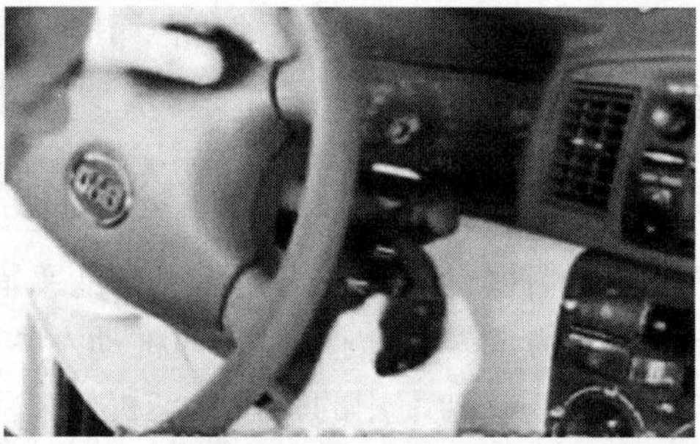

图 9-25　拆下仪表台下部件

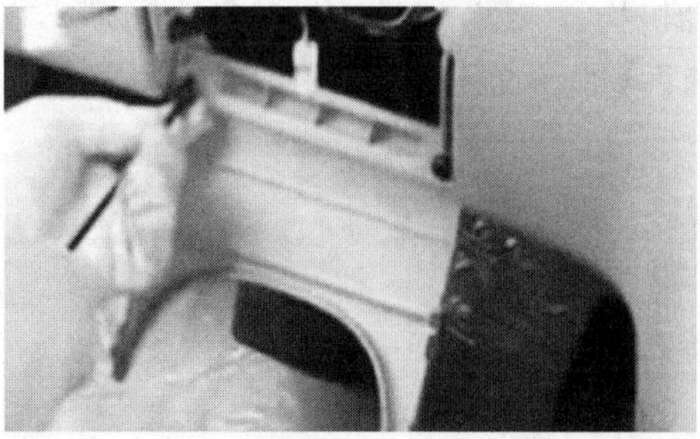

图 9-26　拆下护板

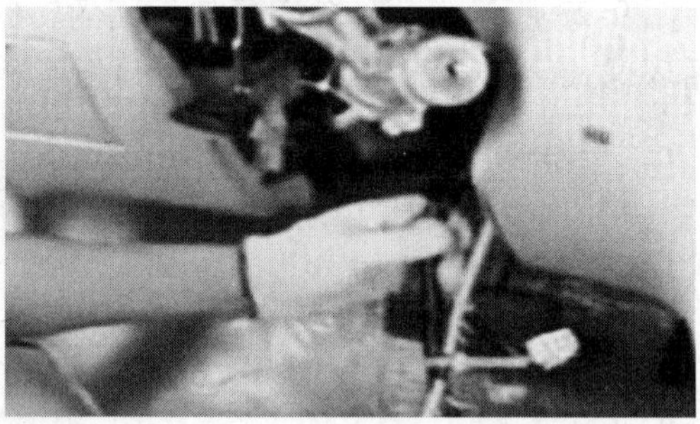

图 9-27　拆下线束

图 9-28 拧出固定螺栓

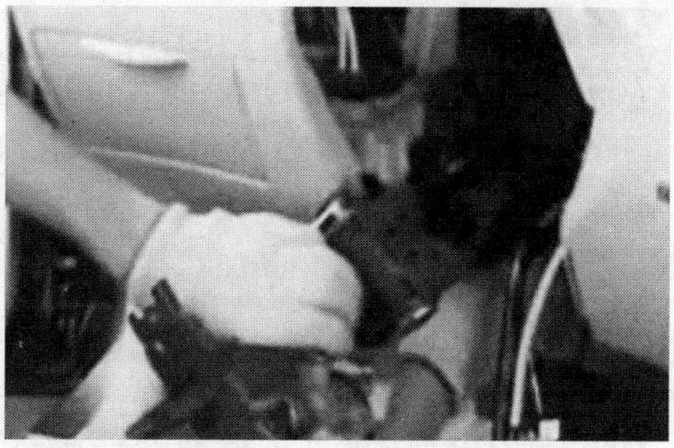
图 9-29 拆下转向管柱

2)转向盘及转向柱的检修

(1)转向沉重。汽车行驶中,驾驶员向左、向右转动转向盘时,感到沉重费力,无回正感;汽车低速转弯行驶和掉头时,转动转向盘感到非常沉重,甚至打不动。

转向沉重的根本原因是转向轮气压不足或定位不准,转向系统传动链中出现配合过紧或卡滞而引起摩擦阻力增大。具体原因主要有:

①转向轮轮胎气压不足,应按规定充气。

②转向轮本身定位不准或车轴、车架变形造成转向轮定位失准,应校正车轴和车架,并重新调整转向轮定位。

③转向器主动部分轴承调整过紧或从动部分与衬套配合太紧,应予调整。

④转向器主、从动部分的啮合间隙调整过小,应予调整。

⑤转向器缺油或无油,应按规定添加润滑油。

⑥转向器壳体变形,应予校正。

⑦转向管柱转向轴弯曲或套管凹瘪造成互相碰擦,应予修理。

⑧转向纵、横拉杆球头连接处调整过紧或缺油,应予调整或添加润滑脂。

⑨转向节主销与转向节衬套配合过紧或缺油,或转向节止推轴承缺油,应予调整或添加润滑脂等。

(2)转向盘自由行程过大。转向盘自由行程过大,又可称为转向不灵敏。汽车保持直线行驶位置静止不动时,转向盘左右转动的游动角度太大。具体表现为汽车转向时感觉转向盘松旷量很大,需用较大的幅度转动转向盘,方能控制汽车的行驶方向;而在汽车直线行驶时,又感到行驶方向不稳定。

造成转向盘自由行程过大的根本原因是转向系统传动链中一处或多处连接的配合间隙过大,诊断时,可从转向盘开始检查转向系统各部件的连接情况,看是否有磨损、松动、调整不当等情况,找出故障部位。转向盘自由行程过大的根本原因是转向系统传动链中一处或多处的配合因装配不当、磨损等原因造成松旷。具体原因主要有:

①转向器主、从动啮合部位间隙过大或主、从动部位轴承松旷,应予调整或更换。

②转向盘与转向轴连接部位松旷,应予调整。

③转向垂臂与转向垂臂轴连接松旷,应予调整。

④纵、横拉杆球头连接部位松旷,应予调整或更换。

⑤纵、横拉杆臂与转向节连接松旷,应予调整或更换。

⑥转向节主销与衬套磨损后松旷,应予更换。

⑦车轮轮毂轴承间隙过大,应予更换等。

(3)转向轮抖动。汽车在某低速范围内或某高速范围内行驶时,出现转向轮各自围绕自身主销进行角振动的现象。尤其是高速时,转向轮摆振严重,握转向盘的手有麻木感,甚至在驾驶室可看到汽车车头晃动。

转向轮抖动的根本原因是转向轮定位不准,转向系统连接部件之间出现松旷,旋转部件动不平衡。具体原因主要有:

①转向轮旋转质量不平衡或转向轮轮毂轴承松旷,应予校正动平衡或更换轴承。

②转向轮使用翻新轮胎,应予更换。

③两转向轮的定位不正确,应予调整或更换部件。

④转向系统与悬架的运动发生干涉,应予更换部件。

⑤转向器主、从动部分啮合间隙或轴承间隙太大,应予调整或更换轴承。

⑥转向器垂臂与其轴配合松旷或纵、横拉杆球头连接松旷,应予调整或更换。

⑦转向器在车架上的连接松动,应予紧固。

⑧转向轮所在车轴的悬架减振器失效或左右两边减振器效能不一,应予更换。

⑨转向轮所在车轴的钢板弹簧U形螺栓松动或钢板销与衬套配合松旷,应予紧固或调整。

⑩转向轮所在车轴的左右两悬架的高度或刚度不一,应予更换等。

3)安装

(1)将转向柱万向节与转向机连接,拧紧固定螺钉至规定力矩;安装好转向柱,须拆下运输固定装置。

(2)装上转向管柱上下部安装支架固定螺栓;保险螺栓和滚轴安装到转向柱上。

(3)装上转向柱万向节护罩;将转向柱装到横梁上。

(4)装上护板;插入六角头螺栓。

(5)装上仪表板下部件;安装好螺栓,装上螺母。

(6)装上转向盘及安全气囊装置。

(7)检查各项功能。

安装过程中,要随时注意线束插头的连接。

四、评价

评价表见表9-2。

评 价 表 表9-2

评价任务	目标	评价等级			备注
		自评	组长	教师	
(1)了解转向操纵机构的结构与形式					
(2)了解转向传动机构的结构与形式					
(3)掌握转向操纵机构的拆装					
(4)操纵总机构的检修					

注:☆熟练;◇达成;△基本达成;×未达成。

任务四 动力转向系统的拆装

一、动力转向系统的功用及类型

普通的转向系统很难兼顾汽车转向操纵省力且反应灵敏两方面的要求，为解决这一矛盾，越来越多的中型以上的货车和轿车采用了以发动机(或电动机)输出的部分动力为能源的动力转向装置。

根据动力转向系统在汽车直线行驶时，动力转向不起作用的情况下系统油压的不同特点，动力转向系统可以分为常流式和常压式两种。

根据转向加力装置的零部件布置和连接组合方式的不同，可以分为以下三种：半整体式动力转向系统、整体式动力转向系统、组合式动力转向系统。

二、液压式动力转向系统

图 9-30 所示为机械式液压动力转向系统。

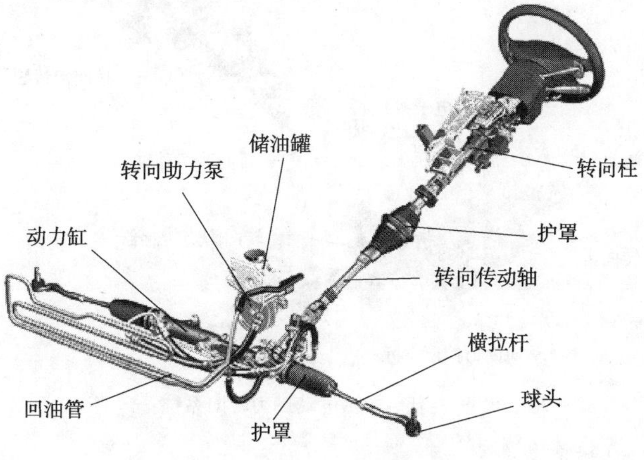

图 9-30 机械式液压动力转向系统

(1)机械式液压动力转向系统一般由液压泵、油管、压力流量控制阀体、V 形带、储油罐等部件构成。

(2)无论汽车是否转向，这套系统都要工作，而且在大转向车速较低时，需要液压泵输出更大的功率以获得比较大的助力。所以，也在一定程度上浪费了资源。可以回忆一下：开这样的车，尤其是低速转弯的时候，觉得方向比较沉，发动机也比较费力气。又由于液压泵的压力很大，也比较容易损害助力系统。还有，机械式液压助力转向系统由液压泵及管路和油缸组成，为保持压力，不论是否需要转向助力，系统总要处于工作状态，能耗较高，这也是消耗资源的一个原因所在。一般经济型轿车使用机械液压助力系统的比较多。

三、电动动力转向系统(EPS)

普通动力转向系统因其操纵灵活、轻便，目前已经广泛应用。但它的缺点是具有固定的动力放大倍数，如果设计时选择这个放大倍数的目的是为了减小汽车在停车或低速行驶时转动转向盘的力，则当汽车高速行驶时，这一放大倍数的动力转向系统会使转动转向盘的力显得太小,不利于高速行驶时对汽车的方向控制。反之,如果选择这个放大倍数的目的是为了增加汽车在高速行驶时的转向力,则当汽车在停车或低速行驶时,转动转向盘就会非常吃力。而电控动力转向系统因具有可变的动力放大倍数,既可在低速时使转向轻便、灵活,又能在高速时保证稳定的转向手感,所以其驾驶舒适性、操纵稳定性更高。

电控动力转向系统按动力源的不同可分为液压式电控动力转向系统和电动式电控动力转向系统两种。液压式电控动力转向系统是在普通动力转向系统的基础上增设了控制液体流量的电磁阀、车速传感器及电子控制单元。电子控制单元依据车速信号控制电磁阀,使动力转向的助力程度实现连续可调,从而满足高、低速时的转向要求。电动式电控动力转向系统用电动机作为动力源,电子控制单元依据转向参数和车速传感器信号控制电动机转矩的大小和方向,加在转向机上,使之得到一个相应的转向作用力。图 9-31 所示为速腾电动助力转向系统。

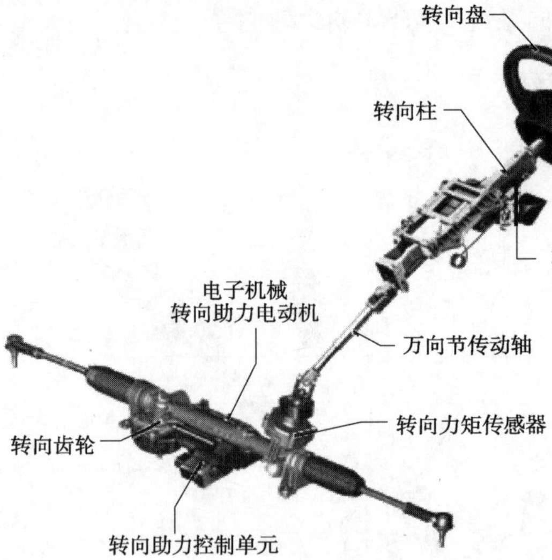

图 9-31　速腾电动助力转向系统

1. 液压式电控动力转向系统

1)流量控制式电子控制动力转向系统(EPS)

这是一种通过车速传感器调节向动力转向装置供应压力油,改变压力油的输入、输出流量,以控制操纵力的方法。这种方法的优点是在原来动力转向基础上增加了压力油流量控制功能。即增加一个旁通流量控制阀。图 9-32 所示为流量控制式电子控制动力转向示意图。

这种系统由旁通流量控制阀、控制电路、车速传感器、转向盘角速度传感器、控制开关组成。在泵与转向器之间设有旁通道,在旁通管路中又设有旁通流量控制阀,按照来自车速传感器和开关的信号,控制电路向旁通流量控制阀供应电流,控制旁通流量,从而调整向转向器供油的流量。当向转向器供油流量减少时,转向器控制阀的灵敏度下降,转向操纵力增加。如果系统中某一部件发生故障时,安全保险装置确保与一般动力转向装置或手动转向装置同等的转向操纵特性。

旁通流量控制阀结构如图 9-33 所示。在阀体内有主滑阀 1 和稳压滑阀 2,在主滑阀前端与电磁线圈 3 的柱塞连接,由调节螺钉调节旁通流量。主滑阀与电磁线圈的推力成正比改变前端主孔的开口面积。稳压滑阀用于防止由于作用于动力转向装置的负荷变动而引起主孔前后压差变动，以经常保持一定压差。由此能随主孔开口面积变化控制旁通流量。当主孔前后压差偏离设定值时，即从左侧作用于稳压滑阀的挤压力 F_1 与从右侧来的挤压力 F_2 不平衡时，则稳压滑阀一直移动到规定的压力差为止，以调整向主滑阀供应的流量。规定旁通流量由主滑阀的开口面积决定，当主滑阀全开时，旁通流量为 0，高速时则全关闭，以最大控制旁通流量。

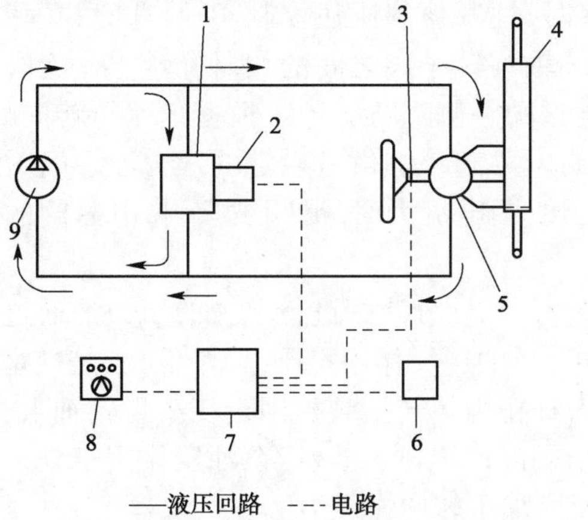

图 9-32　流量控制式电子控制动力转向系统

1-旁通流量控制阀；2-电磁线圈；3-转向速度传感器；4-转向器；5-控制阀；6-速度传感器；7-控制器；8-选择开关；9-液压泵

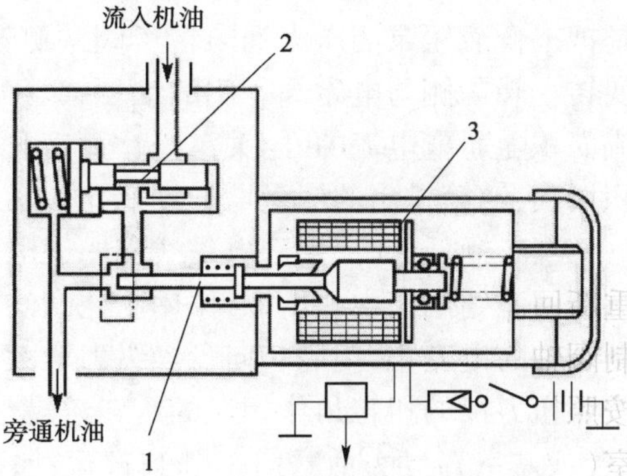

图 9-33　旁通流量控制阀结构示意图

1-主滑阀；2-稳压滑阀；3-电磁线圈

流量控制式电子控制动力转向系统结构简单。但是当流向动力转向机构的液压油降低到极限值时，转向控制部的弹性刚度下降到接近转向刚度，所以在低供给区域内对于快速转向会产生压力油不足。由于响应性降低，必须在折中范围内设定操纵力的变化特性，从而减少了操纵力选择的自由度。

2）反力控制式电子控制动力转向（EPS）

这是一种利用车速传感器、反力控制室油压，改变压力油输入、输出的增益幅度以控制转向操纵力的方法。图 9-34 所示为反力控制式电子控制动力转向示意图。该图说明动力转向的全部构成和工作过程。在图中未标出 ECU 的详细部分，仅使用了作为 ECU 输入信号的车速信号。

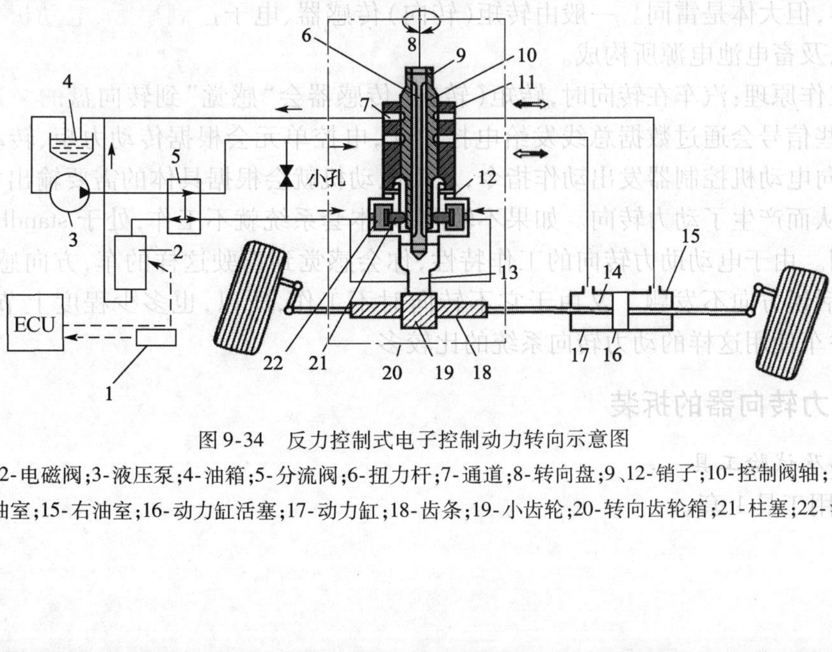

图 9-34　反力控制式电子控制动力转向示意图

1-车速传感器；2-电磁阀；3-液压泵；4-油箱；5-分流阀；6-扭力杆；7-通道；8-转向盘；9、12-销子；10-控制阀轴；11-转阀；13-小齿轮轴；14-左油室；15-右油室；16-动力缸活塞；17-动力缸；18-齿条；19-小齿轮；20-转向齿轮箱；21-柱塞；22-油压反作用室

如图9-34所示,扭力杆的上端与控制阀轴连接,下端部与小齿轮轴通过销子连接。扭力杆上部由销子与转阀连接,转向盘则与控制阀轴和转向轴连接。所以,转向盘的操纵力通过扭力杆及控制阀轴的作用被传向小齿轮轴。当扭力杆发出扭力时,转子阀便绕控制轴作相对旋转,并改变与各个通道口的连通状态,以便控制动力缸油液流量并切换向动力缸左室和右室的油路。当高压作用于油压反作用室时,柱塞强制压住控制阀轴,这时,在扭力杆上即使发生扭力,柱塞压力作用也会限制控制阀轴与转子阀之间的相对旋转。分流阀的作用是把来自液压泵的压力油向转子阀一侧和电磁阀一侧进行分流。根据车速与转向要求,改变转子阀一侧与电磁阀一侧的油压,以确保向电磁阀一侧供应稳定的压力油。电磁阀的节流面积随通电电流的开/关占空比而变化。当线圈电流大时,滑阀被吸引,电磁阀的节流面积增大,油箱排出的油量增加。

当车辆低速时,由于电磁线圈的通电电流大,利用分流阀进行分流的压力油通过电磁阀重新回流到油箱中。所以,作用于柱塞的背压。(油压反作用室压力)降低,于是柱塞推动控制阀轴的力变小,利用转向盘操纵力增大扭力杆扭力。转子阀被固定在小齿轮轴上,控制阀按照扭力杆的扭转角作相对的旋转,连接两个阀的通道口,使液压泵油压作用于动力缸的右室(或左室),动力活塞向左(向右)运动,从而增加了转向操纵力。

在汽车中高速行驶时,直线行驶转向角小,扭力杆的相对扭力也比较小,转子阀与控制阀的连通通道的开度响应减小,转子阀一侧的油压升高。由于分流阀的作用,电磁阀一侧的油量增加。随车速增加,线圈电流变小,电磁阀的节流开度随之变小。而作用在油压反作用室的反压力增加,柱塞推开控制阀轴压力也变大,增加了驾驶员手的操纵力,具有良好的转向手感。

在汽车中高速转向行驶时,即从有油压反力的中高速直线行驶状态转向时,扭力杆扭转角变小,转阀与控制阀的连通口开度减小,在转阀一侧的油压进一步升高,于是,压力油从固定孔向油压反作用室供应,从分流阀向油压反作用室供应的压力油与从固定孔流出的压力油一起增加对柱塞的推压力,使转向操纵力随转向角线性增加,所以在高速时能获得稳定转向手感。

2. 电动式电控动力转向系统(EPS)

它利用电动机产生的动力协助驾驶员进行动力转向。EPS的构成,不同的车尽管结构部件不一样,但大体是雷同。一般由转矩(转向)传感器、电子控制单元、电动机、减速器、机械转向器以及畜电池电源所构成。

主要工作原理:汽车在转向时,转矩(转向)传感器会“感觉”到转向盘的力矩和拟转动的方向,这些信号会通过数据总线发给电控单元,电控单元会根据传动力矩、转动的方向等数据信号,向电动机控制器发出动作指令,从而电动机就会根据具体的需要输出相应大小的转动力矩,从而产生了动力转向。如果不转向,则本套系统就不工作,处于standby(休眠)状态等待调用。由于电动助力转向的工作特性,你会感觉到驾驶这样的车,方向感更好,高速时更稳,俗话说方向不发飘。又由于它不转向时不工作,所以,也多少程度上节省了能源。一般高档轿车使用这样的动力转向系统的比较多。

四、动力转向器的拆装

1. 设备及试验工具

(1)专用工具1套。

(2)电压表1套。

(3)常用维修工具1套。

(4)举升机。

2. 电子动力转向器拆装与检查

1)电子动力转向器的拆卸

(1)先断开蓄电池电源线;吊起车辆,拔下电动机线束插接端口。

(2)拆下固定横拉杆的螺母。

(3)拆卸左前轮罩处的转向器固定螺栓。

(4)拔下转向传感器的线束插接端口。

(5)拆卸后横板上固定转向器的左边自锁螺母。

(6)把车辆放下。拆卸紧固齿条与转向横拉杆的螺栓。

(7)拆卸仪表板侧边下盖、通风管和踏板盖。

(8)拆卸紧固转向小齿轮与下轴的螺栓,使各轴分开。

(9)拆卸防尘套。

(10)拆卸后横板上转向器的固定自锁螺母。

(11)拆下转向器。

2)动力转向机构零件的检查

(1)检查转向柱有无弯曲(转向柱直线度误差应不大于1.00mm)、安全联轴器有无磨损或损坏、弹簧弹性是否失效,如有则应修理或更换新件。

(2)横拉杆直线度误差应不大于1.50mm,否则更换。

(3)接触环弹簧及横拉杆球头销弹簧失效,各橡胶、塑料衬套及防尘套老化、破裂或磨损严重,横拉杆螺纹损伤超过2牙、球头销磨损严重或出现裂纹等,均应更换。

(4)检查齿条。将齿条架于平板V形铁上,用百分表检查径向圆跳动。最大径向圆跳动为0.3mm,否则应予更换。检查齿条背面有无磨损或损坏,如有,应更换齿条。

3)动力转向器的安装与调整

安装时应注意:线束插接端口是否有老化、破裂等现象,如有,应该更换。

(1)安装后横板的转向器,安装自锁螺母但不必完全拧紧。

(2)吊起车辆,安装线束插接端口;安装在左前轮罩上的转向器固定螺栓,并用20N·m的力矩拧紧螺母,安装在后横板上转向器固定自锁螺母,并且用40N·m的力矩拧紧螺母。

(3)把车辆放下。用40N·m的力矩拧紧在后横板上转向器的固定螺母;安装横拉杆支架固定螺栓,并用45N·m的力矩拧紧;安装保护网(防尘套);连接下轴,安装固定螺栓并用25N·m的力矩拧紧;安装踏板盖。通风管和仪表板盖。

(4)安装固定横拉杆支架的自锁螺母,并用45N·m的力矩拧紧。

(5)安装好转向器后,应调整齿轮齿条啮合间隙,确保无间隙啮合。调整时,车轮直行且着地,先松开补偿装置调整螺钉的锁紧螺母,然后向里拧动调整螺钉,直到齿轮与齿条啮合间隙完全消除且转动转向盘不费力为止。最后稳定住调整螺钉,将锁紧螺母锁紧。

五、评价

评价表见表9-3。

评 价 表　　表9-3

评价任务	目标	评价等级			备注
		自评	组长	教师	
(1)了解动力转向器的分类与作用					
(2)了解各动力转向器的结构与原理					
(3)掌握动力转向器的拆装					
(4)掌握动力转向器的检修					

注:☆熟练;◇达成;△基本达成;×未达成。

任务五　四轮转向系统的认知

所谓四轮转向系统,是指当驾驶员转动转向盘时,能够同时操纵4个车轮偏转的一种转向系统。根据后轮转向的控制方式,四轮转向系统可以分为三种类型(图9-35):机械式四轮转向系统,机电组合控制四轮转向系统,电控四轮转向系统。

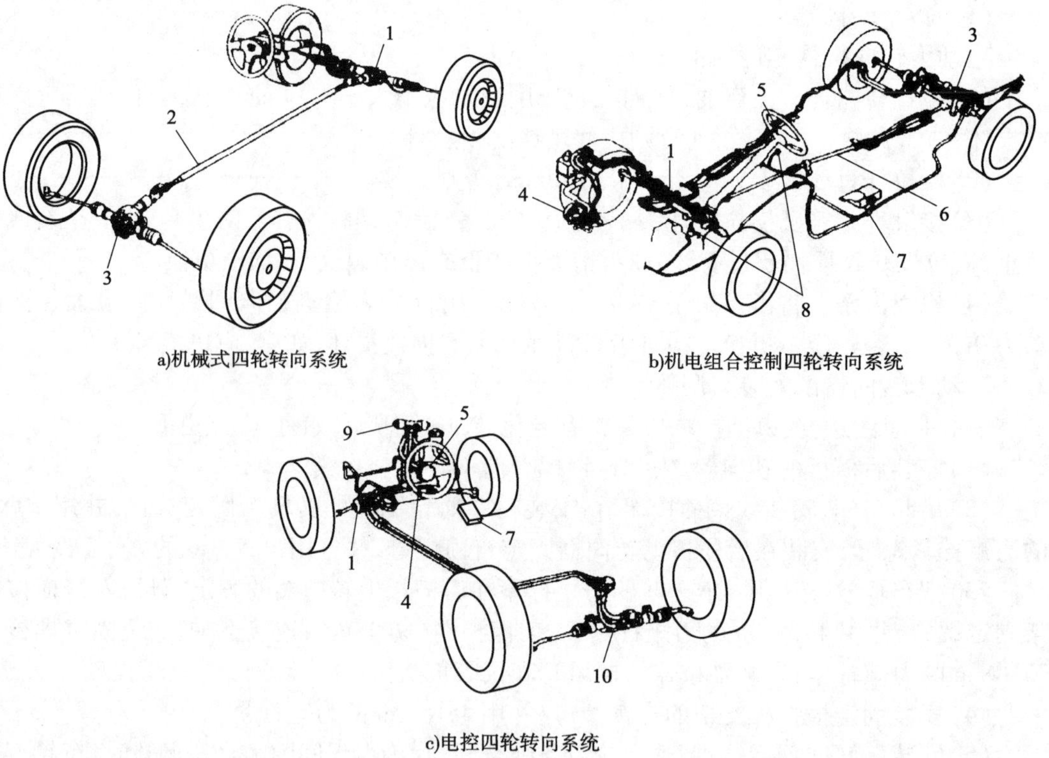

a)机械式四轮转向系统　　b)机电组合控制四轮转向系统

c)电控四轮转向系统

图9-35　四轮转向的三种类型

1-前轮转向器;2-中央传动;3-后轮转向器;4-转向油泵;5-转向角度传感器;6-转向角度传输轴;7-控制单元;8-速度传感器;9-主动悬架控制阀;10-后轮转向动力缸

四轮转向示意如图9-36所示。

四轮转向系统的汽车在后轮增加了转向机构,通过机械或电子控制装置来控制后轮的转向。汽车低速行驶时,后轮与前轮反向偏转,从而使得汽车具有更小转弯半径。而在高速行驶时,后轮与前轮同向偏转,转向时减小了轮胎的侧偏角和车身的横向摆动,使得汽车具有更好的操纵稳定性。

一、机械式四轮转向系统

机械式四轮转向系统由前轮转向器、中央传动轴和后轮转向器三部分组成,如图9-35a)所示。前轮采用齿轮齿条式液压动力转向器,后轮采用机械式转向器,通过中心传动轴驱动后轮转向器。同时,后轮横拉杆形成转向联动装置。

1. 前轮转向器

前轮采用齿轮齿条式液压动力转向器,其结构与普通齿轮齿条式动力转向器相似。区别在于增加了一组齿条5和一个驱动中心传动轴小齿轮4,如图9-37所示。在转向齿条上的活塞3左面的齿条2由转向盘通过小齿轮1操纵,而活塞3右面的齿条5通过小齿轮4与中心传动轴连接。汽车转向时,齿条左右移动,直接带动前轮偏转,同时,齿条5带动小齿轮4转动,从而驱动中心传动轴,并将动力传递到后轮。

图9-36　四轮转向示意图

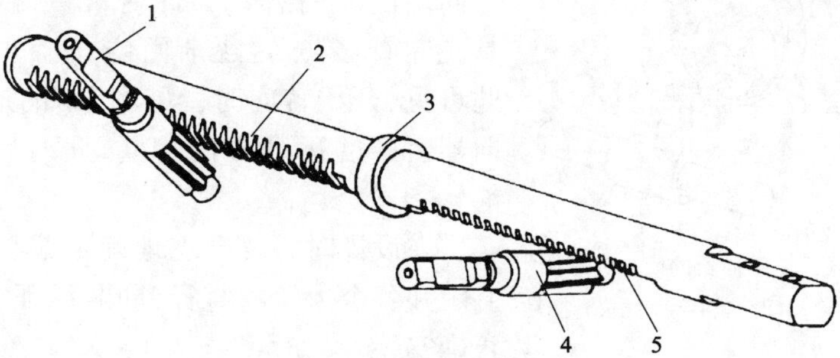

图9-37　前轮齿轮齿条动力转向器齿条与小齿轮

1-主动小齿轮;2-齿条;3-动力缸活塞;4-从动小齿轮;5-驱动中心传动轴的齿条

2. 后轮转向器

后轮转向器通过中央传动轴由前轮转向器操纵。后轮转向器的结构如图9-38所示,主要包括偏心轴3、偏心小齿轮2、内齿轮4、滑块5、导向块6和摆动杆8等部件。偏心轴3用轴承支承在转向器壳体1内,其后端通过花键与万向节连接,万向节再与中央传动轴连接。导向块6固定在摆动杆8上,摆动杆分别与左右横拉杆连接,这些装置将中央传动轴传来的旋转运动转变为摆动杆的横向运动,通过左右横拉杆带动后轮偏转。

后轮转向器的工作原理如图9-39所示,偏心轴1的前端轴颈与偏心小齿轮6的孔配合,偏心小齿轮6的外齿与内齿轮2的内齿啮合(内齿轮2固定不动),前端的轴颈插入滑块3相应的孔中,滑块3在导向块4的凹槽内可以上下滑动,导向块4用螺栓固定在摆动杆上。

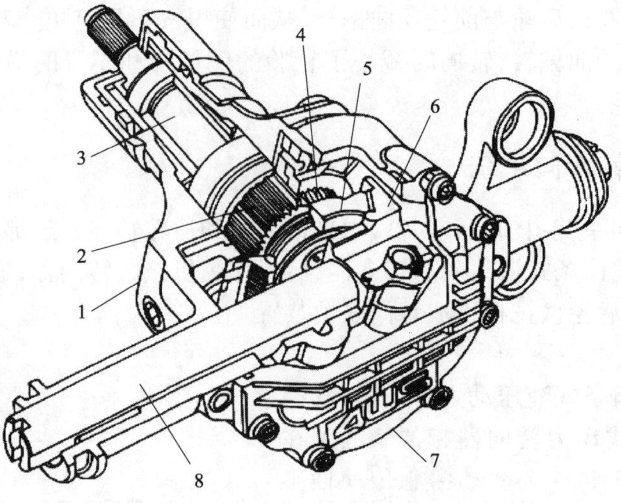

图 9-38　机械式后轮转向器

1-转向器壳体;2-偏心小齿轮;3-偏心轴;4-内齿轮;5-滑块;6-导向块;7-转向器盖;8-摆动杆

汽车右转向时,中心传动轴带动偏心轴 1 顺时针方向旋转,偏心小齿轮 6 绕固定的内齿轮 2 轴线作顺时针方向公转,同时又绕自己的轴线作逆时针方向自转。小齿轮 6 上的偏心短轴颈将旋转运动传递给滑块 3,滑块 3 再将旋转运动转变为导向块的左右移动。此时,滑块的水平运动的轨迹是先向右移动,再逐渐回位,然后再先向左移动。由此可见,开始转向时,摆动杆 5 的运动方向与前轮转向器齿条的运动方向相同,此时后轮的偏转方向与前轮相同。

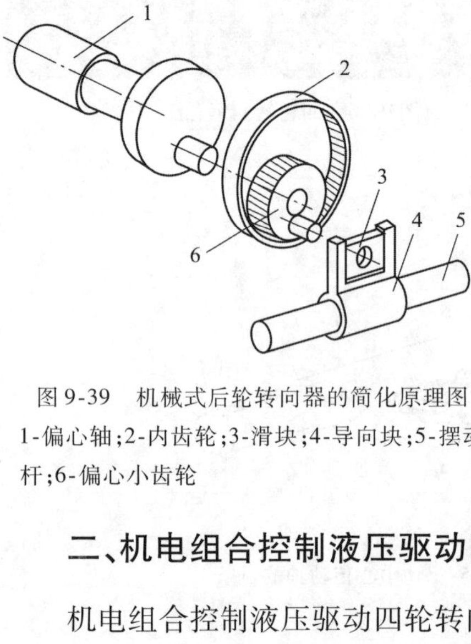

图 9-39　机械式后轮转向器的简化原理图

1-偏心轴;2-内齿轮;3-滑块;4-导向块;5-摆动杆;6-偏心小齿轮

在设计时只要合理地确定偏心轴、偏心齿轮的偏心距和各个齿轮的直径,同时保证零部件相互位置的正确安装。

二、机电组合控制液压驱动四轮转向系统

机电组合控制液压驱动四轮转向系统如图 9-35 和图 9-40 所示,主要由前轮转向器、转向角度传输轴、电子传感器和控制单元、转向油泵、后轮转向器等组成。后轮的偏转方向由车速传感器控制,后轮的偏转角度则由机械式转向角度传输轴控制,因而称为机电组合控制系统。前轮转向器和后轮转向器分别由独立的液压系统驱动,转向油泵需要进行改装,以便为前后液压系统提供液压动力。后轮转向器通过两根横拉杆与后轮连接,并且组成转向联动装置。

另外,后轮转向器还配备安全系统,如果电控装置或液压装置失效,后轮能够自动回正,此时转向系统与普通的两轮汽车相同,以确保行车的安全。前轮转向器的结构与机械式四轮转向相似,通过机械式转向角度传输轴 10(类似于传动轴,两端通过万向节与前后转向器连接)将前轮的转角信息传递到后轮,用于控制后轮转向器转角的大小。

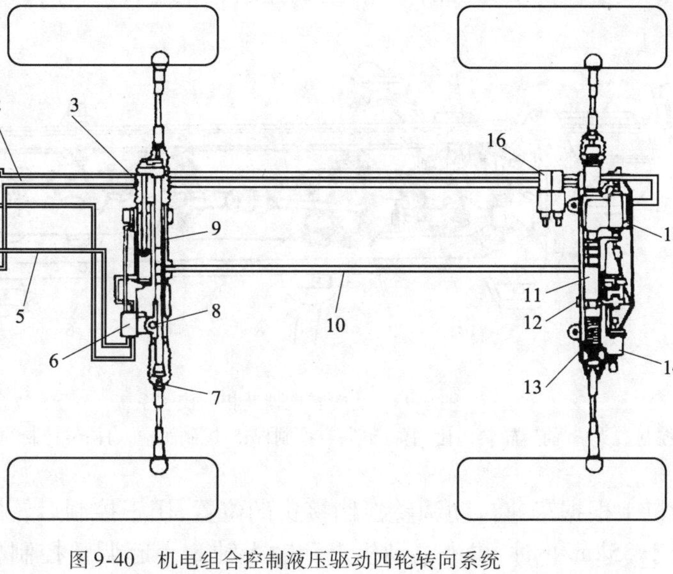

图 9-40　机电组合控制液压驱动四轮转向系统

1-储油罐;2-后转向器进油管;3-前轮转向器动力缸;4-转向油泵;5-前轮转向器进油管;6-转向控制阀;7-前轮转向器;8-主动小齿轮(接转向盘);9-转向齿条;10-转向角度传输轴;11-动力输出杆;12-转向比例传感器;13-复位弹簧;14-步进电动机;15-控制阀;16-失效安全电磁阀

机电组合控制液压驱动四轮转向系统的转向特性如图 9-41 所示,当车速低于 35km/h 时,后轮相对前轮反向偏转;当车速高于 35km/h 时,后轮相对前轮同向偏转。与机械式四轮转向相比,后轮的偏转方向与转向盘转角无关,而是通过传感器由车速控制的。但是,转向盘转角的大小对后轮的偏转角度有直接的影响。

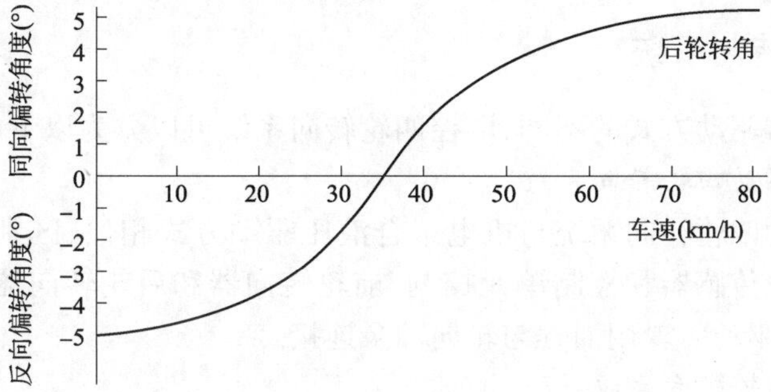

图 9-41　电控四轮转向特性

为了实现上述转向特性,四轮转向系统中专门设置了后轮转向相位控制系统,其结构组成如图 9-42 所示,主要包括步进电动机 1、控制接头 2、控制杆 4、控制阀 6、小锥齿轮 7、主锥齿轮 9、摇臂 10、传感器等。电子控制单元(ECU)不断地分析从传感器传来的车速信息,根据车速来操纵步进电动机。控制杆 4 穿过主锥齿轮上的孔,其右端与控制阀输入杆 5 用球头销连接,左端与摇臂 10 连接。摇臂固定在控制接头 2 上,控制接头与前端短轴上的蜗杆啮合,短轴一端带有锥齿轮并与步进电动机的小锥齿轮啮合。

汽车转向时,前轮转向器将转向盘转角信息经输入轴 8 传递给小锥齿轮 7 和主锥齿轮 9,并带动控制杆 4 摆动,使其长度产生变化,再通过球头销带动控制阀输入杆 5 左右移动,从而操纵控制阀改变流向动力缸的油路，达到控制后轮左右偏转的目的。

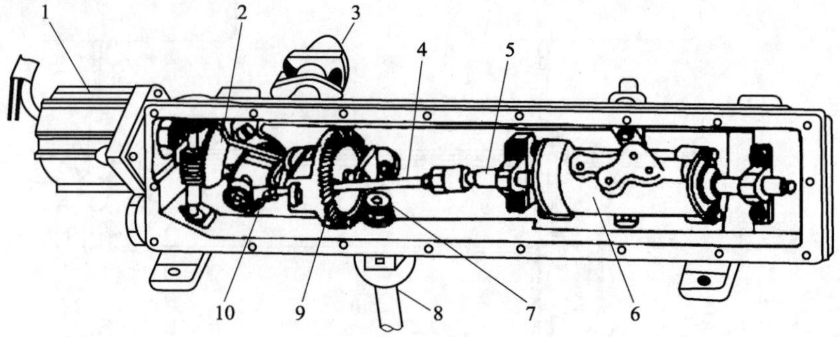

图 9-42　后轮转向器及相位控制系统

1-步进电动机；2-控制接头；3-前后轮转向比例传感器；4-控制杆；5-控制阀输入杆；6-控制阀；7-小锥齿轮；8-输入轴；9-主锥齿轮；10-摇臂

步进电动机 1 根据车速自动调整控制接头的位置，用于控制后轮的偏转方向。

当车速低于 35km/h 时，步进电动机 1 和输入轴 8 一起调整控制杆 4 的位置，精确操纵控制阀 6 流向动力缸的油路，以保证后轮的偏转方向与前轮相反，从而使得汽车在低速行驶时获得良好的转向机动性。

当车速等于 35km/h 时，步进电动机 1 和输入轴 8 一起调整控制杆 4 的位置，使控制阀 6 停止向动力缸供油，保证后轮沿直线行驶位置（后轮不偏转）。

当车速高于 35km/h 时，步进电动机 1 和输入轴 8 一起调整控制杆 4 的位置，改变控制阀 6 流向动力缸的油路，使得后轮的偏转方向与前轮相同，保证汽车高速行驶的安全性和操纵稳定性。

三、电控四轮转向系统

根据后轮转向器驱动方式的不同，电控四轮转向系统可以分为以下两种。

1. 电控—液压驱动四轮转向系统

电控—液压驱动四轮转向系统与机电组合液压驱动方式相似，区别在于后轮的偏转方向和偏转角度全部由传感器和控制单元控制，前轮转向器和后轮转向器之间没有任何机械传动装置，后轮液压驱动装置用油管与转向油泵连接。

2. 电控—电动四轮转向系统

电控—电动四轮转向系统的总体布置如图 9-43 所示，其特点是后轮转向采用电动机驱动，电动机通过传感器由四轮转向控制单元操纵。前轮转向器和后轮转向器之间既没有机械传动装置，也没有机械连接装置。由于没有液压系统，使得结构简单，装车质量更轻，制造成本更低，整体布置更加方便灵活。同时，后轮转向的控制更加方便，能够获得更加精确和复杂的转向特性。

电子控制系统采用转向盘的转动速度和方向、车辆行驶速度、前轮转向角度、后轮转角和转速等信息来计算并且控制后轮的转动角度和方向，如图 9-43 所示。主后转角传感器 7 位于后轮转向执行器左侧，传感器内的脉冲环随循环球螺杆一起转动，并将左后轮转角信号传递到控制单元。副后转角传感器 5 位于后轮转向执行器的另外一侧，用于测量右侧后轮的转角,通过电压信号传送到控制单元。主前转角传感器1安装在组合开关下面的转向柱上,其中包括测量转向盘转动的速度和方向两个传感器。副前转角传感器2安装在前齿轮齿条转向器内,用于测量前轮的转角。每个后轮均安装有后轮速度传感器4、8,用于测量每个后轮的转速,对于选装ABS制动系统的汽车,该传感器发出的信号同时输送到四轮转向和ABS的控制单元。

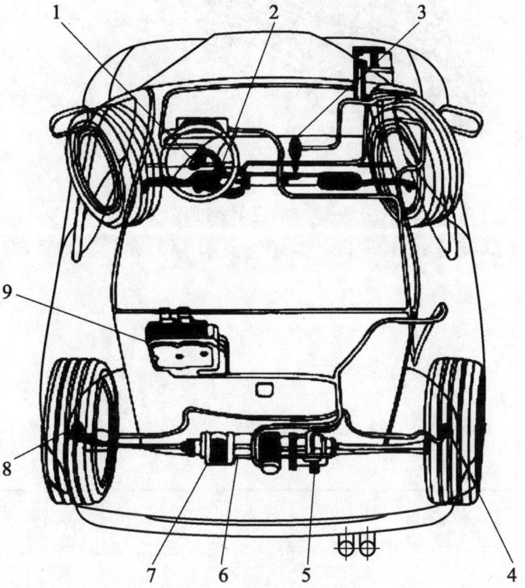

图9-43　电控—电动四轮转向系统

1-主前转角传感器;2-副前转角传感器;3-车辆速度传感器;4-后轮传感器;5-副后转角传感器;6-后轮转角传感器;7-主后转角传感器;8-后轮传感器;9-四轮转向控制单元

电控四轮转向特性如图9-44所示,当车速小于29km/h时,后轮立即与前轮反向偏转,其偏转角度的大小与车速有关;在车速等于29km/h时,后轮偏转角度为0;当车速大于29km/h时,后轮与前轮同向偏转。

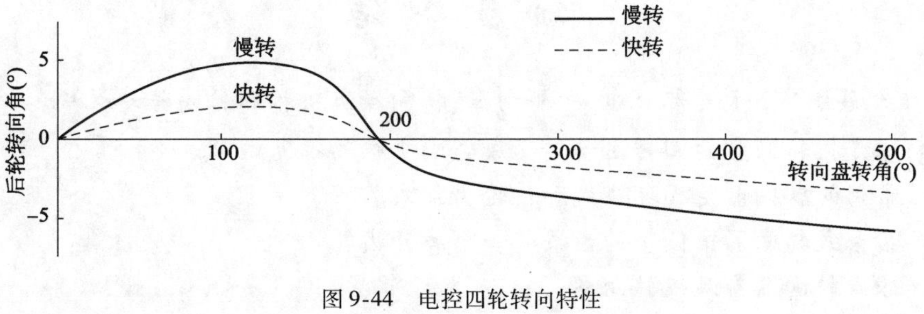

图9-44　电控四轮转向特性

后轮转向执行器类似于电动转向器,其结构组成如图9-45所示。主要包括由定子3和转子9组成的电动机、循环球螺杆机构10。循环球螺杆机构通过万向节与左右后横拉杆连接,换向器7用于控制循环球螺杆机构的转动方向。汽车转向时,控制单元根据传感器的信号进行计算,并将计算结果信号输送到后轮转向器内的电动机,控制电动机转动,电动机驱动循环球螺杆机构,再通过万向节将动力传递到左右横拉杆,从而带动后轮偏转。当汽车点火开关关闭或四轮转向系统失效时,复位弹簧6用于保证后轮的回正,确保行车的安全。

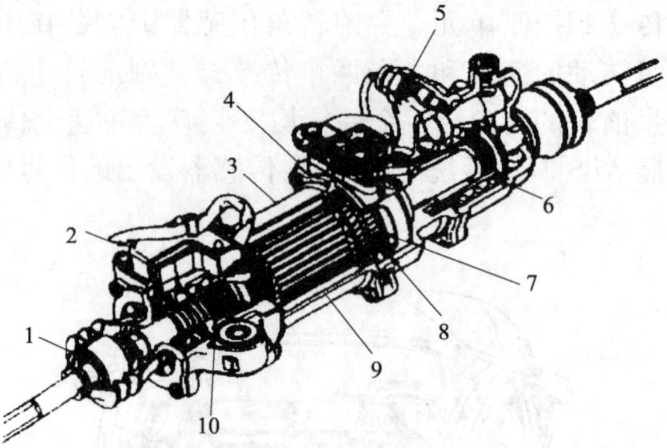

图9-45 后轮转向执行器

1-转向轴螺杆;2-主后转角传感器;3-定子;4-转向执行器壳体;5-副后转角传感器;6-复位弹簧;7-换向器;8-电刷;9-转子;10-循环球螺杆机构

四、评价

评价表见表9-4。

评 价 表　　表9-4

评价任务	目标	评价等级			备注
		自评	组长	教师	
(1)了解四轮转向器的组成					
(2)了解四轮转向器的分类					

注:☆熟练;◇达成;△基本达成;×未达成。

项目小结

1. 转向系统由三个主要部分组成:转向器、转向操纵机构和转向传动机构。
2. 转向器是把转向盘的回转运动转变成转向机构的往复运动。
3. 两种常用的转向器是循环球式和齿轮齿条式。
4. 齿轮齿条式转向器中使用的齿条是一个展开齿轮。
5. 循环球式转向器有两级转向副。
6. 转向传动比是转向盘转角与车轮偏转角之比。
7. 四轮转向可以让前轮和后轮同时发生偏转。
8. 动力转向系统中压力油可以使齿条左右移动或使循环球式转向器中的循环球螺母上下移动。
9. 动力转向泵的形式有很多:叶片式、滑块式和滚柱式。
10. 各种诊断和维修规程有助于维修人员更好地维修转向系统。

思考与练习

1. 为什么液压转向加力装置广泛应用于各类各级汽车？

2. 为什么循环球式转向器广泛应用于各类汽车？

3. 如何诊断机械转向系统转向沉重的故障？

4. 何为自由行程，一般范围多大，它对汽车的操纵有何影响？

5. 四轮转向系统的组成有哪些？

6. 动力转向器的功用有哪些？

【教学设计能力拓展训练3】

转向系统教学过程设计训练

一、任务引导

简介中职学校学生学习转向系统的起点、教学设备、教学目标、教学内容、教学重点难点、学时分配等内容，以便学习者设计教学内容时参考。

1. 中职生的学情分析

(1)文化基础知识薄弱，认知、记忆、思维能力较差，对授课内容难以理解，但渴望被人接纳和爱护，渴望得到别人的认可和称赞，渴望成功，形象思维丰富，好动，喜欢动手实践。

(2)学习过初中物理，有一定的动手能力。

2. 中职学校转向系统教学环境

理论实践一体化教室：配置多媒体教学设备、学生查阅资料的计算机、课桌椅、充足的实训台架或教学整车及汽车底盘零部件等、实训工具、课程资源库教学平台(配置相关视频、动画、图片、电子教材、作业单、练习题、考核表等)

3. 中职学校汽车转向系统教学目标

1)知识目标

(1)能够说出转向系统的作用和组成。

(2)能识别转向系统的各总成零部件，并说出它们的名称和作用。

(3)能掌握影响转向系统的参数。

(4)能简单叙述转向系统构造与工作原理。

2)能力目标

(1)能对转向系统按照规范操作流程和技术标准要求拆卸与装配。

(2)会查阅维修手册对转向系统(转向器、转向传动机构)进行检测。

4. 中职学校转向系统的教学内容与学时分配

任务一	转向器	3学时
任务二	转向器操作机构与转向传动机构	6学时
任务三	动力转向系统	3学时
任务四	转向系统故障诊断与排除	6学时

5. 中职学校转向系统的教学重点、难点

1)教学重点

转向器、转向器操作机构、转向传动机构的组成构造、功用、工作原理以及这些总成的拆卸和装配方法,要求大部分的学生会操作。

2)教学难点

机械式转向系统的故障诊断与排除;动力转向系统故障诊断与排除。

6. 中职学校转向系统的教学方法与教学流程

采用理论实践一体化教学,通常采用任务驱动教学法(12221 教学模式)。

12221 教学模式内容:学生完成 1 份任务引导文,学生观察老师操作 2 次,学生亲自操作 2 次,学生指导其他同学操作 2 次,学生完成 1 份作业工单。

(1)任务资讯:完成任务引导文,收集必要知识点(例如转向系统的结构名称、作用,检查工具及拆装设备名称等)课前预习加上课上听老师讲解后完成(学生完成 1 份任务引导文)。

(2)布置学习任务:明确每个任务的目标和完成标准。

(3)教师示范和讲解:教师根据任务的难易程度作必要的示范和讲解,比如转向传动机构的检查方法和注意事项、拆装注意事项等;(学生观察老师操作 2 次)。

(4)任务实施:学生分组练习,教师巡逻指导→换组,直至完成每个细分的任务(学生亲自操作 2 次)。

(5)任务检查:学生对照任务目标和完成标准组内自我检查。

(6)任务指导:学生对照任务工单对其他学生进行指导(学生指导其他同学操作 2 次)。

(7)任务考核与评价:根据各组任务完成情况进行点评小结(可以先让小组汇报后再点评)。

(8)学生完成作业工单(学生完成 1 份作业工单)。

二、教学过程设计

项目	参考依据
教学环节	有完整的教学过程 (1)任务驱动教学流程:任务准备→任务导入→任务分析→完成任务→任务总结→作业布置→教后反思; (2)行动导向教学流程:资讯→计划→决策→实施→检查→评估; (3)采用其他形式的教学实施过程方式(例如 12221 模式,12221 教学模式内容:学生完成 1 份任务引导文,学生观察老师操作 2 次,学生亲自操作 2 次,学生指导其他同学操作 2 次,学生完成 1 份作业工单)
过程内容	(1)教学内容的连贯性、紧凑性; (2)教学做合一; (3)能激发学习动机
过程布局	(1)对教学内容顺序合理安排; (2)学生的活动指向教学目标; (3)学习者活动、教学活动、媒体活动融合穿插; (4)时间分配的总体考虑

续上表

项目	参考依据
过程方法	(1)方法多样化——小组作业、项目教学、舞台表演、角色扮演、社会调研等； (2)让每一个学生都动起来； (3)围绕学生兴趣进行选取
过程特点	(1)学生主动地学习； (2)学习核心是完成一个任务； (3)学习以学生兴趣为起点,参照实际工作； (4)学生参与任务的设计、实施、评价全过程

三、单元三教学过程设计任务单

全班分成4~6个设计小组,每组选择单元内的一个任务进行教学实施过程设计。

组别		设计任务	
设计项目	内　容		选取依据分析
教学过程方式确定			
教学过程内容范围			
教学过程布局 (内容顺序、时间分配)			
教学过程方法			
展示评价	各小组自评、互评、PPT等形式展示本组的设计成果。		

四、教学过程设计训练评分标准

序号	项　目	内　容	分值	得　分
1	教学环节	教学环节设计合理、层次清楚,过渡自然	20	
2	过程内容	教学内容的连贯、紧凑,能激发学生学习积极性,教学做合一	20	
3	过程布局	能根据教学重点、难点合理分配时间,对教学内容顺序合理安排,学习者活动、教学活动、媒体活动融合穿插	15	
4	过程方法	以学生兴趣为中心,让每个同学都能参与	20	
5	过程特点	教学过程设计巧妙、形式新颖、环环相扣	25	
总　分			100	

项目十 制动系统

知识目标

1. 了解制动系统的功用与组成。
2. 熟悉制动系统的基本工作原理。
3. 掌握盘式制动器的结构与检修内容。
4. 掌握鼓式制动器的结构与检修内容。
5. 掌握驻车制动器的结构与作用。

能力目标

1. 能够检查盘式制动器、鼓式制动器。
2. 能够检查制动拖滞。
3. 能够进行制动液更换和排气。

任务一 制动系统的认知

一、功用和组成

1. 功用

汽车制动系统如图10-1所示。

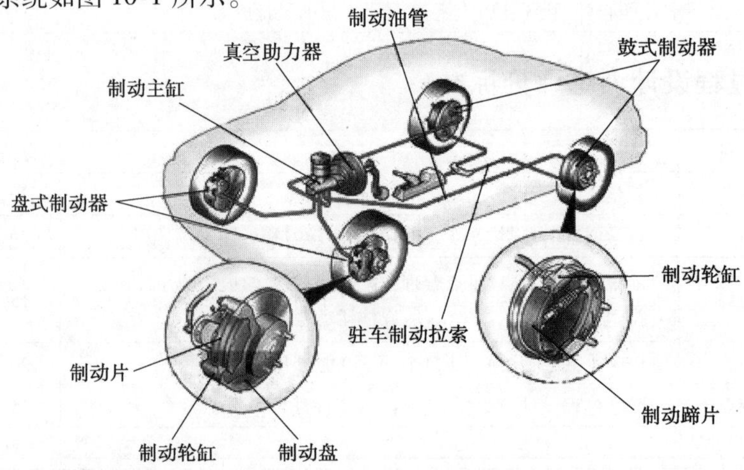

图10-1 汽车制动系统

目前,汽车的行驶速度不断提高,道路条件和交通状况越来越复杂。为了确保安全,汽车应在会车、不平路面及弯道行驶时降低车速;在遇到障碍物、行人和其他危险情况时,汽车要在尽可能短的时间内使车速降到很低甚至停车。只有具备了这种能力,汽车才可能实现高速安全行驶。

汽车在下长坡时,由于重力的作用,有不断加速到危险程度的趋势,在这种情况下,应及时限制速度并保持车速稳定,以防事故发生。

另外,停驶车辆,尤其是在坡道上停驶的车辆,应当能可靠地驻留原地不动,不致溜车。

上诉使汽车行驶中减速或者紧急停车,下长坡保持车速稳定,停驶车辆保持不动的作用统称为制动,而汽车系统的功用就是要实施制动。

汽车制动系统结构如图 10-2 所示。

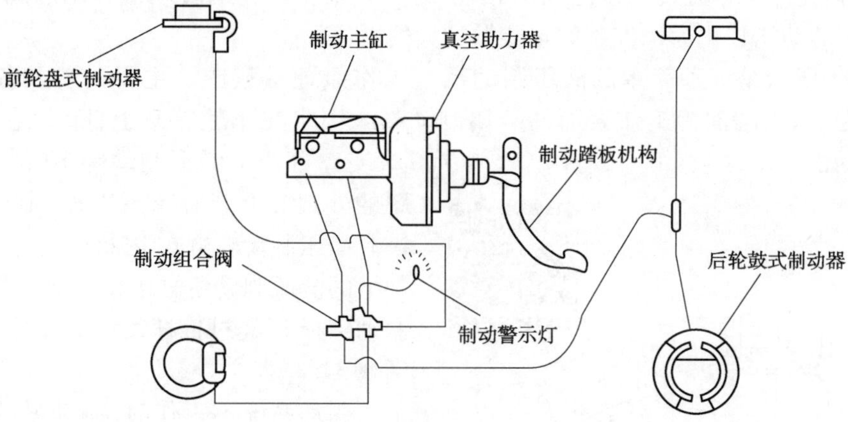

图 10-2 汽车制动系统结构示意图

2. 分类与组成

(1)按功用分为:行车制动系统、驻车制动系统、第二制动系统、辅助制动系统。

①行车制动系统——是由驾驶员用脚来操纵的,故又称脚制动系。它的功用是使正在行驶中的汽车减速或在最短的距离内停车。

②驻车制动系统——是由驾驶员用手来操纵的,故又称手制动系。它的功用是使已经停在各种路面上的汽车驻留原地不动。

③第二制动系统——在行车制动系统失效的情况下,保证汽车仍能实现减速或停车的一套装置。在许多国家的制动法规中规定,第二制动系统也是汽车必须具备的。

④辅助制动系统——经常在山区行驶的汽车以及某些特殊用途的汽车,为了提高行车的安全性和减轻行车制动系统性能的衰退及制动器的磨损,用以在下坡时稳定车速。

(2)按制动能量传输分为:机械式、液压式、气压式、电磁式、组合式。

(3)按回路多少分为:单回路制动系统、双回路制动系统。

(4)按能源分为:人力制动系统、动力制动系统、伺服制动系统。

①人力制动系统——以驾驶员的肌体作为唯一的制动能源的制动系统。

②动力制动系统——完全靠由发动机的动力转化而成的气压或液压形式的势能进行制动的制动系统。

伺服制动系统——兼用人力和发动机动力进行制动的制动系统。

(5)组成,汽车制动系统主要由以下四部分组成。

①制动器:产生制动力矩,阻止车轮转动的装置。

②制动操纵机构:控制制动器工作的机构,如操纵手柄和制动踏板等。

③制动传动机构:将操纵力传到制动器,使制动器工作的组成元件和管路。

④制动力的调节机构:用来调节前、后车轮制动力的分配元件和防抱死制动系统(ABS)。

二、制动系统的工作原理

制动系统的工作原理是:非旋转元件和车身或车架相连,旋转元件与车轮或传动轴相连,依靠旋转元件与非旋转元件之间的相互摩擦,来阻止车轮的转动或转动的趋势,并将运动着的汽车的动能转化为摩擦副的热能散到大气中。

图 10-3 所示是一种简单的液压制动系统工作原理示意图。主要构造及各件之间的连接关系是:以内圆面为工作表面的金属制动鼓 8 固定在车轮轮毂上,随车轮一同旋转。在固定不动的制动底板 11 上,有两个支撑销 12,支撑着两个弧形制动蹄 10 的下端,制动蹄的外圆面上装有摩擦片 9。制动底板上还装有液压制动轮缸 6,用制动油管 5 与装在车架上的液压制动主缸 4 相连通。驾驶员踩踏制动踏板 1,经过推杆 2 来操纵制动主缸中的活塞 3。

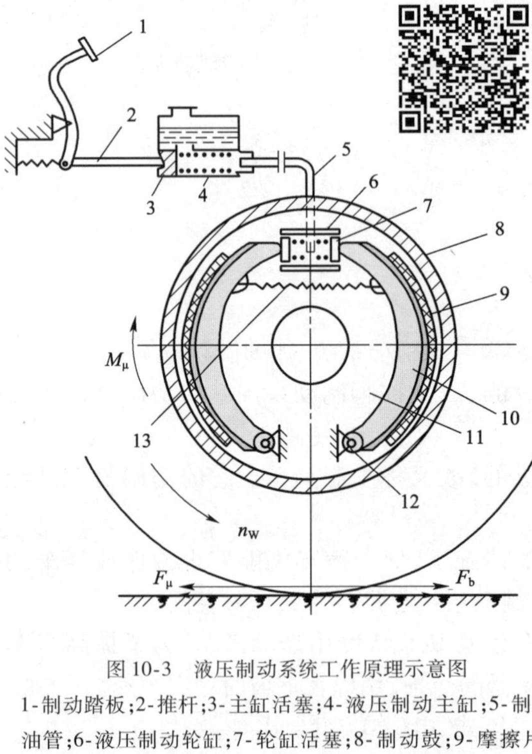

图 10-3 液压制动系统工作原理示意图

1-制动踏板;2-推杆;3-主缸活塞;4-液压制动主缸;5-制动油管;6-液压制动轮缸;7-轮缸活塞;8-制动鼓;9-摩擦片;10-制动蹄;11-制动底板;12-支撑销;13-制动蹄复位弹簧

制动系统不工作时,制动鼓的内圆面与制动蹄摩擦片的外圆面之间保持一定的间隙,使车轮和制动鼓可以自由旋转。

制动时,驾驶员应踩下制动踏板,通过推力杆推动主缸活塞,使主缸内的油液在一定压力下流入液压制动轮缸,并通过两个轮缸活塞 7 推动两制动蹄绕支撑销旋转,上端向两边分开而以其摩擦片压紧在制动鼓的内端面上。这样,不旋转的制动蹄就对旋转着的制动鼓作用一个摩擦力矩,方向与车轮旋转方向相反。制动鼓将该力矩 M_μ 传到车轮后,由于车轮与路面间有附着作用,车轮对路面作用一个向前的周缘力 F_μ,同时路面也对车轮作用着一个向后的反作用力,即制动力 F_b。制动力 F_b 由车轮经车桥和悬架传给车架及车身,迫使整个汽车产生一定的减速度。制动力越大,则汽车减速度也越大。当放开制动踏板时,制动蹄复位弹簧 13 即将制动蹄拉回原位,摩擦力矩 M_μ 和制动力 F_b 消失,制动作用即终止。

当然，阻碍汽车运动的制动力 F_b 不仅取决于力矩 M_μ，还取决于轮胎与路面间的附着条件。不过，在讨论制动系统的结构问题时，这里假定路面都具备良好的附着条件。

三、对制动系统的要求

为了保证汽车能在安全条件下发挥出高速行驶的能力，制动系统必须满足下列要求：

(1)具有优良的制动性能。评价汽车制动性能的主要指标是：制动距离、制动减速度、制动力和制动时间。在实际使用中，常以制动距离来间接衡量整车的制动性能，汽车的制动距离越小越好。制动距离是指汽车以一定速度行驶时，从驾驶员踩下制动踏板开始，直到汽车停止不动过程中，汽车所走过的距离。一般，在水平良好路面上车速为30km/h 制动时，要求轻型货车和轿车不大于7m；中型货车不大于8m；重型货车不大于12m。

(2)操纵轻便。操纵制动系统所需的力不应过大，对重型汽车而言，这一优点尤为重要。

(3)制动稳定性好。制动时，前后车轮制动力矩分配应合理，左右车轮上的制动力矩应基本相等，以免制动时汽车跑偏或甩尾。

(4)制动平顺性好。制动力矩既能迅速平稳的增加，也能迅速而彻底的解除。

(5)散热性好。防止连续制动机件发热变形或损坏，使制动效能降低甚至失效。

(6)对挂车的制动系统，要求挂车的制动作用略早于主车，挂车自行拖挂时能主动进行应急制动。

四、制动器

制动器是制动系统中用以产生阻止车辆运动或运动趋势的力的部件。凡利用固定元件与旋转元件的工作表面摩擦而产生制动作用的制动器称为摩擦制动器。摩擦制动器按照制动力矩产生的位置不同分为车轮制动器和中央制动器，按照摩擦工作表面的不同分为鼓式制动器和盘式制动器。车轮制动器的旋转元件固装在车轮或半轴上，制动力矩作用于两侧车轮；中央制动器的旋转元件固装在传动轴上，制动力矩需经驱动桥再作用于两侧车轮。鼓式制动器的旋转元件为制动鼓，其工作表面为圆柱面；盘式制动器的旋转元件为圆盘状的制动器，其端面为工作表面。

五、评价

评价表见表10-1。

评 价 表　　　　表10-1

评价任务	目标	评价等级			备注
		自评	组长	教师	
(1)了制动系统的组成					
(2)掌握制动系统的工作原理					

注：☆熟练；◇达成；△基本达成；×未达成。

任务二　制动液的检查、补充及排放液压制动系统中的空气

一、液压式制动传动装置的组成及工作原理

1. 组成

液压式制动传动装置在目前的轿车、轻型货车的行车制动系统上得到了广泛的应用。液压式制动传动装置的组成如图 10-4 所示，主要由制动主缸、液压管路、后轮鼓式制动器中的制动轮缸、前轮钳盘式制动器中的液压缸等组成。一般制动踏板机构和制动主缸都装在车架上，而车轮是通过弹性悬架与车架联系的，制动主缸与制动轮缸之间的相对位置经常变化，故制动主缸与制动轮缸间的连接油管除用金属管(铜管外)，还采用了特制的橡胶制动软管。各液压元件之间及各段油管之间还有各种油管接头。制动前，整个液压制动系统中应充满专门配备的制动液。

2. 工作原理

如图 10-4 所示，液压式制动传动装置的工作原理如下：当制动踏板 4 被踩下时，制动液由制动主缸 5 中的活塞推动，经油管压入到制动轮缸 6 和制动钳 2 中，将制动蹄或制动块推向制动鼓或制动盘。在消除制动器间隙过程中，管路油压不是很高，仅足以平衡制动蹄复位弹簧的张力以及油液在管路中的流动阻力。在制动间隙消失并开始产生制动力矩时，液压与踏板力方能继续增长，直到完全制动。从开始制动到完全制动的过程中，由于在液压作用下，油管(主要是橡胶软管)的弹性膨胀变形和摩擦元件的弹性压缩变形，制动踏板和轮缸活塞都可以继续移动一段距离。放开制动踏板，制动蹄和轮缸活塞在复位弹簧的作用下回位，将制动液压回到制动主缸。

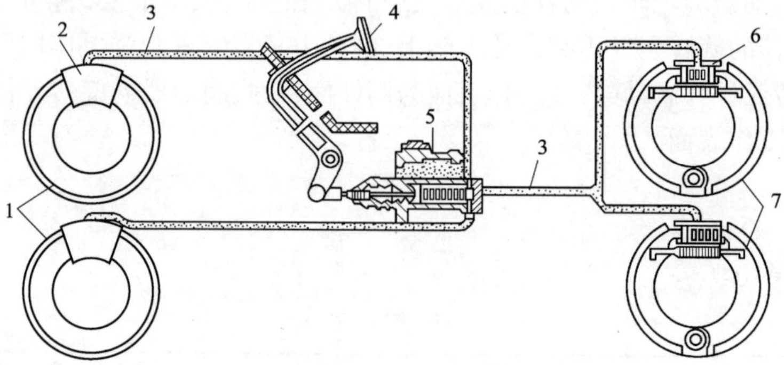

图 10-4　液压传动装置组成示意图

1-前轮制动器；2-制动钳；3-制动管路；4-制动踏板；5-制动主缸；6-制动轮缸；7-后轮制动器

二、制动主缸

制动主缸的作用是将踏板力转变成液压力。有的制动主缸与储液室铸成一体，也有两者分制而合装在一起或用油管连接的。现在汽车的行车制动系统都必须采用双回路制动系统，因此液压制动系统都采用串列双腔式制动主缸(图 10-5)。目前，国内轿车及大多数国

外轿车上都采用等径制动主缸，即制动主缸两腔的缸径相同，而某些国外轿车上安装了异径制动主缸，即制动主缸两腔的缸径不相等。

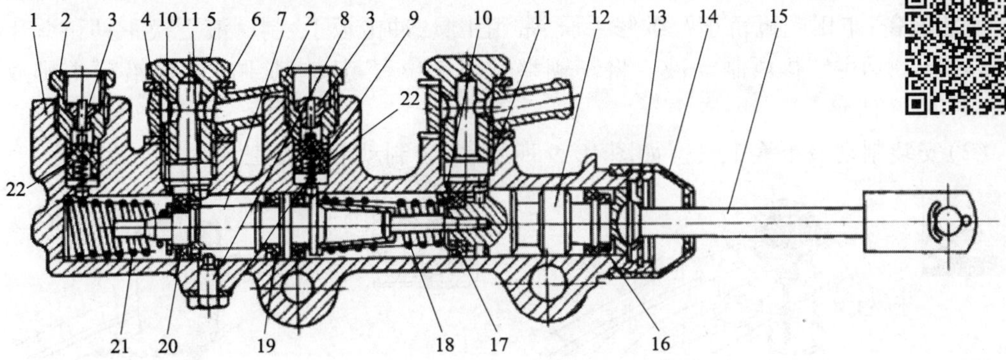

图 10-5 串列双腔制动主缸

1-主缸缸体；2-出油阀座；3-出油阀；4-进油管接头；5-空心螺栓；6-密封垫；7-前缸（第二）活塞；8-定位螺钉；9-密封垫；10-旁通孔；11-补偿孔；12-后缸（第一）活塞；13-挡圈；14-护罩；15-推杆；16-后缸密封圈；17-后活塞皮碗；18-后缸弹簧；19-前缸密封圈；20-前活塞皮碗；21-前缸弹簧；22-回油阀

三、制动轮缸

制动轮缸的作用是将液体压力转变为制动蹄张开的机械推力。制动轮缸有双活塞式和单活塞式两类（图 10-6、图 10-7）。单活塞式制动轮缸主要用于双领蹄式和双从蹄式制动器；而双活塞式制动轮缸应用较广，即可应用于领从蹄式制动器，又可以应用于双领蹄式及双向自增力式制动器。

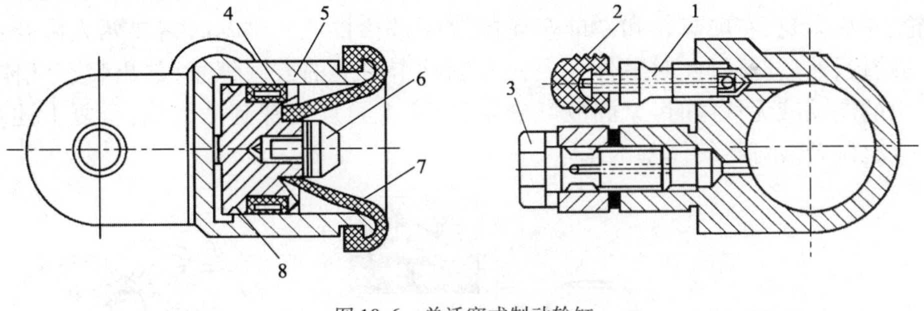

图 10-6 单活塞式制动轮缸

1-放气阀；2-护罩；3-进油管接头；4-皮圈；5-缸体；6-顶块；7-防护套；8-活塞

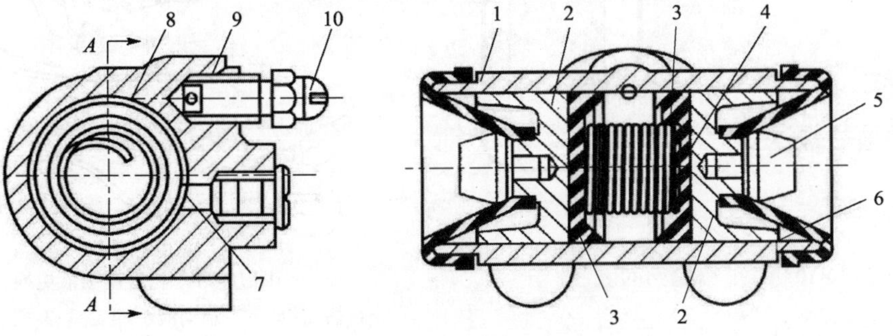

图 10-7 双活塞式制动轮缸

1-制动轮缸缸体；2-活塞；3-皮碗；4-弹簧；5-顶块；6-防护罩；7-进油孔；8-放气孔；9-放气阀；10-放气阀防护螺钉

四、制动液更换与排气

所需设备：丰田花冠轿车及维修手册、常用工具、冲击扳手、制动液更换工具和举升器。

(1)从制动主缸排放制动液。将车辆举升至5位置，从制动主缸的储液罐中排放制动液，如图10-8所示。

(2)安装制动液更换工具。如图10-9所示，安装制动液更换工具。

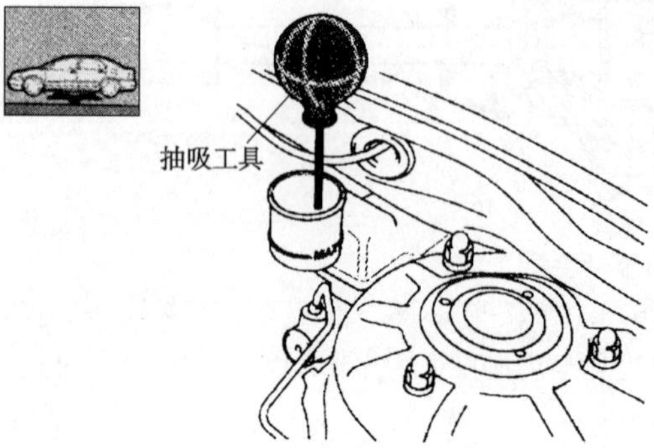

图10-8 从制动主缸排放制动液

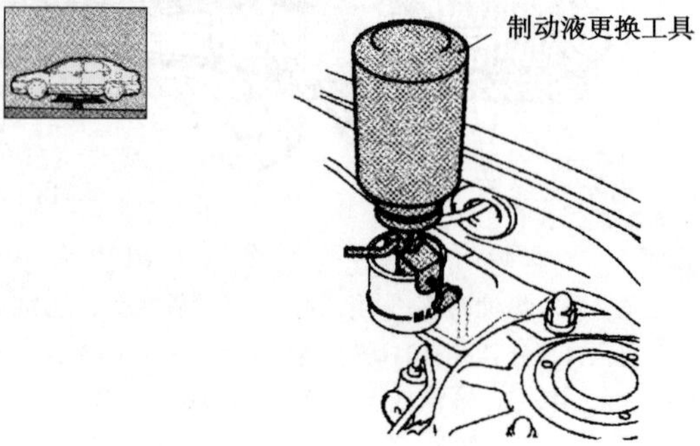

图10-9 制动液更换工具安装

(3)举升车辆至6位置。如图10-10所示，将车辆举升至6位置，按图中所示顺序更换车轮制动液和安装车轮。

(4)制动液更换与排气。如图10-11所示，使用制动液更换工具，按照左前、左后、右后和右前的顺序更换制动液；而制动液排气则依据距离制动主缸从远到近的原则进行，即按照右后车轮、左后车轮、右前车轮和左前车轮的顺序进行排气。排气时需要两人配合：一人反复踩制动踏板，然后踩住，此时另外一人松开制动卡钳上的放气螺塞，放出带有气体的制动液，当流出的制动液无气体时，紧固放气螺塞；另一人再反复踩制动踏板，重复上述步骤，一般放3~4次制动液可将气体基本排空。

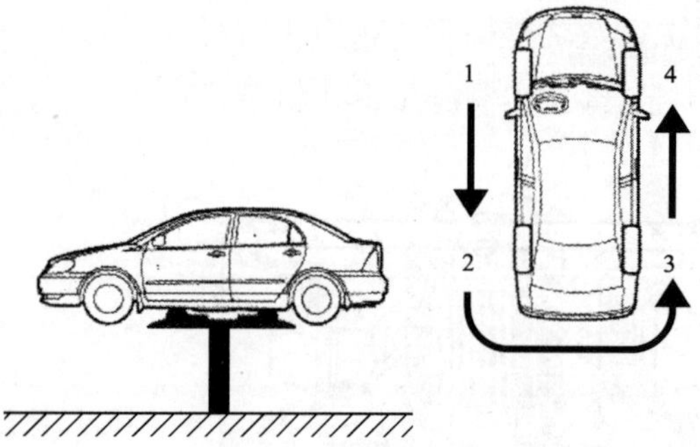

图10-10 举升车辆至6位置

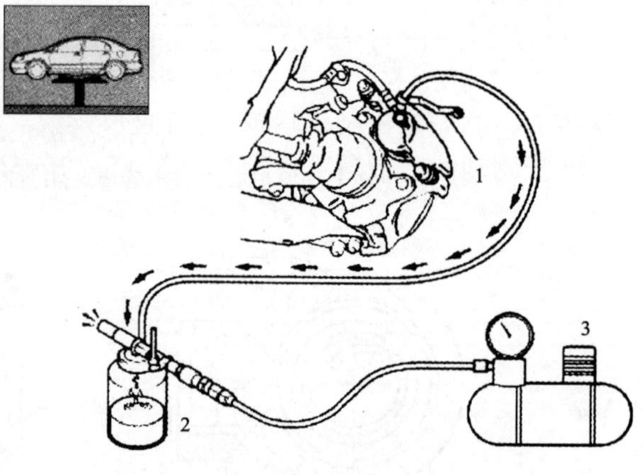

图10-11 轮缸制动液更换

1-梅花扳手；2-制动液更换工具；3-空气压缩机

(5)车轮临时上紧。制动液更换完毕后，将车轮临时上紧（不需要紧固到103N·m），如图10-12所示。

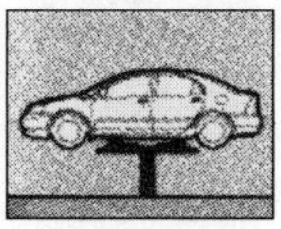

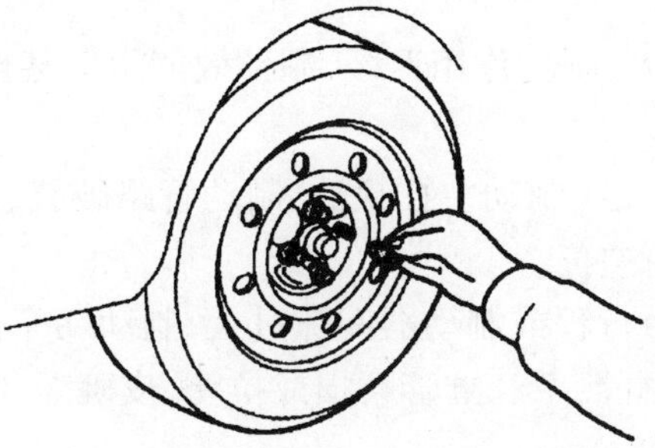

图 10-12 车轮临时上紧

五、评价

评价表见表 10-2。

评 价 表　　表 10-2

评 价 任 务	目标	评 价 等 级			备注
		自评	组长	教师	
(1)掌握液压制动主缸和轮缸的结构与原理					
(2)掌握制动液排气的流程方法					

注:☆熟练;◇达成;△基本达成;×未达成。

任务三 制动踏板自由行程的检查

一、认知及功用

制动踏板自由行程是为保证不发生制动拖滞、彻底解除制动而设置的。

测量时在制动踏板与驾驶室底板之间立一直尺,用手向下按制动踏板至有阻力时,记下直尺读数。然后放松制动踏板,再看直尺读数。两次读数之差即为踏板自由行程。

液压制动的踏板自由行程一般在 15 ~ 20mm,在调整时应按车型规定的数值进行调整。当自由行程不合适时,可松开制动主缸推杆的锁紧螺母,拧动推杆,通过改变其长度进行调整。调整完毕后,再拧紧锁紧螺母。

桑塔纳轿车制动踏板的自由行程是指踩下踏板时,推杆接触到制动主缸活塞时的踏板移动量。检查时,可用手轻压制动踏板,测量至手感变重时的制动踏板行程,其行程应不大于 45mm。测量制动踏板踩下的有效行程应达到 135mm,制动踏板的总行程应不小于 180mm。如果检查不合格,可通过调整推杆长度的方法改正踏板从停止的位置到踩到底为止的距离。制动踏板如图 10-13 所示。

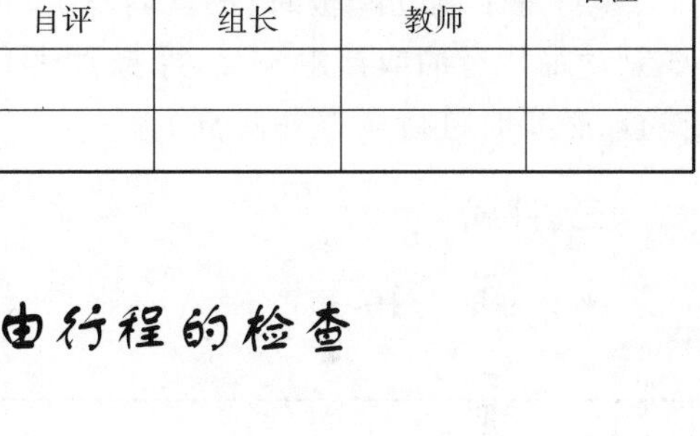

图 10-13 制动踏板

二、检查

1. 故障现象

制动踏板行程过大,制动作用迟缓,制动效能很低甚至丧失,制动距离增长。

2. 故障原因

(1)制动油压力不足(制动主缸缺油、制动管路破裂、油管接头渗漏、油路堵塞)。

(2)制动系统内有空气。

(3)制动踏板自由行程或制动器间隙过大,制动蹄摩擦片接触不良,磨损严重或有油污。

(4)制动主缸、轮缸活塞和缸管磨损或拉伤,皮碗老化损坏。

3. 故障的判断与排除

(1)连续踩下制动踏板,如制动踏板逐渐升高且有弹性感觉,但稍停一会后再踩制动踏板时仍然很低,即为制动系统内有空气,这时应对制动系统进行排气。

(2)一脚制动不灵,但连续踩几次制动踏板时制动效果很好,一般为制动踏板自由行程过大或制动间隙过大。应调整制动踏板自由行程,而后检查制动器间隙,必要时进行制动器解体修理。

(3)踩下制动踏板时,不软弱不沉,但就是制动效果不良,这一现象为车轮制动器故障,如制动蹄片有油或接触不良、摩擦片老化、磨损、制动鼓磨损不均。应对制动技术状况进行检查,必要时进行调整和修复。

三、评价

评价表见表10-3。

评　价　表　　　　表10-3

评价任务	目标	评价等级			备注
		自评	组长	教师	
(1)了解制动行程过大的故障原因					
(2)掌握制动踏板行程过大的排除方法					

注:☆熟练;◇达成;△基本达成;×未达成。

任务四　盘式制动器摩擦块的检查与更换

一、工作原理

盘式制动器的组成与工作原理如图10-14所示,制动钳通过导向销与车桥相连,可以相对于制动盘3轴向移动。制动钳只在制动盘的一侧设置油缸,而外侧的制动块则附装在制动钳上。制动时,来自制动主缸的制动液5通过进油口进入制动轮缸,推动活塞及其上的制动块向左移动,并压到制动盘上,同时制动液也推制动钳整体沿销钉向右移动,直到制动盘左侧的制动块也压到制动盘上。此时,两侧的制动块都压在制动盘上,夹住制动盘使其制动。

二、盘式制动器摩擦块

盘式制动器摩擦块如图 10-15 所示，这是推压旋转的制动器盘的摩擦材料。维护项目包括检查盘式制动器摩擦块的厚度。消声垫片的作用是防止制动时由于制动器摩擦块振动发出异常噪声。

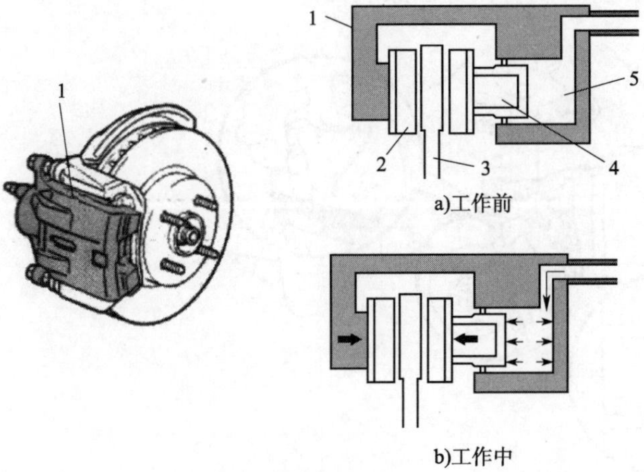

图 10-14　盘式制动器

1-盘式制动器的制动钳；2-盘式制动器摩擦块；3-盘式制动器制动盘；4-活塞；5-制动液

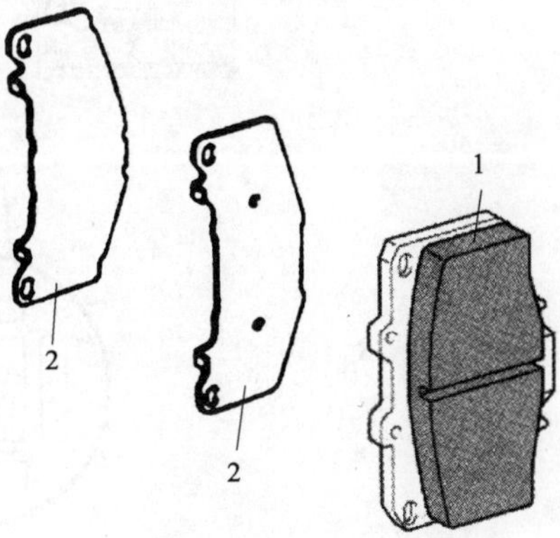

图 10-15　盘式制动器摩擦块

1-盘式制动器摩擦块；2-消声垫片

三、盘式制动器制动盘

盘式制动器制动盘如图 10-16 所示，这是一只与车轮一起转动的金属盘。有三种类型：①实心型，用一单盘转子制成；②通风式制动盘，内部是空心的；③驻车鼓式制动器型制动盘。

图 10-16　盘式制动器制动盘

四、检查盘式制动器

如图 10-17 所示，在拆下轮胎后，要依次检查以下内容：

(1)内侧摩擦块厚度。通过制动钳内的检查孔目测检查内制动器摩擦块的厚度，确保其与外制动器摩擦块没有明显的偏差。

(2)外侧摩擦块厚度。使用一把直尺测量外制动器摩擦块的厚度，至少测三点。如果制动器摩擦块的厚度低于磨损极限，则更换制动器摩擦块。

(3)不均匀受损。目测检查制动器摩擦块的不均匀受损。

(4)磨损和损坏。如图 10-18 所示,目测检查制动盘是否有刻痕、不均匀或者异常磨损以及裂纹和其他损坏,要注意内外两侧。

(5)检查厚度。用千分尺测量盘式转子盘磨损和损坏,注意磨损极限为 19mm。

(6)制动液泄漏。如图 10-19 所示,目测检查制动钳处有无制动液泄漏。注意如果有制动液溅出或者粘在油漆上,立即用水漂洗,否则将损坏油漆表面。

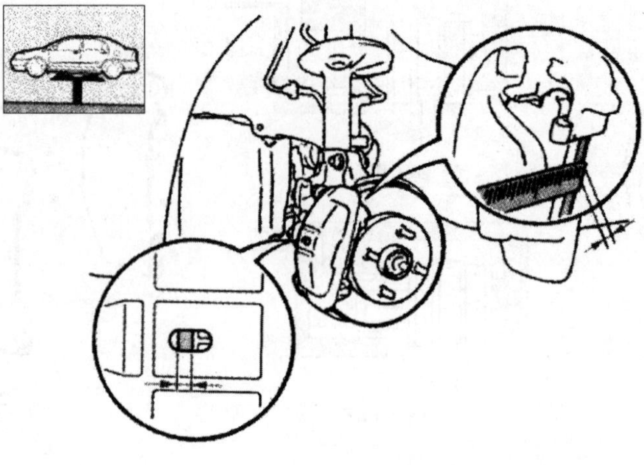

图 10-17　摩擦块厚度检查

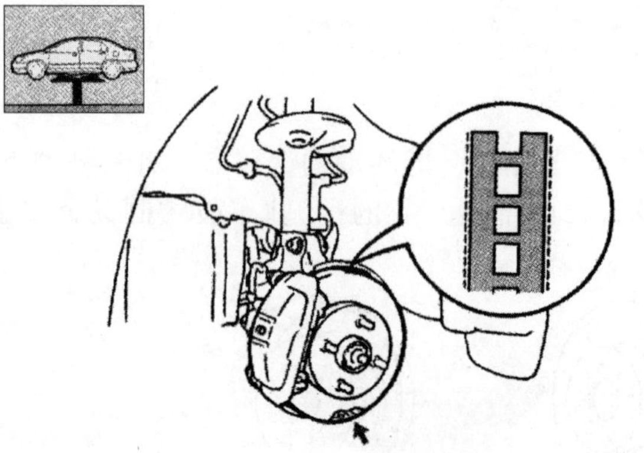

图 10-18　制动盘检查

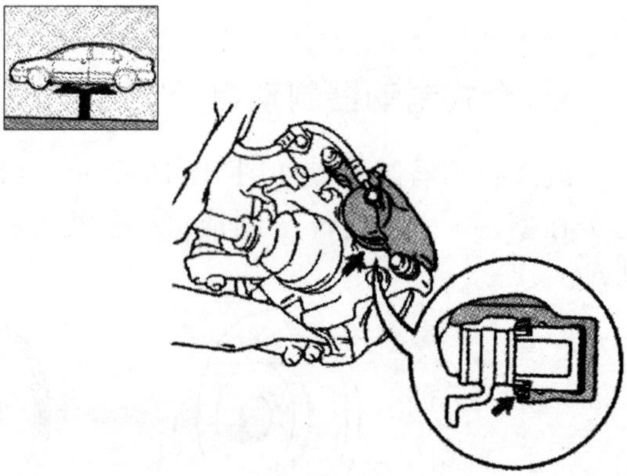

图 10-19　制动液泄漏检查

五、评价

评价表见表 10-4。

评　价　表　　　　　　　　表 10-4

评价任务	目标	评价等级			备注
		自评	组长	教师	
掌握盘式制动器检查方法					

注:☆熟练;◇达成;△基本达成;×未达成。

任务五 鼓式制动器摩擦片的检查与更换

一、工作原理

在轿车制动鼓上，一般只有一个轮缸，在制动时轮缸受到来自主缸液力后，轮缸两端活塞会同时顶向左右制动蹄的蹄端，作用力相等。但由于车轮是旋转的，制动鼓作用于制动蹄的压力左右不对称，造成自行增力或自行减力的作用。因此，业内将自行增力的一侧制动蹄称为领蹄，自行减力的一侧制动蹄称为从蹄，领蹄的摩擦力矩是从蹄的 2～2.5 倍，两制动蹄摩擦片的磨损程度也就不一样。

为了保持良好的制动效率，制动蹄与制动鼓之间要有一个最佳间隙值。随着摩擦片磨损，制动蹄与制动鼓之间的间隙增大，需要有一个调整间隙的机构。过去的鼓式制动器间隙需要人工调整，用塞尺调整间隙。改进之后的轿车鼓式制动器都是采用自动调整方式，摩擦片磨损后会自动调整与制动鼓间隙。当间隙增大时，制动蹄推出量超过一定范围时，调整间隙机构会将调整杆（棘爪）拉到与调整齿下一个齿接合的位置，从而增加连杆的长度，使制动蹄位置位移，恢复正常间隙。

轿车鼓式制动器（图 10-20）一般用于后轮（前轮用盘式制动器）。鼓式制动器除了成本比较低之外，还有一个好处，就是便于与驻车（停车）制动组合在一起，凡是后轮为鼓式制动器的轿车，其驻车制动器也组合在后轮制动器上。这是一个机械系统，它完全与车上制动液压系统是分离的：利用手操纵杆或驻车踏板（美式车）拉紧钢拉索，操纵鼓式制动器的杠件扩展制动蹄，起到停车制动作用，使得汽车不会溜动；松开钢拉索，复位弹簧使制动蹄恢复原位，制动力消失。

图 10-20 鼓式制动器

二、结构

鼓式制动器的结构如图 10-21 所示。注意：由于制动鼓与车轮一起旋转，制动蹄片从内测压紧制动鼓，两者接触产生的摩擦控制车轮的转动，因此必须定期检查制动鼓和制动蹄摩擦片的磨损情况。

三、检查鼓式制动器

如图 10-22 所示，拆卸制动鼓后才能检查鼓式制动器，注意制动鼓拆下后，不要踩下制动踏板，然后需依次检查以下内容。

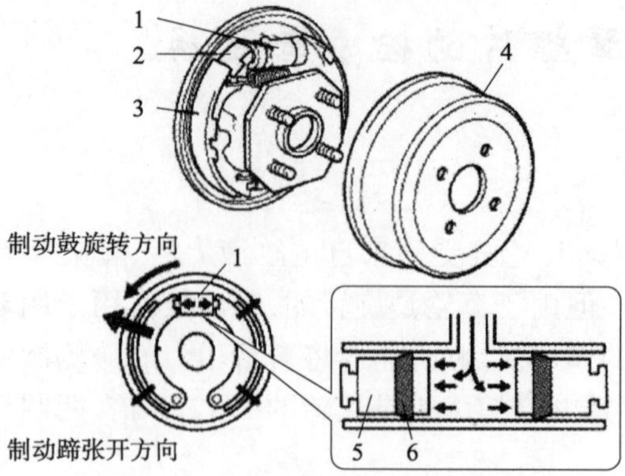

图 10-21　鼓式制动器结构

1-制动轮缸;2-制动蹄片;3-制动蹄摩擦片;4-制动鼓;5-活塞;6-活塞皮碗

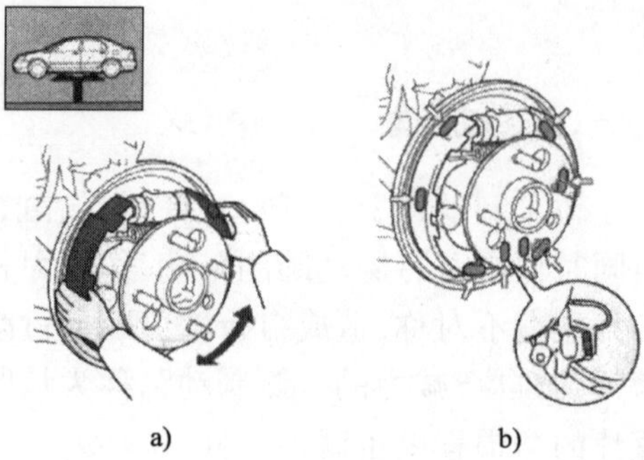

图 10-22　检查鼓式制动器

1. 制动片在其上面滑动的背板区域的磨损

用手前后移动制动蹄片并检查制动蹄片移动是否顺利,如图 10-22a)所示;检查制动蹄片与背板和固定件之间的接触面是否磨损;检查制动蹄片、背板和固定件是否生锈。注意:检查期间需在背板和制动蹄片之间的接触面上涂高温润滑油脂。

2. 制动片的厚度

如图 10-23 所示,使用一把直尺测量制动片的厚度。如果厚度低于磨损极限,则更换制动蹄片。通过检查自从上一次检查到现在的制动片的磨损,来估计制动片在下一次检查时的情况。在下一次计划检查时,如果估计制动片的厚度将会小于可接受的磨损值时,建议车主更换制动片。注意:更换制动蹄片时,所有的制动蹄片都必须同时更换。

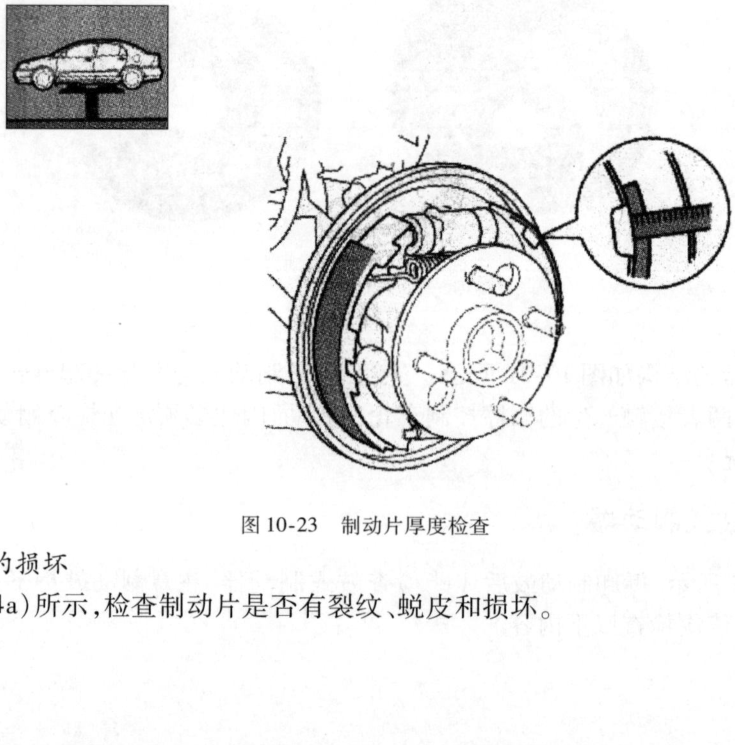

图 10-23　制动片厚度检查

3. 制动片的损坏

如图 10-24a)所示,检查制动片是否有裂纹、蜕皮和损坏。

4. 制动液渗漏

如图 10-24b)所示,检查车轮制动轮缸中是否有液体渗漏。注意:如果制动液溅出或者粘在油漆上,立即用水漂洗。否则,制动液将损坏油漆表面。制动蹄片间隙的自动调节可以通过运用制动踏板调整或通过操纵驻车制动杆调整。

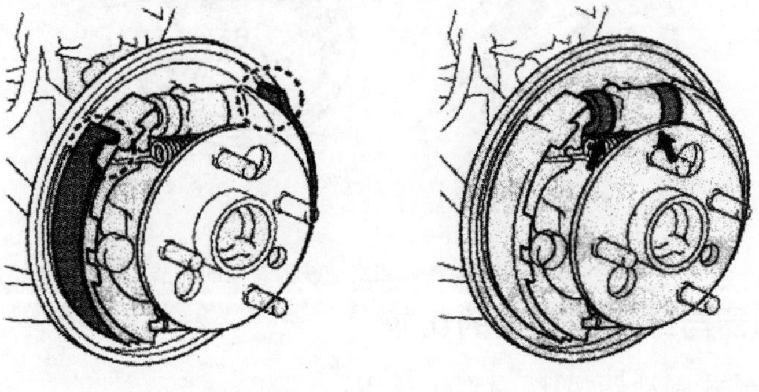

a)　　b)

图 10-24　制动片损坏和制动液渗漏检查

5. 制动鼓内径

如图 10-25a)所示,使用一个制动鼓测量规或者类似器具测量制动鼓内径。

6. 制动鼓磨损和损坏。

如图 10-25b)所示,检查制动鼓是否有任何磨损和损坏。

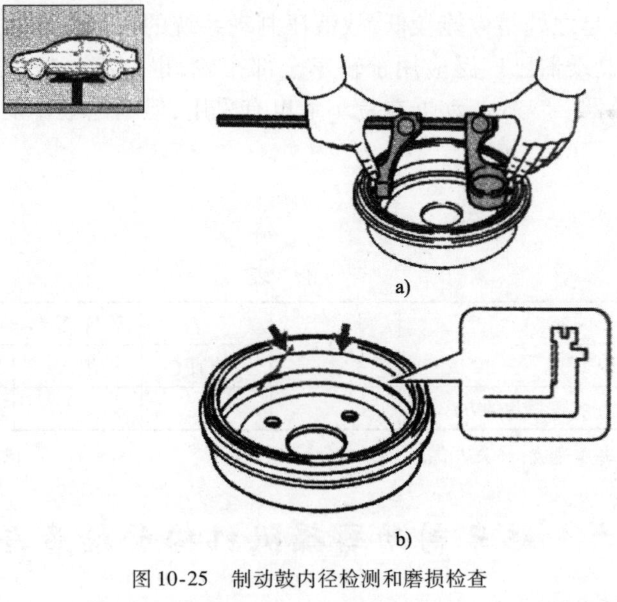

a)

b)

图 10-25　制动鼓内径检测和磨损检查

7. 清洁

如图 10-26 所示,使用砂纸清洁制动蹄片并清除油污。如果有必要,应同时清洁制动鼓的内表面。

8. 安装制动蹄片

调整制动蹄片间隙的方法,因制动蹄片间隙调节器的种类不同而有所变化。

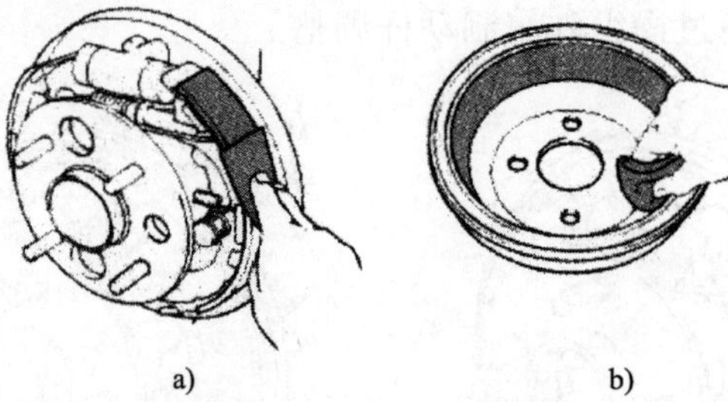

图 10-26　制动蹄片和制动鼓内表面的清洁

四、盘式制动器与鼓式制动器的比较

盘式制动器与鼓式制动器相比,有以下优点:

(1)一般无摩擦助式作用,因而制动器效能受摩擦系数的影响较小,即效能较稳定。

(2)浸水后效能降低较少,而且只须经一两次制动即可恢复正常。

(3)在输出的制动力矩相同的情况下,尺寸和质量一般较小。

(4)散热性极好,制动盘沿厚度方向的热膨胀量极小,不会像制动鼓那样热膨胀使制动器间隙明显增加而导致制动踏板行程过大。

(5)较容易实现间隙自动调整,维护也较简便。

盘式制动器的不足之处是效能较低,故液压制动系统的促动管路压力较高,一般要用伺服装置。目前,盘式制动器已广泛应用于轿车全部车轮,也有部分轿车只用作前轮制动器,而后轮扔是鼓式制动器。盘式制动器在货车上也有采用,但不是很普及。

五、评价

评价表见表 10-5。

评　价　表　　　　表 10-5

评价任务	目标	评价等级			备注
		自评	组长	教师	
掌握鼓式制动器检查与更换摩擦片的方法					

注:☆熟练;◇达成;△基本达成;×未达成。

任务六　驻车制动器操纵机构的检查与调整

一、类型

根据驻车制动器安装位置的不同,驻车制动器可以分为两类,如果驻车制动器安装在传动轴上称为中央驻车制动器,如红旗 CA7560、北京 BJ2020N、解放 CA1091、东风 EQ1090E 等型汽车所采用的制动器;如果驻车制动器安装在车轮上与行车制动装置共用一套制动器则称为车轮驻车制动器。后者因其结构紧凑而得到越来越多的应用,如奥迪 100 型轿车、桑塔纳轿车、黄河 JN1181C13 型货车等。

一汽奥迪 100 型轿车的驻车制动系统是机械式的,并且与真空伺服式行车制动系统共用后轮制动器,其结构布置如图 10-27 所示。施行驻车制动时,驾驶员将驻车制动操纵杆 9 向上扳起,便通过调整拉杆 11、平衡杠杆 21 将驻车制动操纵缆绳 17 拉紧,从而促动两后轮制动器,实行驻车制动。此时,由于棘爪 6 的单向作用,棘爪便与棘爪齿板 8 啮合,驻车制动操纵杆不能反转,故整个驻车机械制动杆系能可靠地被锁定在制动位置。欲解除制动,须先将驻车制动操纵杆板起少许,再压下其端头的驻车制动压杆按钮 1,通过棘爪压杆 4 使棘爪离开棘爪齿板。然后将驻车制动操纵杆 9 向下推到解除制动位置。此刻驻车制动操纵缆绳放松,驻车制动解除,随后应立即放松驻车制动操纵杆端驻车制动压杆按钮,使棘爪得以将整个驻车机械制动杆系锁止在解除制动位置。

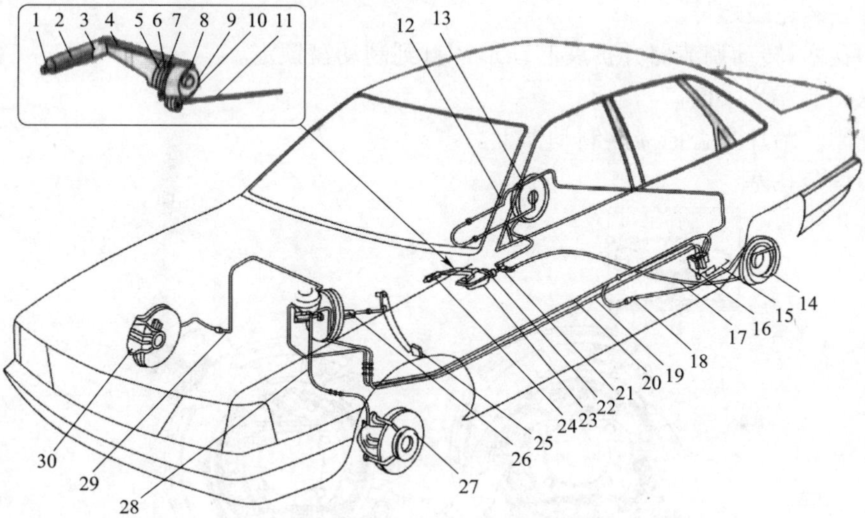

图 10-27　一汽奥迪 100 型轿车的驻车制动系统布置图

1-驻车制动压杆按钮;2-弹簧;3-限位块;4-棘爪压杆;5-O形圈;6-棘爪;7-棘爪销;8-棘爪齿板;9-驻车制动操纵杆;10-滚轮;11-调整拉杆;12-调节阀接右后制动器油管;13-右后制动器;14-左后制动器;15-感载弹簧;16-制动压力调节阀;17-驻车制动操纵缆绳;18-调节阀接左后制动器油管;19-主缸主动腔经调节阀接左后制动器油管;20-主缸从动腔经调节阀接右后制动器油管;21-平衡杠杆;22-防尘套;23-支架;24-驻车制动操纵杆手柄;25-制动踏板;26-真空助力器;27-左前盘式制动器;28-主缸从动腔接左前盘式制动器油管;29-主缸主动腔接右前盘式制动器油管;30-右前盘式制动器

二、功用

驻车制动系统的作用是:

(1)停驶后防止溜车。

(2)坡道起步。

(3)行车制动效能失效后临时使用或配合行车制动器进行紧急制动。

三、检查驻车制动器

在一个配备制动盘内有制动鼓型的驻车制动系统的汽车上,需拆卸后盘式制动钳和后制动盘后才能检查驻车制动器。如图 10-28 所示,需依次检查以下内容。

(1)制动蹄片滑动区域的磨损。用手移动制动蹄片并检查制动蹄片移动是否顺利,如图 10-28a)所示;检查制动蹄片和背板的接触面是否磨损;检查制动蹄片和背板的接触面是否生锈。

(2)制动片的厚度。使用一把直尺测量制动片的厚度,如图10-28b)所示。

(3)制动片的损坏。检查制动片是否有任何碎屑、层离或者其他损坏。

(4)后制动盘内径。使用一个制动鼓规或者类似器具测量后制动盘的内径,如图 10-29a)所示。

(5)磨损和损坏。检查后制动盘是否有任何磨损和损坏,如图 10-29b)所示。

(6)安装后制动盘和后制动盘制动钳。

(7)驻车制动蹄片间隙调整。如图 10-30 所示,按以下步骤进行:

①临时安装轮毂螺母。

②拆卸孔塞,转动调节器并扩展制动蹄片直到制动盘锁定。

③回退调节器 8 个槽口。

④检查制动蹄片是否拖滞在制动器上。

⑤安装调节孔塞。

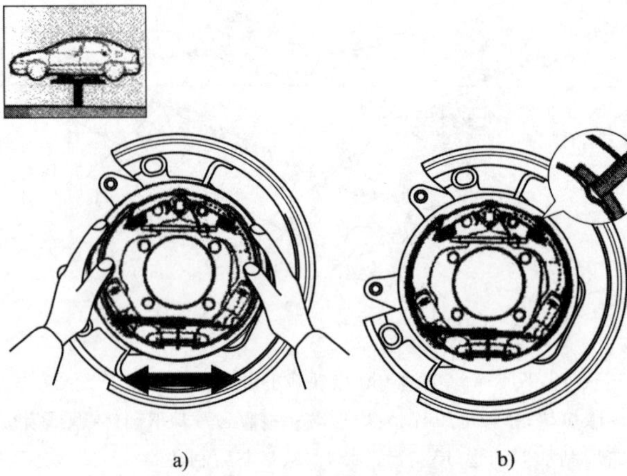

图 10-28　驻车制动器检查

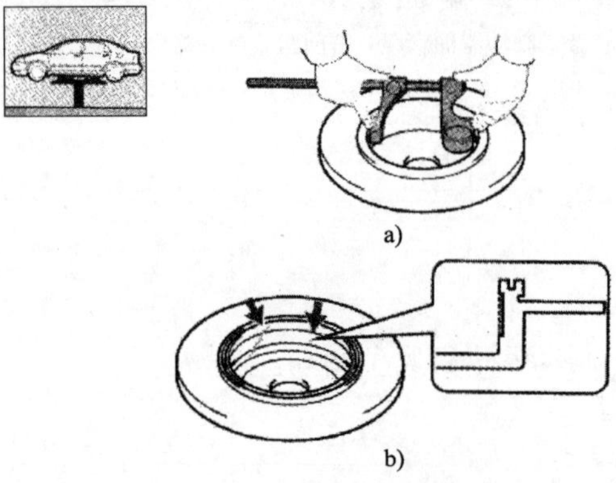

图 10-29　后制动盘内径检查

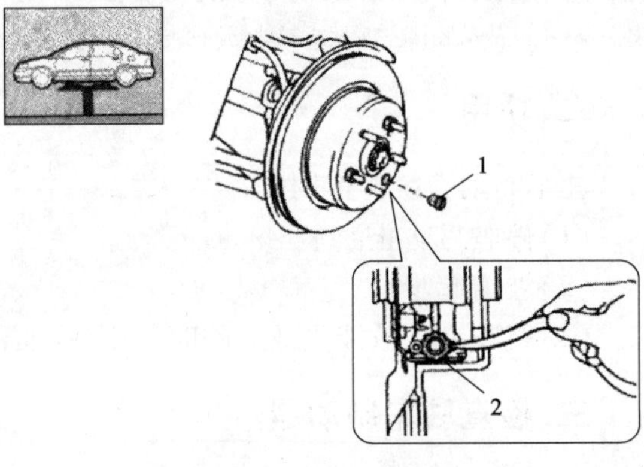

图 10-30　驻车制动蹄片间隙调整

四、评价

评价表见表10-6。

评 价 表 表10-6

评价任务	目标	评价等级			备注
		自评	组长	教师	
掌握驻车制动操纵机构检查与更换摩擦片的方法					

注:☆熟练;◇达成;△基本达成;×未达成。

任务七 防抱死制动系统(ABS)

一、ABS的认知

当车轮抱死拖滑时,车轮与地面之间的侧向附着力为零。如果前轮先于后轮抱死拖滑,汽车将沿原方向制动到停车,但失去转向能力;如果后轮先于前轮抱死拖滑,汽车即使受到一个很小的侧向力也会产生侧滑,即出现甩尾现象,甚至掉头。这是很危险的。实验表明,汽车轮胎的滑转率在15%~20%时,轮胎与地面之间有较佳的纵向和侧向附着系数最大。因此,为了充分利用这种附着能力,目前有很多高级轿车及一些客货车安装了防抱死制动系统,其英文全称为AntilockBrakingSystem,简称ABS。

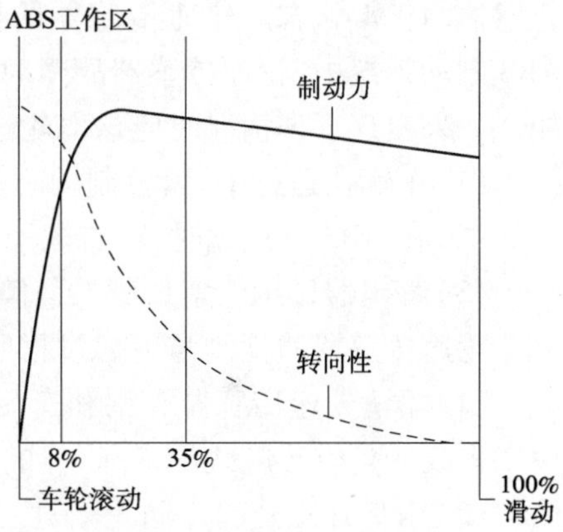

图10-31 ABS的工作特性

ABS的工作特性如图10-31所示。在ABS工作范围内,紧急制动时,车辆的转向性也足以绕过某一障碍物,使制动过程中的转向安全性得到保证。

二、安装ABS的优点

(1)提高汽车制动时的方向稳定性。有关资料表明,安装ABS的汽车可以使因车轮侧滑引起的事故比例下降8%左右。

(2)提高汽车的制动效能。因为在同样紧急的制动情况下,ABS可以将滑动率控制在20%左右,从而可以获得最大的纵向制动力。

(3)改善轮胎的磨损状况。由于抱死拖滑会加剧轮胎的磨损,且造成磨损的严重不均,所以,加装ABS可以大大改善轮胎的磨损状况。

三、ABS故障码的读取与清除

丰田汽车电子控制防抱死制动系统(ABS)具有自诊断功能,当ABSECU捕捉到系统故障时,点亮组合仪表上ABS警告灯,警告驾驶员ABS出现故障,同时将故障信息以故障码的形式储存到ECU中。诊断ABS故障时,按照设定的程序和方法读取故障码和清除故障码。

1. 故障码的读取

(1)点火开关置于 OFF。

(2)拔出诊断接头的短接插销或分开维修连接器接头。

(3)跨接诊断座或 TDCL 中端子 Tc 与 E1。

(4)从组合仪表上的 ABS 报警灯读取故障码。

2. 故障码的清除

(1)点火开关置于 OFF。

(2)跨接诊断座端子 Tc 与 E1。

(3)拔出诊断接头的短接插销或分开维修连接器接头。

(4)点火开关置于 ON,但不起动发动机。

(5)在 3s 内连续踏制动踏板 8 次以上,即可消除故障码。

四、ABS 轮速传感器的更换

汽车 ABS 的轮速传感器是整个系统中的最关键部件。系统准确无误的工作取决于轮速传感器的正常状态。轮速传感器的检测更换是汽车检修和维护中最常见的工作项目。在 ABS 制动系统中,轮速传感器故障时有发生,因此,我们应该掌握轮速传感器的检测更换技能。如果出现下列情况时应该对轮速传感器进行检测或更换。

(1)车辆在运行中,紧急制动时完全抱死,可以首先检查传感器。

(2)在 ABS 灯点亮时,检查轮速传感器插头接触情况、信号轮和传感头是否脏污。

(3)解码器显示轮速传感器故障码。

轮速传感器的检测与更换过程要遵循以下步骤:

(1)搞清轮速传感器类型和安装位置,如果不清楚类型可以查阅有关维修手册,一般来说二根线的是磁感应式的,三根线的是霍尔式的。

(2)用举升机升起车辆。

(3)检测传感器接触情况、参看电压和信号电压。

(4)拆卸传感器。

(5)安装调整传感器。

(6)试车检查,消除故障码。

五、评价

评价表见表 10-7。

评　价　表　　　　表 10-7

评价任务	目标	评价等级			备注
		自评	组长	教师	
(1)了解汽车 ABS 的工作特性和工作优点					
(2)掌握 ABS 故障码的读取与清除方法					
(3)了解 ABS 的轮速传感器的更换方法					

注:☆熟练;◇达成;△基本达成;×未达成。

项目小结

1. 制动系统由四个主要部分组成：制动器、制动操纵机构、制动传动机构、制动力的调节机构。

2. 制动系统的工作原理是：非旋转元件和车身或车架相连，旋转元件与车轮或传动轴相连，依靠旋转元件与非旋转元件之间的相互摩擦，来阻止车轮的转动或转动的趋势，并将运动着的汽车的动能转化为摩擦副的热能散到大气中。

3. 制动液的检查、补充及排放液压制动系统中的空气。

4. 制动踏板自由行程的检查。

5. 盘式制动器摩擦块的检查与更换。

6. 鼓式制动器摩擦片的检查与更换。

7. 驻车制动器操纵机构的检查与调整。

8. 防抱死制动系统(ABS)。

思考与练习

1. 试分析说明制动力是如何产生的？

2. 盘式制动器与鼓式制动器比较有哪些优缺点？

3. 何谓制动踏板自由行程？它超出规定范围将产生什么后果？如何调整踏板自由行程？

4. 何谓人力制动系统、动力制动系统和伺服制动系统？动力制动系统和伺服制动系统的区别何在？

5. 制动器的间隙为何要调整？如何调整？

【教学设计能力拓展训练 4】

制动系统教学评价设计训练

一、任务引导

简介中职学校学生学习制动系统的起点、教学设备、教学目标、教学内容、教学重点难点、学时分配等内容，以便学习者设计教学内容时参考。

1. 中职生的学情分析

(1)文化基础知识薄弱，认知、记忆、思维能力较差，对授课内容难以理解，但渴望被人接纳和爱护，渴望得到别人的认可和称赞，渴望成功，形象思维丰富，好动，喜欢动手实践。

(2)学习过初中物理，有一定的动手能力。

2. 中职学校制动系统教学环境

理论实践一体化教室：配置多媒体教学设备、学生查阅资料的计算机、课桌椅、充足的实训台架或教学整车及汽车底盘零部件等、实训工具、课程资源库教学平台(配置相关视频、动画、图片、电子教材、作业单、练习题、考核表等)。

3. 中职学校汽车制动系统教学目标

1)知识目标

(1)能够描述制动系统的作用与组成。

(2)能识别制动系统的各总成零部件,并说出它们的名称和作用。

(3)了解防抱死制动系统(ABS)。

(4)能简单叙述制动系统构造与工作原理。

2)能力目标

(1)会按照规范操作流程和技术标准要求对鼓式制动器和盘式制动器拆卸与装配。

(2)掌握制动液更换和排空气的操作。

(3)会查阅维修手册对鼓式制动器和盘式制动器进行检修。

4. 中职学校制动系统的教学内容与学时分配

任务一	车轮制动器	3 学时
任务二	驻车制动器	3 学时
任务三	制动传动装置	3 学时
任务四	防抱死制动系统(ABS)	3 学时
任务五	制动系统的检查与调整	6 学时

5. 中职学校制动系统的教学重点、难点

1)教学重点

制动系统的组成构造、功用、工作原理、鼓式制动器和盘式制动器的规范拆装、制动液更换和排空气,要求大部分的学生会操作。

2)教学难点

制动系统的工作原理、鼓式制动器和盘式制动器规范拆装、制动液更换和排空气。

6. 中职学校制动系统的教学方法与教学流程

采用理论实践一体化教学,通常采用任务驱动教学法(12221 教学模式)。

12221 教学模式内容:学生完成任务引导文 1 次,学生观察老师操作 2 次,学生亲自操作 2 次,学生指导其他同学操作 2 次,学生完成作业工单 1 次。

(1)任务资讯:完成任务引导文,收集必要知识点(例如盘式制动器的结构名称、作用,检查工具及拆装设备名称等),课前预习加上课上听老师讲解后完成(学生完成任务引导文1 次)。

(2)布置学习任务:明确每个任务的目标和完成标准。

(3)教师示范和讲解:教师根据任务的难易程度作必要的示范和讲解,比如鼓式制动器的检查方法和注意事项、拆装注意事项等(学生观察老师操作 2 次)。

(4)任务实施:学生分组练习,教师巡逻指导、换组,直至完成每个细分的任务(学生亲自操作 2 次)。

(5)任务检查:学生对照任务目标和完成标准组内自我检查。

(6)任务指导:学生对照任务工单对其他学生进行指导(学生指导其他同学操作2 次)。

(7)任务考核与评价:根据各组任务完成情况进行点评小结(可以先让小组汇报后

再点评）。

(8)学生完成作业工单(学生完成作业工单1次)。

二、教学评价设计

设计项目	内容
教学评价类别的选择	根据项目教学效果达成来确定,尽量多角色、层次全面确定评价学生的学习效果。一般分为个人自评、小组互评、教师评价等
教学评价项目内容的选择	(1)依据项目的知识与能力目标具体任务。 (2)依据学生的情感、态度、价值观目标(体验性目标)、着装是否规范、5S工作、个人小组合作完成情况、遇到的困难如何解决等
教学评价体系的重点、难点确定	依据项目的知识与能力目标来设计教学评价反馈内容的重点、难点,主要能客观评价学生对项目目标的学习掌握程度

三、单元子任务内容设计任务单

全班分成4~6个设计小组,每组选择单元内的一个任务进行教学评价设计。

组别		设计任务	
设计项目	内容		选取依据分析
教学评价类别的选择			
教学评价项目内容的选择			
教学评价体系的重点确定			
展示评价	各组采用海报、PPT等形式展示本组的设计成果		

四、制动系统检修教学评价设计评分标准

序号	项目	内容	分值	备注
1	教学目的	根据课程大纲要求,教学目的明确	10	
2	教学评价类别的选择	教学效果评价类别确定合理 角色、层次评价客体全面科学	15	
3	教学评价项目内容的选择	项目的知识与能力目标,学生的情感、态度、价值观目标(体验性目标)等的评价能充分体现	40	
4	教学评价项目重点	教学评价侧重点明确	20	
6	格式与表达	设计格式规范,表达清晰流畅	15	
总分			100	

项目十一　汽车车身、仪表、照明及附属装置

知识目标

1. 掌握汽车车身功用与分类。
2. 熟悉汽车车身的组成及附件。
3. 理解汽车车速表、转速表等主要仪表的布置和工作原理。
4. 理解前照灯、信号灯以及其他附属装置的工作原理。
5. 熟悉仪表板上的常用图标及意义。

能力目标

1. 掌握汽车车身的类型、结构和组成。
2. 掌握汽车车身的各主要部件机构和布置。
3. 掌握汽车车身附件的机构和布置。
4. 掌握警示信号的处理方式。
5. 掌握灯光、信号布置。
6. 掌握汽车附属装置的基本原理。

任务一　汽车车身的认知

车身作为车辆的重要组成部分，对整车的安全性、动力性、经济性、舒适性及操控性有着重要的影响，同时汽车的个性化也是通过车身设计表现出来。随着新技术、新工艺、新材料的开发与研究，汽车车身正以安全、节油、舒适、耐用等技术为主导，以适应世界经济发展为潮流，以精致的艺术品获得美的感受而点缀着人们的生活环境。

一、汽车车身的功用

汽车车身作为汽车上最大构件，其作用为保护驾驶员以及构成良好的空气动力学环境，起到封闭作用，保证行车安全和减轻事故后果。

二、汽车车身的分类

(1) 车身按照汽车用途不同，汽车车身可分为轿车车身、客车车身、货车车身以及专用车车身。

(2) 车身壳体按照受力情况可分为非承载式、半承载式和承载式(或称全承载式)三种。

①非承载式车身，如图 11-1 所示，非承载式车身的汽车有刚性车架，又称底盘大梁架。

车身本体悬置于车架上，用弹性元件连接。车架的振动通过弹性元件传到车身上，大部分振动被减弱或消除，发生碰撞时车架能吸收大部分冲击力，在坏路上行驶时对车身起到保护作用，因此车厢变形小，平稳性和安全性好，而且厢内噪声低。

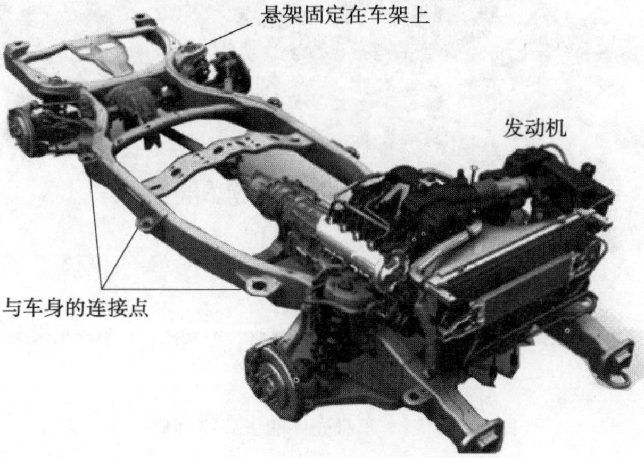

图 11-1　非承载式车身

②半承载式车身，有一种介于非承载式车身和承载式车身之间的车身结构，被称为半承载式车身。它的车身本体与底架用焊接或螺栓刚性连接，加强了部分车身底架而起到一部分车架的作用，例如发动机和悬架都安装在加固的车身底架上，车身与底架成为一体共同承受载荷。这种形式实质上是一种无车架的承载式车身结构。

③承载式车身，如图 11-2 所示，承载式车身的汽车没有刚性车架，只是加强了车头、侧目、车尾、底板等部位，车身和底架共同组成了车身本体的刚性空间结构。这种承载式车身除了其固有的乘载功能外，还要直接承受各种负荷。这种形式的车身具有较大的抗弯曲和抗扭转的刚度，质量小，汽车高度低，质心低，装配简单，高速行驶稳定性较好。但由于道路负载会通过悬架装置直接传给车身本体，因此噪声和振动较大。

图 11-2　承载式车身

三、汽车车身的组成

车身结构包括：车身壳体（图 11-3）、车前板制件、车门、车窗、车身外部装饰件和内部覆饰件、座椅以及通风、暖气、空调装置等。在货车和专用汽车上还包括货箱和其他装备。

通常整个车身壳体按强度等级分为三段，如图 11-4 所示，图中 A、B、C 分别代表车身前部、中部及后部。

轿车车身壳体通常也分为三段，即前车身、中间车身和后车身。

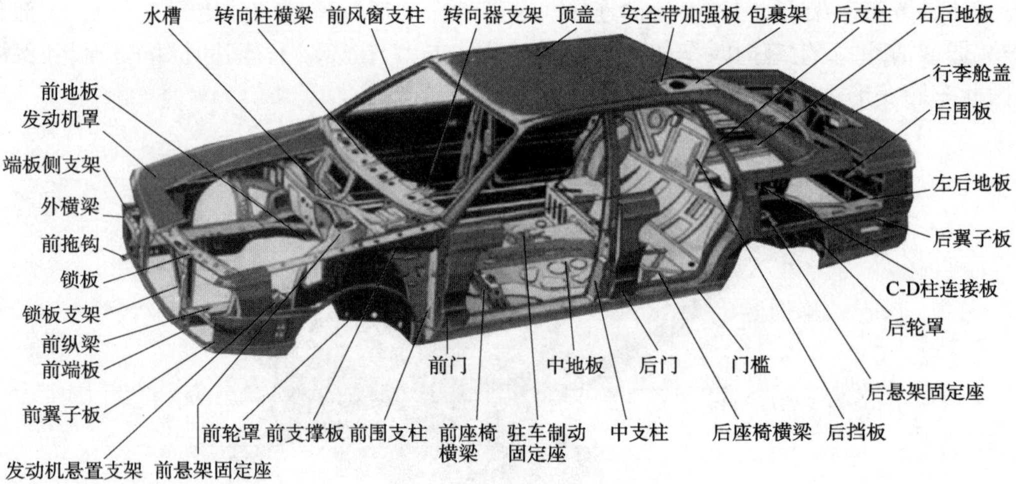

图 11-3　轿车车身壳体的主要零部件

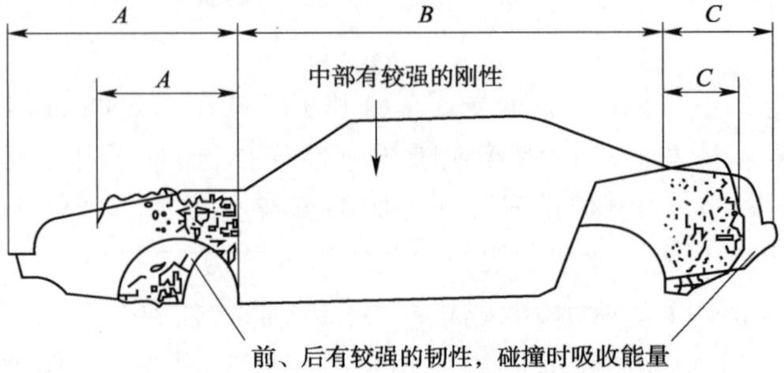

图 11-4　轿车车身壳体刚度分级及受损变形情况

1. 前车身

1) 前保险杠

前保险杠位于车辆的最前端，是车身外部装饰体，保险杠可保护车身车体不首先与障碍物接触，同时也起装饰作用，保险杠通过支架直接固定到车架上。前保险杠如图 11-5 所示。

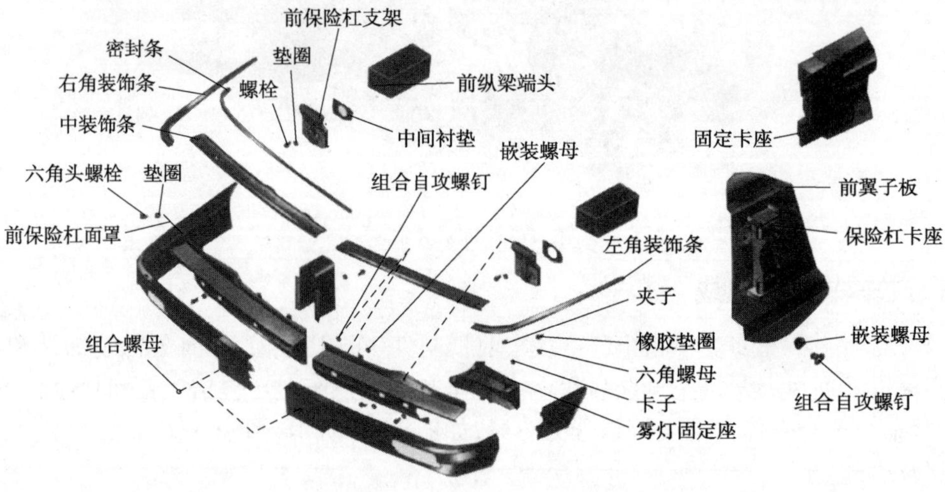

图 11-5　前保险杠结构

2）发动机罩

发动机罩是车身上覆盖发动机舱的盖板。如图 11-6 所示，为了便于接近发动机，发动机罩是可开启的，它可向后翻转、向前翻转或向侧翻转。翻转方向取决于罩盖尺寸的大小与发动机接近的方便性。发动机罩要求隔热隔音，自身质量轻、刚性强。结构上一般有外板和内板，中间夹以隔热材料。

3）前翼子板

前翼子板位于汽车发动机罩侧下部，前轮上部，是重要车身装饰件，主要部件一般采用薄钢板冲压制造，如图 11-6 所示。

4）前围板

前围板是指发动机舱与车厢之间的隔板，它和地板、前立柱连接，安装在前围上盖板之下。前围板上有许多孔口，作为操纵用的拉线、拉杆、管路和电线束通过之用，还要配合踏板、转向机柱等机件安装位置。

为防止发动机舱的废气、高温、噪声窜入车厢，前围板上要有密封措施和隔热装置。在发生意外事故时，它应具有足够的强度和刚度。

对比车身其他部件而言，前围板装配最重要的工艺技术是密封和隔热，它的优劣往往反映了车辆运行的质量。

5）前纵梁

前纵梁是前车身的主要强度件，如图 11-7 所示，直接焊接在车身下部。其上再焊接轮罩（有的前轮罩与前纵梁为一体式）等构件。

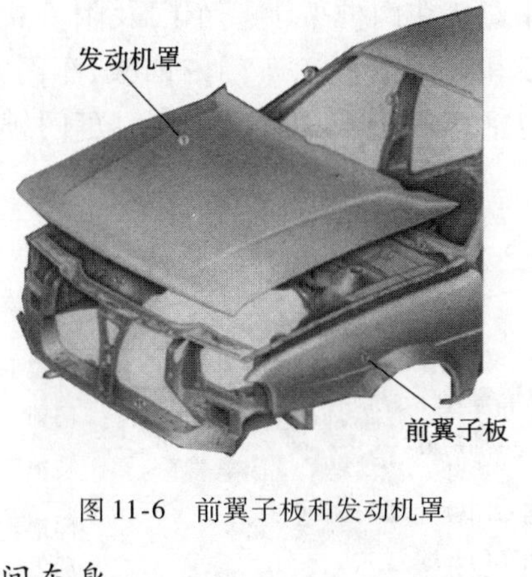

图 11-6　前翼子板和发动机罩

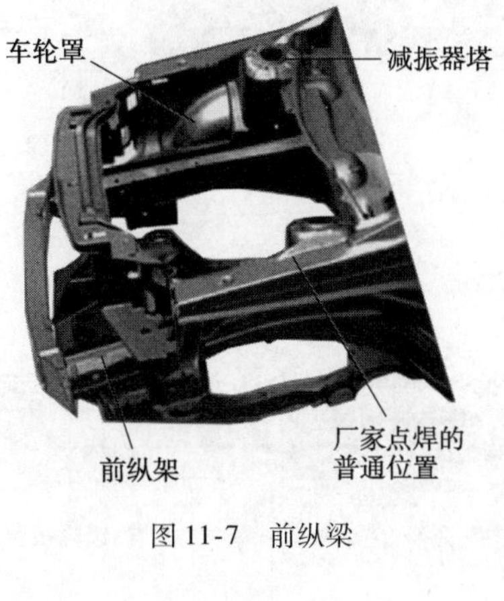

图 11-7　前纵梁

2. 中间车身

中间车身的立柱起着支撑风窗和车顶的作用，一般下部制作得粗大，上部的断面尺寸需要考虑驾驶视野而缩小。立柱包括前柱（A 柱）、中柱（B 柱）与后柱（C 柱）三种。

1）立柱/门槛板/地板

图 11-8 所示为立柱/门槛板/地板位置及车身加强件示意图。

2）顶盖

对于轿车车身的总体刚度而言，顶盖（图 11-9）不是很重要的部件，这也是允许在车顶盖上开设天窗的理由。从设计角度来讲，重要的是它如何与前、后窗框及与支柱交界点平顺过渡，以求得最好的视觉感和最小的空气阻力。为了安全，特别是为了防止翻车事故情况下的严重伤亡，要求顶盖有一定强度与刚度。一般在顶盖下增加一定数量的加强梁。

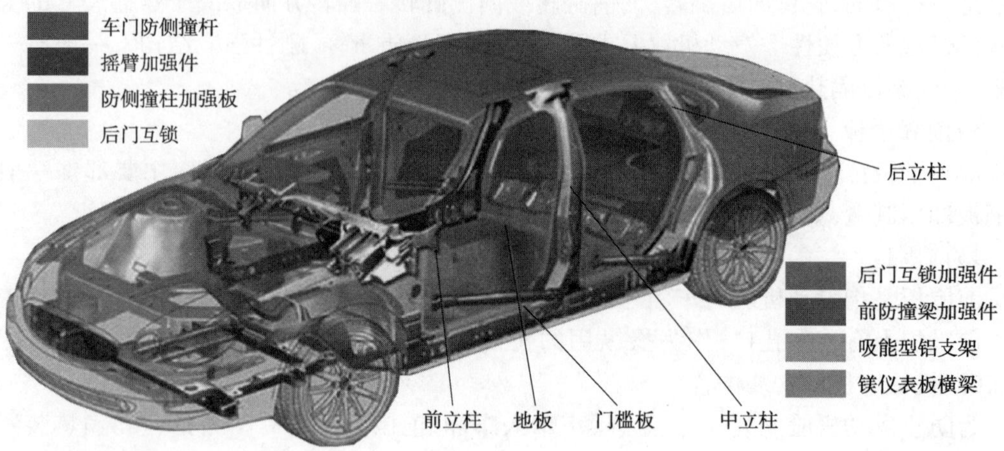

图 11-8　立柱、门槛板、地板位置及车身加强件

图 11-9　顶盖

电动式天窗一般由天窗框架、天窗玻璃、天窗遮阳板、天窗导轨、驱动电动机等零件组成。

3）车门

车门是人员上下的通道，其上还装有门锁、玻璃、玻璃升降器等附属设施，车门框架是车门的主要钢架，铰链、玻璃、把手等部件安装在门框架上。车门及附件主要包括车门板（车门外板和车门内板）、车门内饰板、车门密封条、车门铰链（一般包括车门上铰链、下铰链）、车门锁总成等零件，如图 11-10 所示。

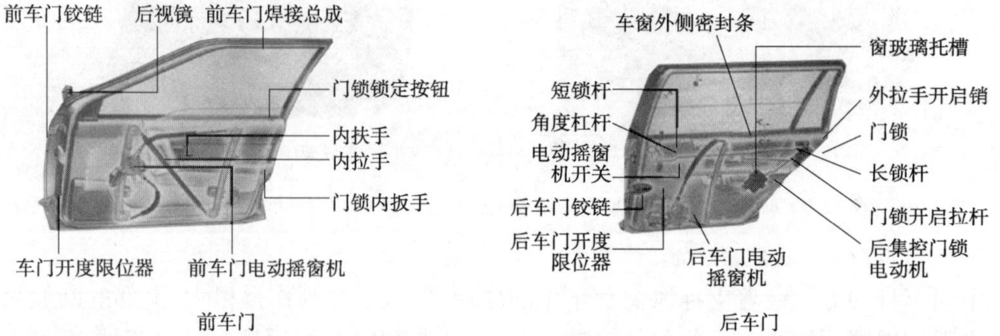

图 11-10　车门组成结构

3. 后车身

轿车后车身是用于放置物品的部分，可以说是中间车身侧体的延长部分。二厢式车的乘客室与行李舱是分开的，如图 11-11a）所示；而两厢车的行李舱则与乘客室合二为一，如图 11-11b）所示。

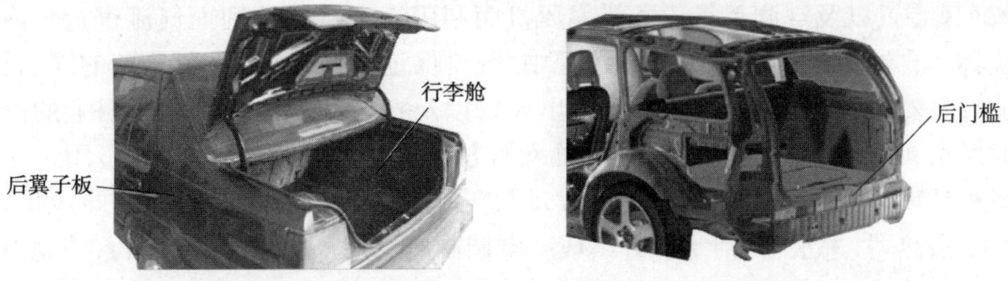

a)三厢轿车后车身　　b)两厢式轿车后车身

图 11-11　后车身结构图

1)行李舱和行李舱盖

行李舱基本位于轿车车身的后部,因此又俗称为后备厢。行李舱盖位置如图 11-11 所示。

2)后侧板

后侧板是指后门框以后的遮盖后车轮及后侧车身的车身钣金件,如图 11-12 所示。后侧板主要包括后侧板外板、后侧板内板、侧柱内饰板及轮罩板等零部件。

3)后保险杠

后保险杠是指位于车辆车身的尾部,起到装饰、防护车辆后部零件的作用,如图 11-13 所示。主要包括保险杠外皮、保险杠体、保险杠加强件、保险杠固定支架及保险杠装饰条。

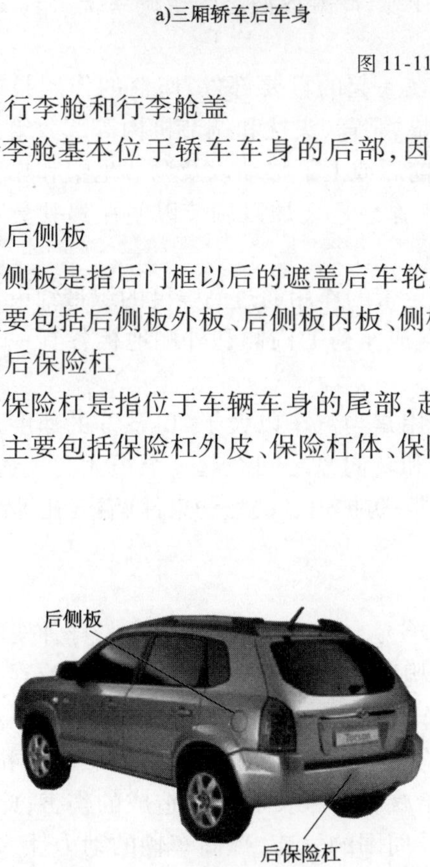

图 11-12　后侧板结构图

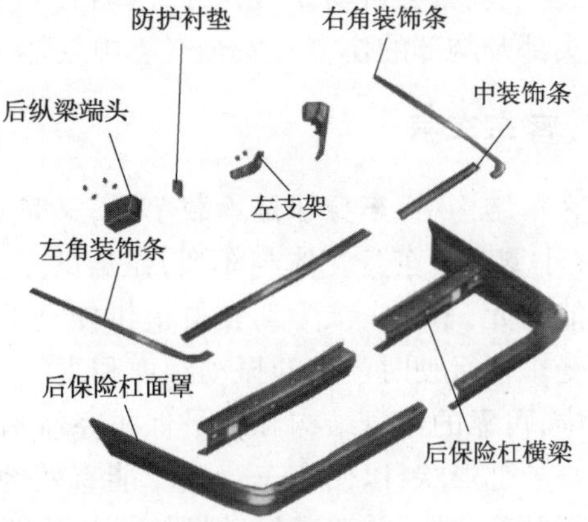

图 11-13　后保险杠结构图

四、汽车车身附件的组成

(1)车内部装饰件包括:仪表板、顶篷、侧壁、座椅等表面覆饰物,以及窗帘和地毯。在轿车上广泛采用天然纤维或合成纤维的纺织品、人造革或多层复合材料、连皮泡、沫塑料等表面覆饰材料。在客车上则大量采用纤维板、纸板、工程塑料板、铝板、花纹橡胶板以及复合装饰板等覆饰材料。

(2)车身附件有:门锁、门铰链、玻璃升降器、各种密封件、风窗刮水器、风窗洗涤器、遮阳板、后视镜、拉手、点烟器、烟灰盒等。在现代汽车上常常装有无线电收放音机和杆式天线,在有的汽车车身上还装有无线电话、电视机或加热食品的微波炉和小型电冰箱等附属设备。

(3)通风装置以及空调系统。不依靠风机而利用汽车行驶的迎面气流进行车内空气交换的办法称为自然通风。在汽车行驶过程中,既要保证通风,又要避免急速的穿堂风,以免乘员着凉。自然通风可依靠车身上的进、出风口以及打开的侧窗、顶窗、车门上的升降玻璃和三角通风窗实现。利用风机进行强制通风的方法比自然通风更有效,并可用过滤方法保证空气更加洁净。暖风装置原理是利用发动机工作时产生的热量为热源的暖风机,由鼓风机、电动机、散热器、进水管、回水管等组成。空调制冷原理:制冷剂降低压力,使制冷剂从液态变为气态吸热,即制冷过程;将低气压的制冷剂压缩,冷凝成液态。空调系统由蒸发器、压缩机、冷凝器、储液干燥器、膨胀阀等组成。

(4)座椅。座椅是汽车中将乘员与车身联系在一起的重要部件,座椅的作用是支承人体,使驾驶操作方便和乘坐舒适。座椅由骨架、坐垫、靠背、头枕和调节机构等部分组成。坐垫和靠背应具有一定的弹性。调节机构可使座位前后或上下移动以及调节坐垫和靠背的倾斜角度。某些座椅还有弹性悬架和减振器,可对其弹性悬架加以调节以便在驾驶员不同的体重作用下仍能保证坐垫离地板的高度适当。

(5)安全带。安全带是最有效的防护装置,安全带的作用通过高强度的织带约束驾驶员的运动,减轻或避免乘员与其他物体碰撞损伤。组成座椅的内侧和外侧地板各有一个固定点,还有一个位于座椅外侧车身支柱的上方。

(6)安全气囊。常称为辅助约束系统,它的作用是当汽车以大于20km/h的速度发生碰撞时,安全气囊就会自动充气弹开,瞬时在驾驶员和转向盘之间充起一个很大的气囊,减轻驾驶员头部及胸部的伤害。安全气囊由气体发生器、防护盖、气囊、约束件、溢气孔等组成。

五、客车车身

在客车结构中,车身即是承载单元,又是功能单元。作为承载单元,由车身骨架与底架或车架(小型客车车身壳体与车架)组成的车身结构,在客车行驶中要承受多种载荷的作用。作为功能单元,车身应该为驾驶员提供便利的工作环境,为乘员提供舒适的乘坐环境,保护他们免受车辆行驶时产生的振动噪声和废气等的侵袭,以及外界恶劣天气的影响;同时在交通事故中,可靠的车身结构和乘员保护系统有助于减轻对乘员和行人造成的伤害;此外,合理的车身外部形状,以便客车行驶时能有效地引导周围的气流,提高车辆的动力性、燃油经济性和行驶稳定性,并改善发动机的冷却条件和车内通风。因此,客车车身对客车产品的设计制造有着十分重要的影响。

客车车身由车厢壳体、顶盖、左右侧围、前后围、内饰、地板、门窗、座椅及室外附件组成,一般厢式小型客车多采用应力蒙皮结构,而大中型客车一般采用有骨架的承载式车身,承载式车身可分为基础承载式和整体承载式,图11-14所示为半承载式客车车身。

六、货车车身及专用车车身

货车驾驶室多采用非承载式无骨架的全金属壳体结构,它是由外部覆盖件和内部板件焊合成的空间结构。货车驾驶室按其结构大体可分为长头式、短头式和平头式。

货厢亦称车厢,如图11-15所示。按货物装载不同分为:普通货厢、自动倾卸式、容罐式、厢体式等专用货厢。

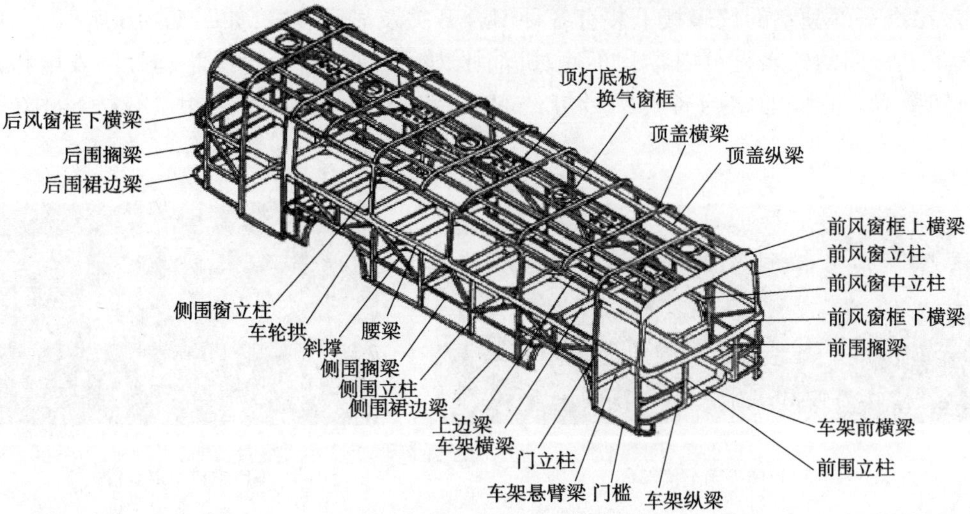

图11-14　典型的半承载式车身

图11-15　货车车厢

七、评价

评价表见表11-1。

评　价　表　　　　表11-1

评 价 任 务	目标	评 价 等 级			备注
		自评	组长	教师	
(1)掌握轿车、客车及货车车身的结构分类方法					
(2)掌握承载式和非承载式车身的结构特点					
(3)掌握轿车车身的主要结构					

注:☆熟练;◇达成;△基本达成;×未达成。

任务二　汽车仪表、照明及附属装置认知

一、汽车仪表

为了使驾驶员能够方便操作各灯光系统、刮水器、车窗等附属装置,了解车辆当前的运

行状态,在汽车驾驶室的仪表板上装有各种组合开关及显示装置,如图 11-16 所示。

汽车上常用的仪表显示内容有车速、机油压力、燃油剩余量、冷却液温度,发电机运行、发动机转数等。它们通常与各种信号灯一起安装在仪表板上,称为组合仪表,如图 11-17 所示。

图 11-16　汽车仪表台

图 11-17　组合仪表

1. 车速里程表

车速里程表由车速表和里程表两部分组成,车速表用来指示汽车瞬时行驶速度,里程表可记录汽车行驶总里程和短程里程。

车速里程表有磁感应式(图 11-18)和电子式(图 11-19)两种,车速表和里程表通常安装在同一个壳体中,并由同一根轴驱动,或使用同一个传感器,如图 11-20 所示。

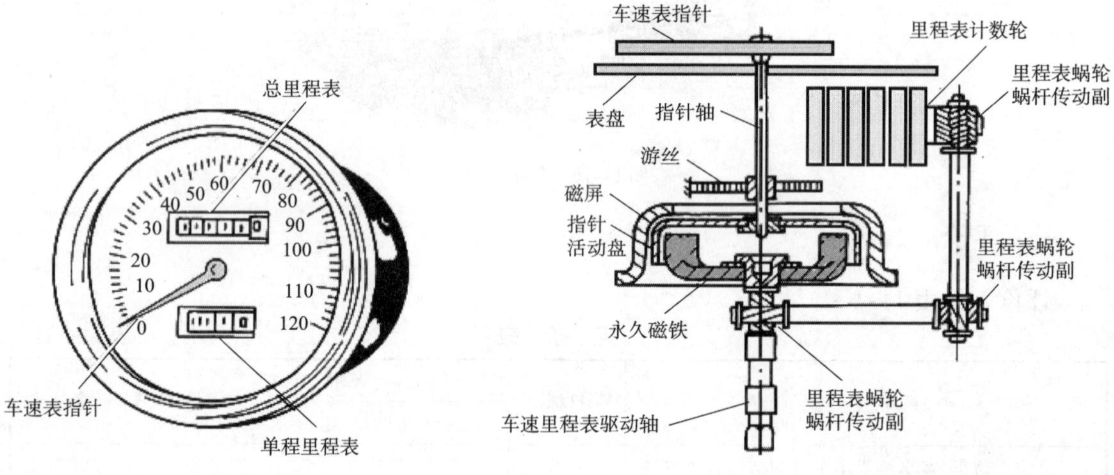

a)表盘　　b)磁感应驱动装置

图 11-18　磁感应式车速里程表

车速表以一个磁电式电流表作为指示表。汽车以不同的车速运行时,信号处理电路将车速传感器输入的脉冲信号,转变为与车速成比例的电流信号,使电流表的指针偏转,指示出相应的车速。

里程表由步进电动机、六位十进制计数器及内传动齿轮等组成。汽车运行时车速传感器输出的脉冲信号,经信号处理电路分频和功率放大,转变为一定频率的脉冲信号,作用于步进电动机的电磁线圈。步进电动机将这一脉冲信号转变为角位移信号,使电动机轴转动,驱动里程表十进制计数器的六个计数轮依次转动，记录汽车行驶的总里程和单程行驶里程。当需要消除短程里程时，只需按一次复位杆，短里程表就会归零。

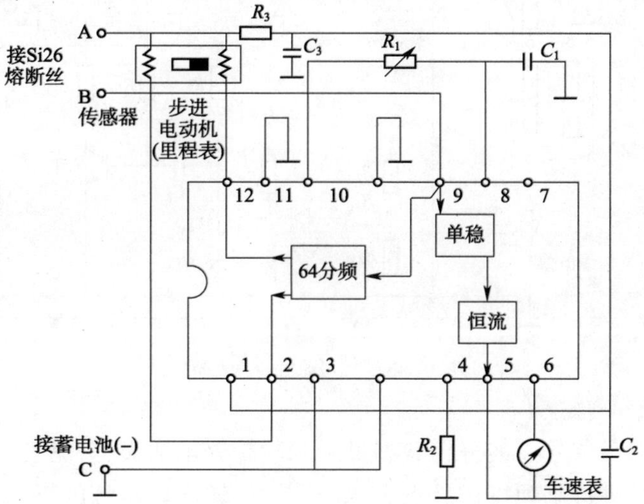

图 11-19　电子式车速里程表电路示意图

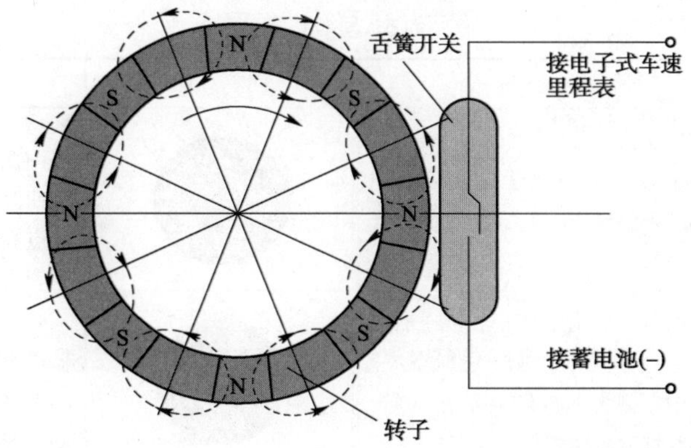

图 11-20　车速传感器

2. 发动机转速表

发动机转速表可以直观地指示发动机的转速，是发动机工况信息的指示装置，便于驾驶员选择发动机的最佳速度范围，把握好换挡时机，以及充分利用经济车速等。

发动机转速表有机械式和电子式两种。机械式转速表的结构和工作原理与上述磁感应式车速表基本相同。电子式转速表由于结构简单、指示准确、安装方便等优点在现代车辆中应用广泛。

电子式发动机转速表有汽油机用和柴油机用两种类型。前者的转速信号来自于点火系统的脉冲电压，后者的转速信号来自于曲轴传感器。

目前，一些车型上使用的发动机转速表，采用专用集成电路芯片实现信号的采集和处理，芯片的体积很小可以安装在转速表内，原理如图 11-21 所示。

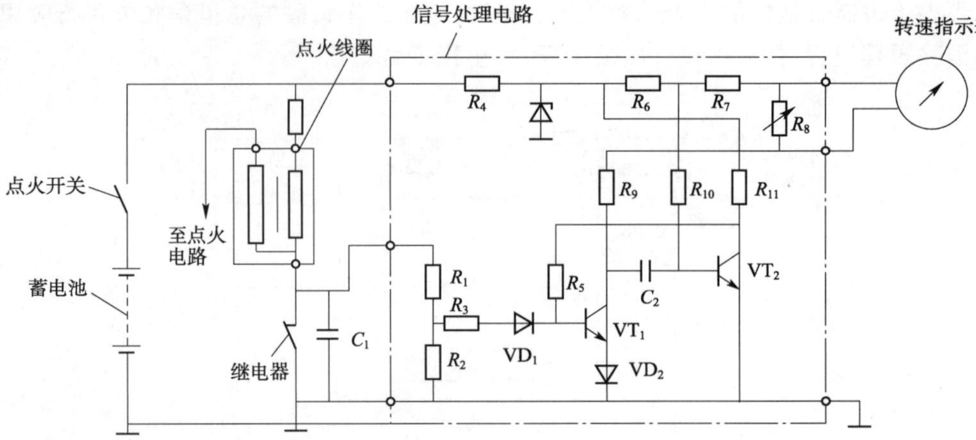

图 11-21 电子式发动机转速表原理图

3. 仪表台提示信号标识

组合仪表上的提示信号一般分为状态显示和故障警示两大类，见表 11-2 和表 11-3。状态显示通常在驾驶员进行某项操作后点亮，如转向时，转向显示灯闪烁。故障警示告知驾驶员车辆某一系统出现故障，需要维修，如机油低压警示灯。当故障警示灯亮起时，应尽快采取措施，排除相应系统的故障。

状 态 显 示 类 表 11-2

图 标	说 明	图 标	说 明
	车门状态指示灯——提示车主车门未关实，车门关闭后熄灭		内循环指示灯——接通内循环按钮时，车辆关闭外循环时，指示灯点亮
	前后雾灯指示灯——接通前或后雾灯开关时，两灯分别点亮。图中左侧为前雾灯显示，右侧为后雾灯显示		驻车指示灯——拉起驻车制动器操纵杆时，此灯点亮。驻车制动器操纵杆放下后，该指示灯自动熄灭
	转向指示灯——转向开关接通时，相应的转向灯按一定频率闪烁。或者按下双闪警示灯按键时，两灯同时闪烁		清洗液指示灯——点亮时，提示车主刮水器清洗液用尽及时添加清洗液
	远光指示灯——前照灯处于远光状态时，点亮		燃油指示灯——点亮时，表示燃油即将耗尽，需就近补充燃油
	安全带指示灯——汽车行驶中，驾驶员未系上安全带，此灯点亮并伴随提示音		示宽指示灯——当示宽灯打开时，该指示灯点亮

警　示　类　　　　表 11-3

图　标	说　明	图　标	说　明
	发动机自检灯——接通电门后点亮 3～4s 后熄灭，表示发动机正常。不亮或长亮表示发动机故障，需及时进行检修		安全气囊指示灯——安全气囊工作状态的指示灯。接通电门后点亮，3～4s 后熄灭，表示系统正常，不亮或常亮表示系统存在故障
	机油指示灯——发动机机油低压警示灯。亮起时表示润滑系统失去压力，可能有渗漏，此时需立即停车关闭发动机进行检查		ABS 指示灯——接通电门后点亮，3～4s 后熄灭，表示系统正常。不亮或长亮则表示系统故障，此时可以继续低速行驶，但 ABS 失效，避免紧急制动
	冷却液温度指示灯——发动机冷却液温度过高警示灯。点亮时，应立即停车熄火，待冷却至正常温度后再继续行驶		电子节气门指示灯——接通电门后，EPC 灯会点亮数秒，随后熄灭。自检完成后，此灯常量，表示存在故障，应及时进行检修
	蓄电池指示灯——蓄电池工作状态指示灯。接通电门后亮起，发动机起动后熄灭。如果不亮或长亮不灭应立即检查发电机及电路		VSC 指示灯——该指示灯点亮时，说明 VSC（电子车身稳定系统）已被关闭
	制动盘指示灯——此灯点亮时，提示驾驶员应及时更换故障或磨损过度制动块，修复后熄灭		TCS 指示灯——该指示灯点亮时，说明 TCS（牵引力控制系统）已被关闭

二、照明、信号系统

为了保证汽车行驶安全和工作可靠，在现代汽车上装有各种各样照明装置和信号装置，用以照明道路（前照灯）、雾天行车（雾灯）、标示车宽（示宽灯）、醒目车辆（日间行车灯）、照明车厢内部及仪表指示和夜间检修等。此外，在转弯、制动和倒车灯工况下，汽车还应发出光信号和音响信号。

通常将这些灯光照明设备分为照明装置和信号装置。照明装置通常包括前照灯、雾灯和牌照灯等；信号装置包括转向灯、制动灯、日间行车灯、倒车灯和示宽灯等。

在实际装车中，现代轿车常将前照灯、日间行车灯和前示宽灯等组装在一起，形成前大灯组；将后示宽灯、后雾灯、倒车灯、制动灯以及后转向灯等组装在一起，形成后大灯组，如图 11-22 所示。

a)前大灯组　　b)雾灯　　c)后大灯组

图 11-22　灯光信号

1. 前照灯照明

汽车前照灯主要由光源、反射镜及配光镜三部分组成，如图 11-23 所示。

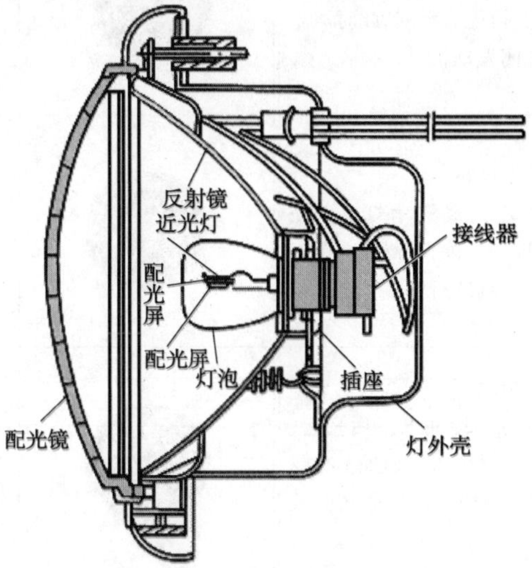

图 11-23 前照灯示意图

反光镜一般制成抛物面。抛物面是以抛物线为母线绕轴旋转 180°而构成，抛物面的剖面图如图 11-24 所示。抛物面具有以下特性，在焦点 *F* 处放置光源后，光线经过抛物面将沿 *FAB* 平行射向前方，适宜于远距离照明。将光源置于焦点 *F* 前方 *S* 处时，发出的光线经 *FAC* 反射向地面，如图 11-25 所示，适宜近距离照明。考虑抛物面绕轴旋转对称性，反射镜下部的反射光照向上方，这对迎面而来的驾驶员会造成严重的炫光，为了克服炫光，近光灯丝下方设置一个遮光罩，使近光灯丝的光线不落在反射镜的下半部分，避免下半部分反射光线射入驾驶员眼睛里。

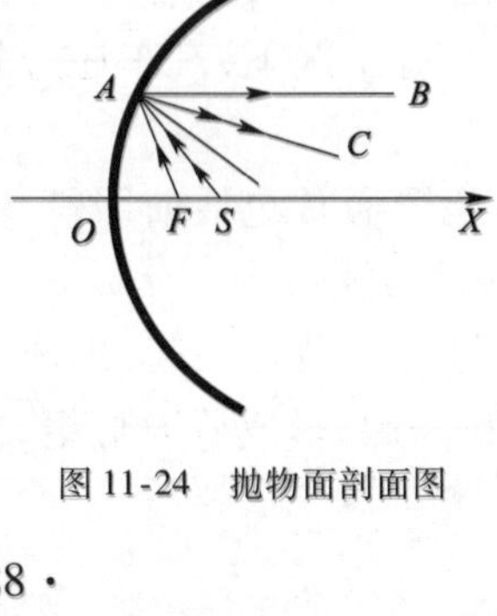

图 11-24　抛物面剖面图

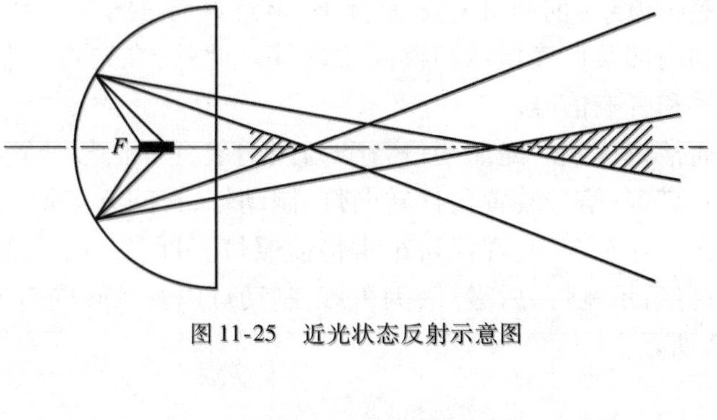

图 11-25　近光状态反射示意图

2. 信号装置

汽车信号装置的作用是通过声、光信号向其他车辆的驾驶员和行人发出有关车辆运行状况或状态的信息，以引起有关人员注意，确保车辆行驶安全。

1）转向信号装置

汽车转向信号装置由转向信号灯、转向信号闪光器和转向信号灯开关等组成。

（1）转向信号灯。转向信号灯分装在车身前端和后端的左右两侧。由驾驶员在转向之前，开亮相应侧的转向信号灯，以通知交通警察、行人和其他汽车上的驾驶员。为了在白天能引人注目，转向信号灯的亮度很强，在转向信号灯电路中装有转向信号闪光器，使转向信号灯光发生闪烁。

（2）转向信号闪光器。常用的转向信号闪光器有电热式、电容式和电子式等多种形式，如图 11-26 所示。

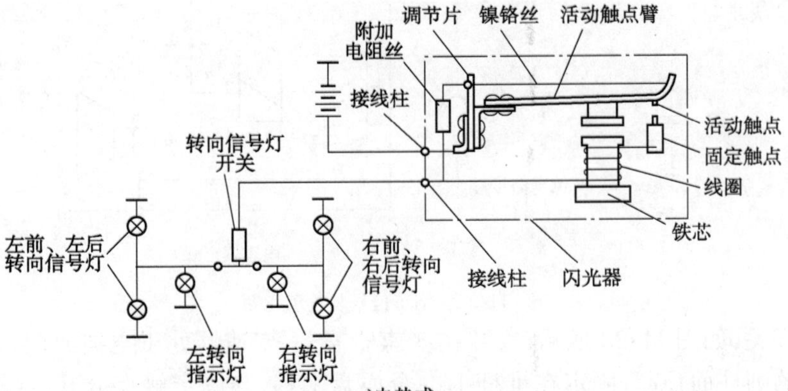

a)电热式

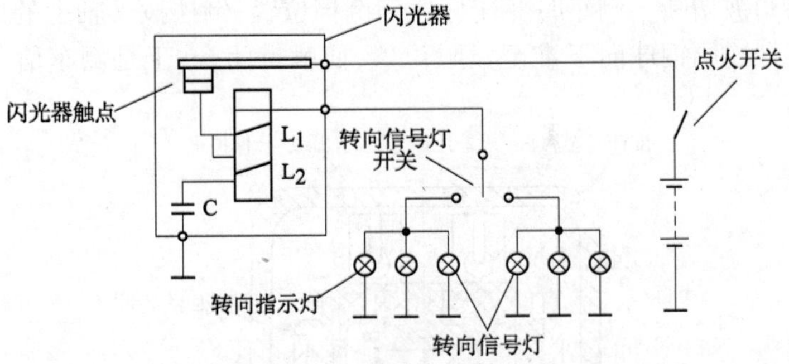

b)电容式

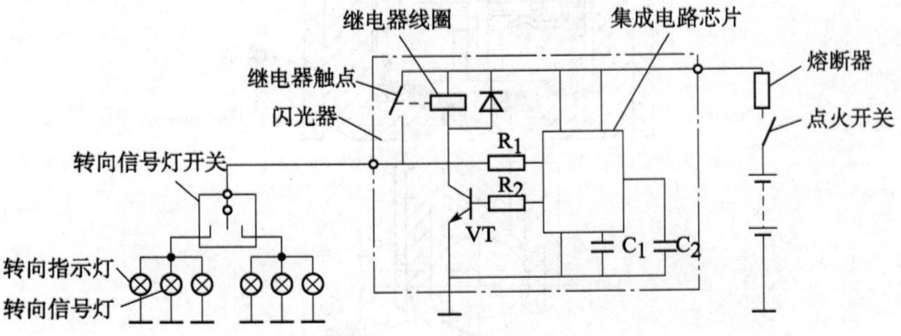

c)电子式

图 11-26　转向信号闪光器

2)制动信号装置

制动信号装置主要由制动信号灯和制动信号灯开关组成。制动信号灯安装在汽车的尾部,在驾驶员踩下制动踏板时立即点亮,发出强烈的红色光亮,即使在白天也十分明显,以提醒后车驾驶员注意。

3)倒车信号装置

倒车信号装置,如图 11-27 所示,由倒车信号灯、倒车信号灯开关以及倒车报警器等组成。倒车信号灯和倒车报警器由倒车灯开关控制。倒车信号灯点亮的同时,倒车报警器的电喇叭也发出断续的声响或语言报警,以警告后车的驾驶员和行人。

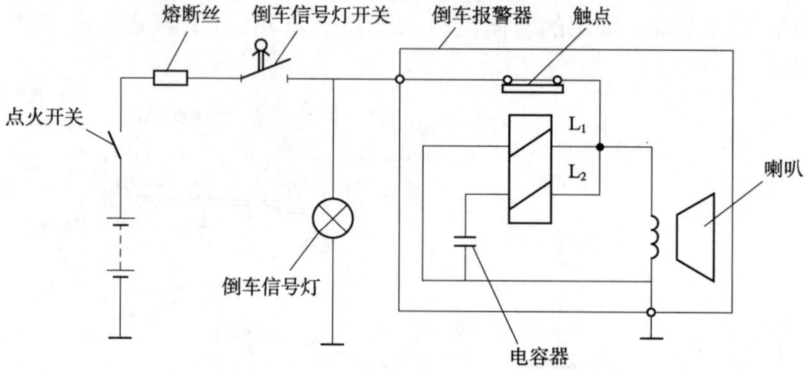

图 11-27　倒车信号装置示意图

倒车灯开关,如图 11-28 所示,安装在变速器盖上,变速器处于空挡或前进挡时,钢球被倒挡拨叉轴的圆柱面顶起,固定在推杆上的金属盘上移,与固定触点分开,倒车信号灯和倒车报警器的电路均被切断。倒车时变速杆拨到倒挡位置,倒挡拨叉轴上的凹槽对准钢球,两个并联弹簧将推杆连同钢球向下推至极限位置,使触点闭合,于是倒车信号灯点亮,倒车报警器也发出声响。

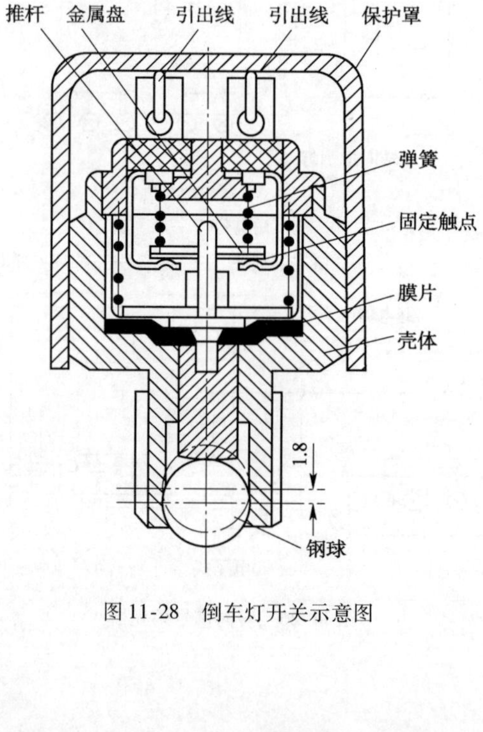

图 11-28　倒车灯开关示意图

4)故障停车信号装置

在汽车运行中如果出现故障而停驻,故障停车信号灯点亮,以引起其他车辆和行人的注意。故障停车信号灯常与转向信号灯共用一组灯泡,分别由转向信号灯开关、故障停车灯开关控制,如图11-29所示。

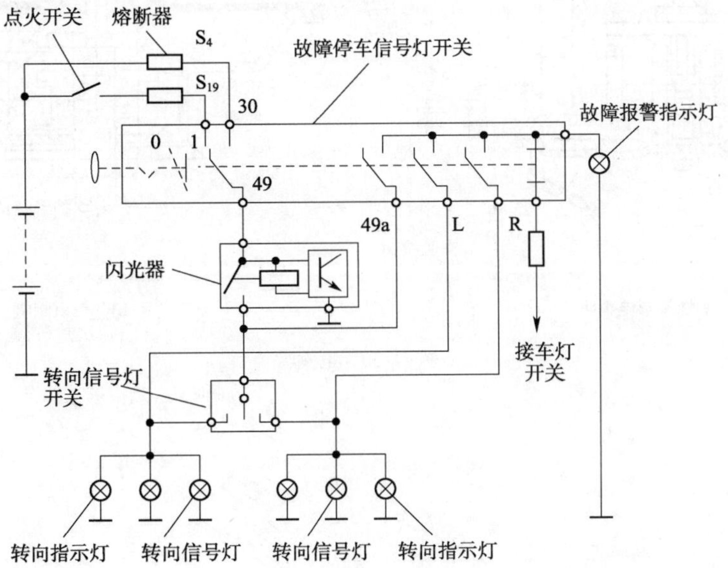

图11-29　故障停车信号灯常与转向信号灯示意图

三、附属装置

1.汽车喇叭

汽车喇叭是用来在汽车运行中警示行人和其他车辆注意交通安全的信号装置。按使用能源的不同,汽车喇叭分为电喇叭和气喇叭两种。

1)电喇叭

电喇叭以蓄电池为动力,通过电磁线圈或电子电路激励喇叭膜片振动而发出声音。按其外部形状的不同分为螺旋形、盆形和长筒形3种,如图11-30所示。螺旋形电喇叭声音和谐清脆,比较悦耳,广泛应用于各种车辆上。盆形电喇叭的声音指向性好,可以减小城市噪声污染,还具有耗电量小、结构简单、外形尺寸小、安装方便等特点,在中、小型客车和轿车上应用十分广泛。盆形电喇叭以共鸣板作为共鸣装置,不需要扬声筒。

为了使喇叭的声音更加悦耳,汽车上一般装有高、低音两个甚至三个不同音调的喇叭。由于喇叭在工作时消耗的电流过大,如果直接用喇叭按钮控制,喇叭按钮很容易损坏。为了减小流过喇叭按钮的电流,在其电路中一般装有喇叭继电器,如图11-31所示。按下喇叭按钮时继电器线圈通电,触点吸合,蓄电池经继电器触点向喇叭供电,流过按钮的电流是很小的线圈电流,松开按钮时喇叭自动断电。

2)气喇叭

气喇叭按结构和外形的不同可分为长筒形和螺旋形两种,按音调的不同又可分为单音和双音两种。气喇叭的声响强度和声音指向性好,适于山区使用。为了减少城市噪声污染,各个国家的交通法规均规定禁止在市区使用气喇叭，如图11-32所示。

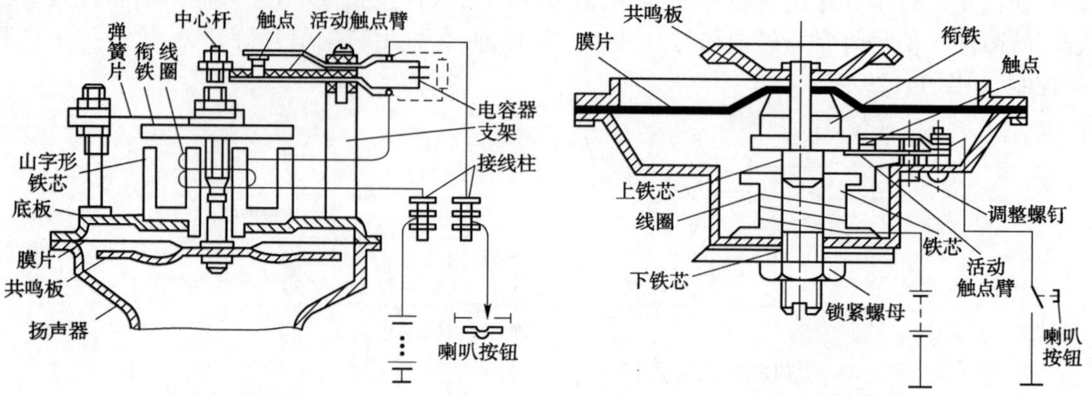

图 11-30　电喇叭

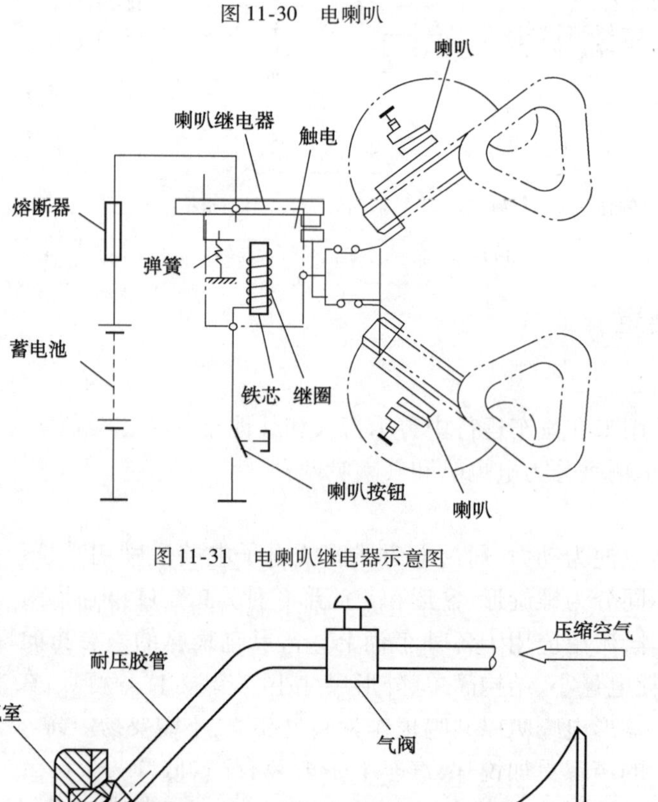

图 11-31　电喇叭继电器示意图

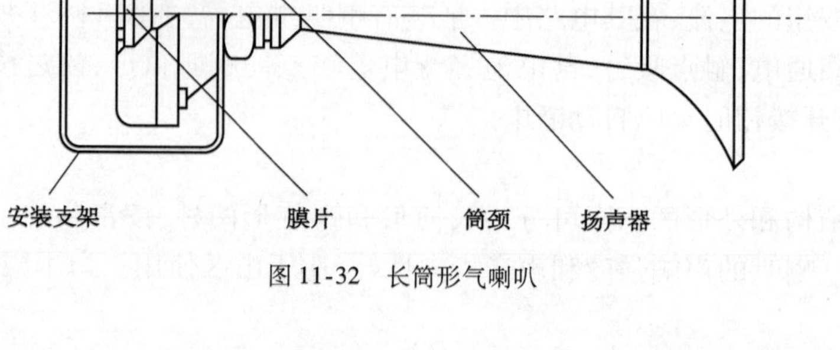

图 11-32　长筒形气喇叭

2. 风窗刮水器

为了清除驾驶室风窗玻璃上妨碍驾驶员视线的雨水、雪花或尘土，汽车都装有风窗刮水器。目前汽车上所用的刮水器有电动式和气动式两类。

轿车风窗刮水器一般由电动机驱动，既电动式风窗刮水器，如图 11-33 所示。风窗刮水器和洗涤器的工作都由转向盘后端面的刮水器洗涤器组合开关控制，组合开关一般设有 5 个挡位，分别是刮水器高速工作、刮水器低速工作、点动工作、间歇刮水、喷洒洗涤液。

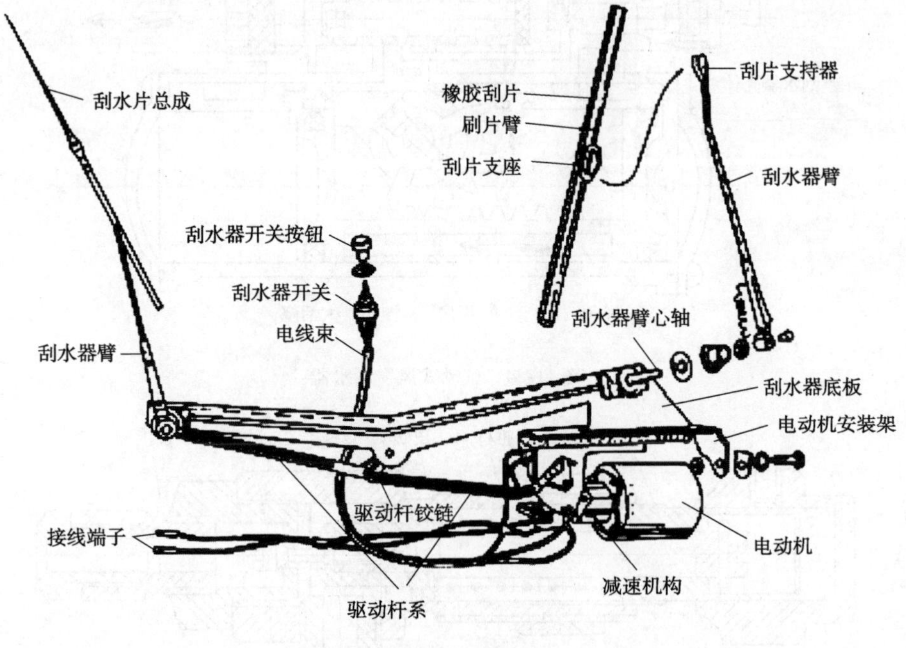

图 11-33　电动风窗刮水器

刮水器电动机上装有一个由凸轮驱动的一掷两位停机自动复位开关，用来保证在刮水器停止工作后，刮水器的刮水片停在风窗玻璃下沿的合适位置。

另外，在一些大型车辆上也使用气动风窗玻璃刮水器，如图 11-34 所示。它由刮水器壳体、活塞、换向阀、空气量调节开关等组成。刮水器内的活塞将刮水器的内腔分为左、右两个腔室。刮水器工作时，换向阀使左右两个腔室交替地接压缩空气或大气，造成左右两腔室内压力的变化，使活塞作往复运动，并通过齿条和齿扇带动刮水器刮水片左右摆动。

刮水器的工作由刮水器开关控制，如图 11-35 所示。刮水器开关安装在驾驶室内，用来接通或切断刮水器与压缩空气之间的通道。

3. 风窗玻璃除霜装置

在较冷的季节，有雨、雪、雾的天气，风窗玻璃上易结霜，另外由于车厢内外温差较大，车厢内的水蒸气也易凝结在风窗玻璃上而结霜，从而严重影响驾驶员的视线，因此，汽车上应安装风窗玻璃除霜装置。

前、侧风窗玻璃上的霜层、雾气通常是通过加设出风口，利用空调系统中产生的暖气(或流动的空气)，达到清除结霜的目的。对后风窗玻璃的除霜，常采用电加热的方式。该方式是把数条电热线(镍铬丝)均匀地粘在后窗玻璃内部，各线两端相接形成并联电路，当两端加上电压后,各电热线即会升温而加热玻璃,从而达到防止或清除结霜的目的。原理图如图11-36所示。

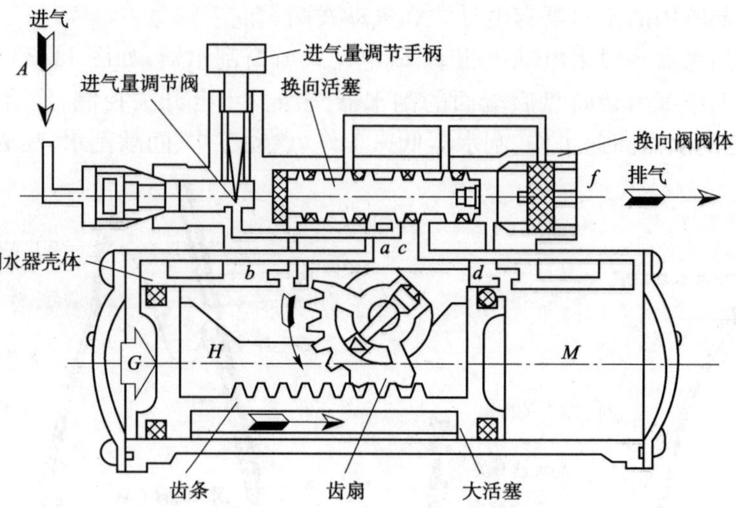

图11-34　气动式风窗刮水器

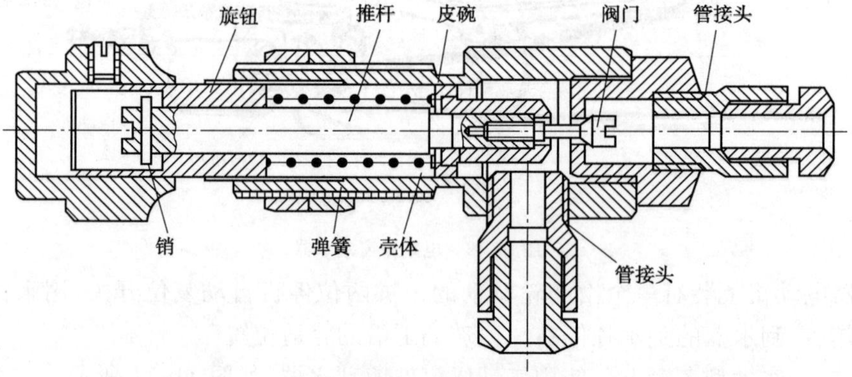

图11-35　气动式风窗刮水器开关

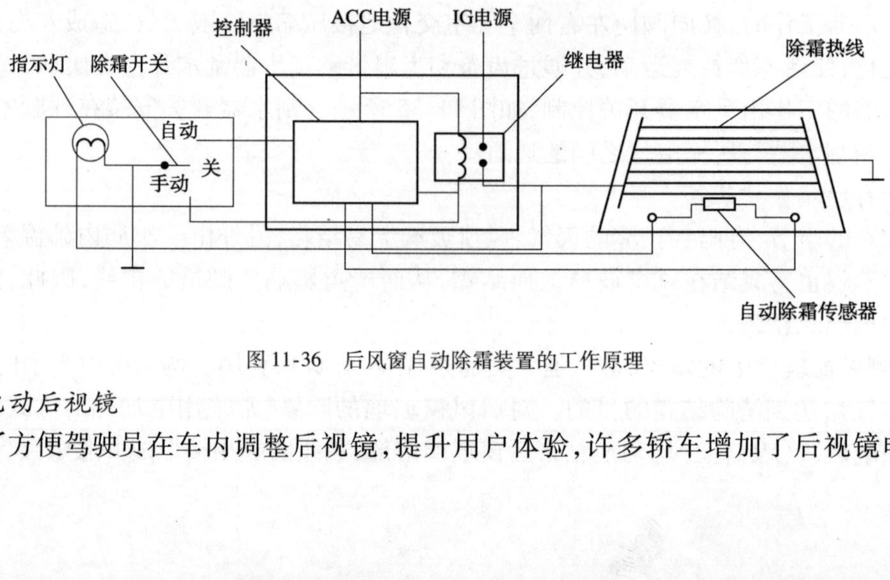

图11-36　后风窗自动除霜装置的工作原理

4. 电动后视镜

为了方便驾驶员在车内调整后视镜,提升用户体验,许多轿车增加了后视镜电驱动功能，驾驶员通过旋钮式开关调节后视镜，如图11-37所示。电动后视镜由调整开关、电动机、传动和执行机构等组成。

5. 电动天线

为了保证车厢内良好的收音效果，许多轿车安装了电动天线（又称自动天线）。电动天线由开关、电动机、继电器、减速机构和天线等构成。

天线的升降是通过改变电动机的旋转方向实现的。电动机旋转方向控制一般有两种方法实现：改变电动机电枢电流方向和改变电动机起作用的磁场线圈，其中改变电动机电枢电流方向应用更广泛。

天线的升降控制一般与收音机开关联动，在收音机打开的同时接通电动天线的控制电路，电动机转动使天线升起，在关闭收音机时天线又同时降下。

图11-37 电动后视镜控制面板

四、评价

评价表见表11-4。

评　价　表　　　　表11-4

评价任务	目标	评价等级			备注
		自评	组长	教师	
(1)掌握车速表，转速表组成及原理					
(2)掌握汽车前照灯照明原理					
(3)掌握常用信号灯工作原理					
(4)掌握汽车附属装置及其作用					
(5)熟悉汽车常用仪表标识的意义					

注：☆熟练；◇达成；△基本达成；×未达成。

项目小结

1. 车身按用途分类可分为轿车车身、客车车身、货车车身；按照承载形式分类可分为非承载式车身、半承载式车身、承载式车身。

2. 车身壳体按照强度等级可分为前部、中部、后部。

3. 车内部装饰件包括仪表板、顶篷、侧壁、座椅等表面覆饰物，以及窗帘和地毯。

4. 车身附件有：门锁、门铰链、玻璃升降器、各种密封件、风窗刮水器、风窗洗涤器、遮阳板、后视镜、拉手、点烟器、烟灰盒等。

5. 一般厢式小型客车多采用应力蒙皮结构，而大中型客车一般采用有骨架的承载式车身。

6. 汽车仪表板布置，车速表、发动机转速表的工作原理。

7. 汽车前照灯照明原理，信号灯工作原理。
8. 常用图标及意义。

思考与练习

1. 汽车车身的功用是什么？
2. 讲述非承载式车身和承载式车身的优缺点。
3. 试述汽车车身壳体结构。
4. 汽车车身外部与内部饰件都有哪些？
5. 汽车车身安全装置有哪些？
6. 客车车身的是怎么分类的？
7. 除任务二中所提及的常用仪表图标外，请再列若干个图标。
8. 观察不同品牌汽车前照灯总成的组合。
9. 了解日间行车灯的作用，采用的好处。
10. 查找车载虚拟仪表相关内容。

参 考 文 献

[1] 陈家瑞.汽车构造:下册[M].北京:机械工业出版社,2001.
[2] 汪俊.汽车底盘构造与维修[M].北京:北京邮电大学出版社,2012.
[3] 魏胜君.汽车底盘构造与维修[M].北京:国防工业出版社,2011.
[4] 蒋运劲,唐作厚.汽车底盘构造与维修[M].北京:北京理工大学出版社,2013.
[5] 李伟.图解新型汽车底盘拆装与检修[M].北京:机械工业出版社,2011.
[6] 梁健和,甘善泽.汽车底盘构造与维修[M].北京:北京理工大学出版社,2011.
[7] 王永浩,祝政杰.汽车底盘构造与维修[M].北京:北京理工大学出版社,2013.
[8] 娄杰.汽车构造与拆装[M].北京:高等教育出版社,2015.
[9] 斯卡沃勒尔(美).汽车构造原理与维修应用[M].王锦俞,等译.北京:机械工业出版社,2008.
[10] 郭新华.汽车构造[M].北京:高等教育出版社,2005.
[11] 姜大源.职业教育学研究新论[M].北京:教育科学出版社,2007.
[12] 张朝山.汽车底盘拆装与调整[M].北京:清华大学出版社,2012.
[13] 车桐.新编桑塔纳系列轿车结构与使用维修[M].北京:金盾出版社,2006.
[14] 明光新,李培军.汽车电器实训教程[M].北京:机械工业出版社,2012.
[15] 吕坚,林栾.汽车底盘构造与检修[M].上海:同济大学出版社,2010.
[16] 李春明.汽车故障诊断方法与维修技术[M].北京:北京理工大学出版社,2009.
[17] 孙志成.汽车故障诊断与排除实例[M].北京:金盾出版社,2009.
[18] 丁鸣朝,梁桦.汽车故障维修实例[M].北京:电子工业出版社,2009.
[19] 姜大源.工作过程导向的高职课程开发探索与实践——国家示范性高等职业院校开发案例汇编[M].北京:高等教育出版社,2008.
[20] 姜大源.当代世界职业教育发展趋势研究[M].北京:电子工业出版社,2012.